高等学校公共基础课系列教材

大学生就业与创业指导

主　编　张向东　李厚艳　林　强

副主编　高洪震　田　川　单　译　王欣星

西安电子科技大学出版社

内 容 简 介

本书遵循"以学生为根本,以就业为导向"的理念,引导学生认清就业形势,主动开辟多种就业渠道,树立正确的就业观,积极调整就业心态,自信从容地应对毕业后所面临的就业问题。同时,书中单独开辟章节讲述大学生创业的基本思路,并以案例为引导,为大学生创业打下一定的理论基础。

本书可作为高等院校大学生就业与创业课程的教材,也可作为年轻人就业与创业培训的参考书。

图书在版编目(CIP)数据

大学生就业与创业指导 / 张向东,李厚艳,林强主编. —西安:
西安电子科技大学出版社,2019.3(2024.8 重印)
ISBN 978–7–5606–5283–2

Ⅰ. ① 大… Ⅱ. ① 张… ② 李… ③ 林… Ⅲ. ① 大学生—职业选择
Ⅳ. ① G647.38

中国版本图书馆 CIP 数据核字(2019)第 039054 号

策　　划　井文峰
责任编辑　井文峰　阎　彬
出版发行　西安电子科技大学出版社(西安市太白南路 2 号)
电　　话　(029)88202421　88201467　　邮　编　710071
网　　址　www.xduph.com　　　　电子邮箱　xdupfxb001@163.com
经　　销　新华书店
印刷单位　陕西博文印务有限责任公司
版　　次　2019 年 3 月第 1 版　　2024 年 8 月第 9 次印刷
开　　本　787 毫米×1092 毫米　1/16　印 张　13
字　　数　307 千字
定　　价　35.00 元
ISBN 978–7–5606–5283–2
XDUP 5585001–9
如有印装问题可调换

前　言

　　一个人从中学到大学，不仅标志着他身心变得更加成熟，还标志着他所拥有的知识将要发生量与质的飞跃。因此，大学是一个新的起点，大学阶段也是一个非常重要的阶段，它将奠定一个人一生事业的基础。

　　我国高等教育已进入了大众化发展阶段，大学生就业形势日益严峻，就业压力逐年增加。面对激烈的就业竞争，许多大学生并没有确立正确的职业生涯规划和就业观念。大学生活本来就很短暂，如果不能利用有限的时间来做最重要的事情，那无疑是一种巨大的资源浪费。

　　对于刚刚从紧张的高中学习中"解脱"出来的大学生而言，大学似乎是一段"休养生息"的美好时光，他们往往意识不到大学是从学校步入社会的重要转折期，也是进行职业规划和实现初次就业的关键时期。因此，帮助大学生尽早地认识自我，了解职业划分与就业状况，进行职业规划，并有意识地提升就业、创业能力，掌握就业、创业技巧，更好地实现职业角色转换就成为高校教育者义不容辞的责任和使命。

　　为了帮助同学们提高就业竞争力，更好地适应用人单位的需求，本书结合大学生实际情况，遵循"以学生为根本，以就业为导向"的理念，引导学生认清就业形势，主动开辟多种就业渠道，树立正确的择业观，积极调整就业心态，从容自信地应对毕业后所面临的择业、就业与创业问题。

　　本书由张向东、李厚艳、林强任主编，高洪震、田川、单译、王欣星任副主编。在本书编写过程中，编者参阅了大量资料并得到了相关领导、教师的大力支持和指导，在此一并表示感谢。

　　因编者水平有限，书中难免存在不妥之处，恳请读者提出宝贵意见与建议。

编　者

2019 年 1 月

目　　录

第一章　就业形势与就业前景

✦ 本章导读

2018 年是我国改革开放四十周年。自十一届三中全会以来，在中国共产党的领导下国家日益强大繁荣，人民富裕安康，中国教育事业也得到了全面发展。目前我国高等教育已经进入大众化教育阶段，大学生人数逐年增加，因此，明确当前大学生就业形势，了解大学生就业前景，积极促进大学生就业就成了大学教育中的重要环节。

第一节　大学生就业形势

美国著名教育社会学家马丁·特罗教授以高等教育毛入学率为量化指标，提出了高等教育发展的三阶段理论：一个国家的高等教育入学率，小于适龄人口的 15%时属于高等教育的精英阶段；在 15%～50%时为高等教育的大众化阶段；在 50%以上时为高等教育的普及化阶段。2002 年我国高等教育的毛入学率达到 15%，表明我国已经进入了高等教育大众化教育阶段。经过几年的迅速发展，2010 年全国各类高等教育总规模达到 3105 万人，高等教育毛入学率达到 26.5%。《国家中长期教育改革和发展规划纲要(2010—2020 年)》提出，到 2020 年，高等教育总规模将达到 3550 万，高等教育毛入学率提高到 40%，20～50 岁主要劳动年龄人口受高等教育的比例提高到 20%。

高校毕业生就业事关广大学生及其家庭切身利益，事关我国现代化建设，事关社会和谐稳定。2010 年全国普通高校毕业生 631 万，2011 年 660 万，2012 年 680 万，2013 年 699 万，2014 年 727 万，2015 年 749 万，2016 年 765 万，2017 年 795 万，2018 年达到 820 万人(见图 1-1)，大学毕业生逐年增加，就业工作面临复杂严峻的形势。

人社部数据显示：近十年间共有 7371 万毕业生走出高校，毕业生数量以将近 5%的年增长率持续攀升。

面对严峻的就业形势，教育部提出当前高校毕业生就业要抓好五个方面的工作：一要唱响基层就业"主旋律"。落实立德树人根本任务，积极引导毕业生到基层一线就业创业；认真落实基层就业学费补偿代偿等政策，继续组织实施"教师特岗计划"等中央基层项目；推动毕业生服务乡村振兴战略。二要服务国家需求"大舞台"。引导大学生投身军营报效祖国，主动向重点地区、重大工程、重大项目、重要领域输送毕业生，引导毕业生到高技术产业、战略性新兴产业、先进制造业和现代服务业等新兴领域就业创业，鼓励毕业生到国际组织实习任职。三要汇聚创新创业"新动能"。深入推进创新创业教育改革，把创新创业教育贯穿人才培养全过程。四要下好统筹联动"一盘棋"。建立健全高校区域布局、学科专业、层次类型动态调整机制，统筹推进各类型层次的人才培养模式改革，运用好社会资源开展协同育人。五要打造服务保障"新格局"。广泛应用"互联网+就业"新模式，开展精准就业对接。同时，要严格落实就业签约"四不准"要求，坚决反对任何形式的就业歧视，严密防范"培训贷"、求职陷阱、传销等不法行为，切实维护毕业生合法权益。

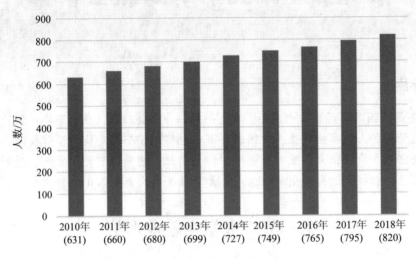

图 1-1　2010—2018 年全国大学毕业生人数统计

一、高等教育大众化时代大学生就业所面临的形势

在高等教育进入大众化阶段的条件下，大学生就业形势发生了根本性的变化，同时也呈现出一些规律和特点。

1. 大学毕业生的岗位由"精英"走向"大众"

进入高等教育大众化阶段后，上大学不再需要"千军万马过独木桥"，大学生不再是计划经济体制下的"宠儿"，大学生的就业同普通老百姓一样，不存在统包统分的问题，而是要公平地参与社会竞争。这样一来，一部分大学生通过竞争进入社会的精英岗位，同时也必然会有一大部分从事与大众化相适应的"蓝领工作"，成为高级蓝领。

2. 大学生就业市场由"卖方"转为"买方"

当高等教育处在"精英教育"阶段时，高等学校毕业生供给小于社会需求，是大学毕业生的"卖方市场"。随着高等教育的迅速发展，大学毕业生数量急剧增加，大学毕业生供给紧缺的时代已经一去不复返了，大学毕业生与社会需求之间的关系由"供不应求"转为"供需平衡"，直至"供大于求"，大学生就业基本趋于市场化，价格机制在就业市场的调节作用越来越大。大学生就业工作由过去的"卖方市场"转向"买方市场"，这是一个不以个人意志为转移的、历史性的转化，也是大学毕业生就业工作面临新形势的一个重要标志。在今后相当长的时间内，高等学校毕业生就业都将处于"买方市场"，在社会需求总量增加不大的一段时间内，毕业生层次间的挤占岗位效应将越来越强：同层次、相同专业毕业生的名牌高校与普通高校之间，培养质量和特色的竞争将格外激烈；毕业生整体求职的成本和时间将扩大和延长；毕业生整体的薪酬水平也将有所下降。

3. 大学毕业生就业向第三产业倾斜

第三产业的就业弹性系数高，能吸纳大量劳动力，有力地缓解就业压力。从世界经济发展看，随着科学技术水平的提高，第三产业的职业数量迅速增加，其就业人数在发达国家均已超过 50%。我国的第三产业比例较小，但有逐年扩大的趋势，在"全面建设小康社会"的大背景下，第三产业必将有突飞猛进的发展。现代化的第三产业是以知识和高科技为支撑的，其中的金融保险业、法律、审计、财会、投资、心理、职业、出国留学等方面的咨询服务业、各类经纪人和中介机构、文化教育业等等服务产业的发展，要求其从业人员绝大多数取得大学学历。应当说，在这些行业中的从业人员多数是在第一线工作的。大学毕业生大量转移到第三产业的一线岗位就业，也是大学毕业生就业"大众化"的表现。

4. 大学生毕业初期失业率相对较高

根据西方一些国家在由精英教育向大众化教育转变过程中的经验和特点来看，大学生毕业后 1～5 年内失业人数比较多，失业率相对偏高，有时甚至高于社会平均失业率，但是总体上受过高等教育的人的就业率要高于社会的平均就业率，而且待遇高于社会其他未受高等教育的人。我国近几年大学毕业生初次就业率约为 70%，今后几年内，大学生待就业的人数将会逐渐增加，就业率也将比往年有所下降，就业形势比较严峻。

二、当前就业形势中的有利因素

1. 我国经济的飞速发展使得就业空间进一步加大

中国经济的快速发展提供了广阔的就业可能。"十三五"期间(2016—2020 年)城镇新增就业人数达 5000 万人以上(每年 1000 万以上)，这比"十二五"期间的 4500 万人的目标调高了 500 万，城镇登记失业率控制在 5% 以内。就业规模持续扩大，就业结构更加合理，就业稳定性进一步增强，就业环境更加公平，就业创业服务体系更加健全，失业率得到有效控制。

2. 大学生就业问题得到了前所未有的高度重视

无论是国家，还是各级政府、组织、各类学校，都越来越关注高校毕业生的就业问题。教育部、公安部、人事部、劳动保障部联合发出通知，要求进一步做好扩招后普通高校毕业生就业工作，对新增的就业岗位优先录用符合资格条件的高校毕业生。教育部办公厅发出通知，要求各地、各高校积极主动地采取有效措施，加大就业信息服务力度，严禁任何形式的就业歧视，招聘信息不得限定"985""211"高校，为毕业生在求职关键期做好服务。同时，各省市常设就业市场的先后开业，各级各类就业指导机构的纷纷建立，以及用人单位频繁地走进大学校门求贤纳士，更为大学毕业生提供了多种选择职业的机会。

3. 民营经济的崛起对高校毕业生的需求量急剧增加

非公有制经济作为社会主义市场经济的重要组成部分正在飞速发展，并在国民经济领域中占有越来越大的比重。京、沪、粤以及东南沿海等广大地区经济的快速发展，对毕业生的需求量急剧增加，对广大毕业生形成了越来越大的吸引力。近年来全球经济形势收紧，大型国有企业和外资企业对应届生的招聘需求明显下降，而民营企业，尤其是中小企业的人才需求却较之往年有所升高。在近两年的就业数据统计中，民营企业已经成为吸纳大学生就业的主要渠道，创新型或高科技型民营企业对大学生的吸引力日趋加大，特别是创新型的现代服务业，吸纳大学生就业的潜力相当大。随着民营企业的发展不断规范化，企业文化建设的显著改善，企业自身实力的增强，且能为大学生提供具有竞争性的薪酬和发展机遇时，民营企业就真正成为了大学生就业的新选择。

三、当前就业形势中的不利因素

1. 毕业生就业结构失衡，供给与需求矛盾突出

高校毕业生的总体供给与社会需求的矛盾，实质上是高等教育的快速发展与社会发展和经济发展所处的转型阶段不匹配的矛盾。

目前我国处于人口高峰期，存在大量的新增劳动力需要就业。我国高等教育经过短短几年的发展，已经进入高等教育大众化时代。教育大众化要求我国普通高校进行大规模扩招，而扩招的直接结果就是高校毕业生人数的快速增长。在社会人力资源需求没有明显增长的前提下，这种量的变化对毕业生就业工作的影响是巨大的，大学生就业也从精英化走向了大众化。同时，社会发展存在区域不平衡的因素，东部发达地区省份为毕业生提供了良好的生存环境和较好的回报以及不错的发展前景，成为人才输入省。在这些地区人才竞争激烈，很多学生未能有效就业，即使处于失业状态也不愿去西部地区就业。而在西部地区，存在大量的岗位却找不到毕业生。

2. 社会对毕业生学历层次的需求越来越高

目前我国社会中高层次的人才严重短缺，对高层次的复合型、外向型和开拓型人才的需求日益迫切，对人才结构的需求层次重心上移。在就业的毕业生中，研究生越来越"抢手"，本科生还能基本平衡，专科生则比较明显地呈现出供过于求的趋势。那些高校、科研单位、大机关、大公司基本上以接收硕士生、博士生为主，甚至连一些中小型单位都开始希望多招到研究生。现在不少用人单位存在"人才高消费"的错误观念，盲目追求高学历人才，对毕业生的需求出现扭曲现象，人为地制造了"就业难"，给毕业生的求职就业增加了难度。

3. 大学生自身存在的问题也对就业产生了极大的影响

首先，毕业生的能力素质与用人单位的要求也存在较大的差距。现在各个用人单位已不仅仅要求毕业生是个纯专业型人才，要有一定的专业知识技能，而且要求毕业生还要有一定的社会工作能力，有一定的思想道德文化素质、职业道德，且具有敬业精神，最好还有其它专长。用人单位重在"人品"和能力，希望毕业生是个通用型或复合型的人才，对专业方面反而越看越淡，不少单位已经开始对接收应届毕业生采取"宁缺毋滥"的态度。因此，学生干部和学生党员以及那些综合素质好、动手能力强、敬业精神好以及有各种特长的毕业生越来越受到用人单位的欢迎。

其次，毕业生就业期望值与社会需求之间存在着巨大反差。毕业生普遍希望能到那些大城市、大机关、大公司、大院所、大企业工作，名声好、工作条件好、生活待遇好、有出国机会，甚至离家比较近等，都是毕业生选择单位的条件。而目前实际最需要毕业生的恰恰是那些边远地区、中小城市、艰苦创业的基层一线中小型单位，这些地区和单位人才奇缺，非常希望接收到大学毕业生，但年年要人却年年要不到人，部分愿意去的毕业生也

容易流失，这种现象叫做"要不到、分不来、用不上、留不住"。

4. 高校在自身发展过程中存在的一些问题也不利于大学生就业

目前高校改革的速度和力度还远不适应社会发展的需要。从这些年毕业生就业工作中反馈回来的信息表明，的确有一些专业的毕业生是社会发展所急需的，且需求量很大，但是高校未能及时调整招生计划增加招生，致使社会急需专业的毕业生总不能得到满足。另一方面，也确有一些专业已经不大适应社会需要，但高校却不能及时缩减招生，导致这些专业的毕业生供过于求而就业困难。

此外，目前大学生的知识结构也需要调整，大学生的实际动手能力以及思想道德素质和职业道德观念都是用人单位较为关注的问题。调查显示，大学生将"缺乏社会经验"、"个人能力不足"和"求职技巧缺失"视为困扰自己就业的最主要因素，而用人单位对应聘者各种能力的要求却依次是环境适应能力、人际交往能力、自我表达能力、专业能力和外语能力，同时，从用人单位反馈的信息表明，缺乏工作经验是大学生与其他就业群体相比一个明显的劣势。用人单位对大学课程设置很有意见，在接受调查的单位中，有 59.1% 的用人单位认为当前的课程设置不合理，其中 50% 的用人单位明确提出，当前大学教育中课程设置不合理是解决大学生就业问题的一个重要制约因素。

📖 **阅读资料**

促进就业"大礼包"来了——国务院常务会议部署多项举措促进就业

新华社北京 2018 年 11 月 2 日电　2 日召开的国务院常务会议，确定进一步促进就业的针对性措施，决定延长阶段性降低失业保险缴费费率政策执行期限。

来自人力资源和社会保障部的数据显示，今年前三季度我国城镇新增就业人口为 1107 万人，提前一个季度完成全年目标任务，就业形势总体稳定。但在当前国内外形势错综复杂、经济下行压力加大的背景下，我国就业压力仍然较大。如何发挥政府政策优势，在未来进一步稳定就业？此次会议通过多项部署，给企业和个人带来内容丰富的就业优惠"大礼包"。

一是降低参保费用。会议指出，对符合条件的努力稳定就业的参保企业，可通过减费方式返还企业及其职工缴纳的 50% 失业保险费。同时对用人单位和职工失业保险缴费比例总和从 3% 阶段性降至 1% 的现行政策，明年 4 月底到期后继续延续实施。

我国劳动和社会保障科学研究院失业保险研究室主任袁良栋认为，适当降低社会保险费率，是为企业减负的定向调控的重要举措。当前企业面临生产经营困难，有必要继续实施降费政策，把降低社会保险费率作为降低企业成本、促进实体经济发展、稳定和促进就业的重要举措。这些举措既能通过降低费率直接降低企业缴费负担，又能通过缴费返还补贴企业人工成本支出，同时进一步促进企业职业培训主体作用的发挥。既稳定企业经营发展的预期，又稳定职工稳定就业的预期，对企业和职工都起到了提振信心的作用。

二是政策重点倾斜。不少民营企业、中小微企业在创业过程中往往卡在"融资难""贷款难"等关卡上。此次会议明确，通过政府性融资担保、鼓励创业担保贷款等促进创业就业，并将重点向民营企业、中小微企业倾斜。这一部署将为民营企业、中小微企业两大就业主力军注入新活力，为拉动就业提供新的动力。

三是支持技能培训。此次会议强调，2019 年 1 月 1 日起，将就业见习补贴范围由离校未就业高校毕业生扩展至 16 到 24 岁失业青年；职工申领技术技能提升补贴条件，由参加失业保险 3 年以上放宽至 1 年以上。支持失业人员参加各类技能培训，对参训合格人员给予培训补贴，对其中就业困难人员和零就业家庭成员在培训期间再给予生活费补贴。

"这些举措扩大了领取补贴的范围，降低了领取补贴的条件要求，有助于提高青年就业意愿和就业机会，以及参保职工参加技能培训的积极性。通过技能培训，劳动者可以实现更高质量和更充分的就业，由此获得更好的工资收入和待遇水平，既有利于促进劳动者通过就业实现个人价值，也有利于缓解当前就业结构性矛盾。"袁良栋说。

四是关注失业群体。如何让失业人员获得一定生活保障一直是社会关注的重点。此次会议指出，对符合条件的失业人员应及时发放失业保险金，其个人应缴纳的基本医疗保险等费用从失业保险基金中列支。对符合条件的生活困难失业人员给予临时生活补助、临时救助或纳入最低生活保障。这些补助措施也为失业人员的生活提供了更为坚实的保障。

就业是最大的民生。会议还强调，各地要把做好就业工作放在更加突出的位置，因地制宜，多措并举促进就业。支持企业履行社会责任，努力稳定就业岗位。业内人士认为，这些真金白银的举措将进一步促进就业，提高人民的幸福感和获得感。

（记者叶昊鸣，新华网，2018 年 11 月 2 日）

第二节　大学生就业前景

一、未来职业发展趋势

1. 出现大批新兴职业

如今社会，科学技术蓬勃发展，市场经济空前繁荣，社会需求也变得越来越多样化。在这些因素的作用下，未来会出现大批新兴职业：随着产业内科学技术的发展而出现的职业，如从事高新技术研究与应用、新材料新工艺新能源开发、网络设计与管理、计算机软件开发等；随着市场经济的发展而出现的职业，如营销策划、广告策划、资产评估、商务代理等；随着一些边缘科学的开发而出现的职业，如生命科学研究、人口学研究、社会学研究、心理咨询、应用美学研究等；随着社会服务需求的扩大而出现的职业，如公益慈善事业管理、社区服务、家政服务、法律顾问、中介服务、环境设计与保护等；为适应政治体制及其管理需要而出现的职业，如公共事业管理、行政监督、司法监督等。这些新兴职业打破了传统职业的格局，需要大批具备现代科学思想，掌握现代科学知识和现代管理手段的创造型人才。人才培养必须不断适应形势发展，培养出更多的开拓创新型、社会应用型人才，才能不断满足当前社会职业发展的需求。

2. 技术性职业将成为各职业的主题

在知识经济时代，生产工艺和管理手段日益现代化和高科技化，产品的科技含量越来越高，技术性工作将成为各行各业的主导。各种类型的科学技术人员和现代技术型管理人员将支撑起整个行业，成为企业生存和发展的决定性因素。掌握现代科学技术和现代管理手段的人才，将在竞争中显现出优势地位。为适应这种趋势，人才培养要全面提高科学理念，引导大学生掌握现代科学技术、现代信息技术、现代实验技术和现代管理技术。

3. 现代行政办公型职业将得到迅速发展

随着政府机构的改革和各类办公自动化的普及，传统型文职人员需求量减少，而适应现代信息管理与办公自动化的新型咨询参谋型文职人员需求量迅速增加，如计算机软件编程员、计算机制图技术员、计算机辅助信息检索员、计算机辅助设计工程软件专家、计算机终端操作员、信息分析论证专家、行政助理、人事助理、外事助理、技术助理等。在这样的背景下，精通业务、熟练掌握外语和计算机技术，有较强参谋能力、策划能力、组织能力和外交能力的高级行政人员将受到欢迎。因此，文职人员的培养要突破传统的模式，重点培养具备高深公共事业管理理论、熟悉某专业领域业务的专家型人才。

4. 服务型职业将全面发展

新时期，服务型行业将大力发展，社会将从以生产为中心的时代逐渐过渡到以服务为中心的时代，在服务型行业就业的人员将逐渐超过生产型行业。服务型行业将对社会发展和人类生活产生重大影响。服务型职业主要有商业服务型、社会服务型、生活服务型和私人服务型。服务型职业的发展需要各种类型的人才，如何培养高素质的服务型人才，规范服务工作质量标准，鼓励高素质人才从事服务工作，培养更多大师级、专家型服务人才，已成为全社会所关注的话题。

5. 职业资格制度将促进职业的规范化

职业资格制度是指对某些责任重大、社会功能性强且关系国家或公共利益的专业技术岗位的人员依法实行控制，通过统一考试、注册管理，保证从业人员质量，以保障国家与人民财产安全和多方利益。要想成为某种职业的专业人员，就必须参加国家统一组织的资格考试，未取得相应资格的人，就不能从事相应的专业工作。现已实行的专业资格考试有"会计专业技术资格考试""教师资格考试""统计员资格考试""执业药师资格考试""资产评估师执业资格考试""法律顾问职业资格考试""珠宝玉石质量检验师资格考试""公共关系执业资格考试"等。这些职业资格考试既考核职业应具备的专业知识，也考核职业实务能力，并且科学地规范了各种职业人员的职责和权利，大大提高了职业人员的工作水平。在完善职业资格考试制度的同时，还要加大对相关职业从业人员资格的监管审查力度。要立法执法，冲破各种人为障碍，将不具备职业资格的人坚决清理出岗位，以保证重要工作岗位的工作质量。

二、未来人才需求

（一）未来人才流向的特征

1. 高新技术产业的发展对人才流动具有强烈的吸引力

以电子计算机、生物工程、光纤通信、激光技术、宇宙工程、海洋开发、新材料技术和新能源技术为代表的新技术革命将在新时期广泛深入地开展，从而开创出许多高新技术产业。这对社会主义现代化建设，对新型人才施展才能既是机遇，也是挑战。新技术革命涉及的领域广泛而深入，任何一类或者单个专门人才，都不太可能单独面对新技术革命的挑战，必须统筹各方面的人才，合理组合，统一规划，精细分工，密切配合。高新技术产业对于青年人具有强烈的吸引力，它能满足青年人追求新事物、探索新领域的时代要求，国内、外大批具备高科技知识的人才必然流向这些领域。我们要加速对高新技术人才的培养，制定政策，鼓励海内、外优秀人才向我国高新技术产业流动，这是具有战略意义的人才工程建设。

2. 政治和经济体制改革是人才流动的重要导向

第一，随着政治体制改革的深入发展，政府转变职能，精简机构，裁减人员，制定相关政策鼓励人才流动。政府部门集中了大量优秀人才，他们将随着改革的潮流从各级政府机关流向基层组织、各类公司和企业。如果能快速转变观念，掌握新技能，他们的潜能将在新的领域里得到更好的发挥。第二，国家经济体制改革使农村经济向专业化、商品化、现代化转变，吸引城市科技人才、经营人才、管理人才向乡镇流动。第三，城市正在逐步改变政企不分、条块分割的局面，新兴产业和部门大量涌现，吸引人才从传统产业和部门流向新兴产业。第四，国家宏观经济发展战略的转移，吸引大批人才从东部发达地区向西部新开发地区流动。这些人才的流动，既有利于保证宏观经济结构的调整和社会可持续发展，也有利于人才找到更好的用武之地。

3. 人才流动国际化趋势增强

人才流动国际化是全球经济一体化的发展以及各国大力吸引紧缺型人才发展本国经济的迫切需要带来的必然结果。为尽快缩小与发达国家在教育、科技、管理等方面的差距，适应加入世界贸易组织的形势，我国将进一步加大改革开放力度，创造条件吸引国外高科技人才、高级管理人才、高级金融人才来我国工作。

同时，国内人才向国外流动也是一个必然趋势，他们主要是通过国际贸易、国外投资、跨国公司经营、访问学者、劳务输出、国外定居等方式从国内流向国外。

影响人才流动的因素，除国家相关法律、法规和政策之外，还有三个因素：一是职业资格的国际互认，二是工资水平差距，三是工作环境。为了给人才的国际流动创造条件，国家人事部正积极推动我国职业资格的国际互认，进一步扩大职业资格互认的范围和领域。国家外国专家局也正在筹划组建中国国际人才市场，为人才的国际流动提供规范化、科学化管理。目前我国工资水平普遍较低，一方面造成部分人才向国外流动，另一方面也很难吸引国外高级人才到国内工作。加入世界贸易组织之后，我国加强了工资分配制度的改革，进一步提高了工资待遇，从而使我国人才的工资待遇逐步与国际接轨。为吸引国内外优秀人才，我们要进一步创造良好的社会环境、工作环境和生活环境，使人才能够有良好的科研条件和工作条件，有自主发挥才干的空间，从而更好地发挥人才的潜能，创造良好的经济效益和社会效益。

(二) 今后几年我国急需的人才

据国家人事部预测，今后几年我国急需的人才主要有八大类：以电子技术、生物工程、航天技术、海洋利用、新能源新材料为代表的高新技术人才，信息技术人才、机电一体化人才、农业技术人才、环境保护技术人才、生物工程研究与开发人才、国际贸易人才和律师。

1. 高新技术人才

以电子技术、生物工程、航天技术、海洋利用、新能源、新材料为代表的高新技术的兴起，是一批高科技人才研究、开发的结果。因此，多数国家均在制定跨世纪人才培育工程规划、兴建科技园、创办高科技产业、招揽高科技人才，使高科技人才的竞争达到白热化的程度。高科技人才竞争的焦点是年轻科学家，因为根据韦伯尔分布，重大科学发现的最佳年龄峰值为 37 岁，最佳年龄区为 25～45 岁，这是科学中的一个明显规律。因此，采取强有力的措施培育和扶植中青年科学家是当务之急。

2. 信息技术人才

在信息社会，知识和信息能更快、更有效地转变为物质财富。哪个国家在信息技术上占有优势，哪个国家就会高速、高效地发展。目前，我国的信息产业尚处在起步阶段，从事信息服务业的人员较少，信息产业还比较落后。信息产业的振兴需要信息技术人才。

3. 机电一体化人才

机电一体化是当今世界及未来机械工业技术发展的必由之路。然而，我国现有的机械专业人员的知识结构与当今机械工业的发展极不相称。学机械专业的，对电子、自动控制技术懂得较少，学电子专业的，对机械专业知识掌握得也不多，不能将机械与电子进行有机的结合。此外，由于科学技术的迅猛发展，多数机械专业人员知识老化，对新知识、新技术了解甚少，难以从事机电一体化产品的设计与开发。因此，除现有机械专业人员需知识更新，解决机电一体化人才短缺的部分问题外，急需大批量培养这类人才。

4. 农业科技人才

人口增加，耕地减少，中国人将来吃什么已是国内外普遍关心的一个重大问题。据统计，1978 年后，我国耕地以平均每年 460.5 万亩的速度递减，进入 20 世纪 90 年代，开始向每年减少 1000 万亩挺进。而据国家统计局测算，我国人口 2030 年将突破 16 亿，但是，我国土地对人口的合理承载量为 8 亿，最大理论承载量为 15～16 亿，合理的安全界线早在 1969 年就被打破，形成了高于世界平均水平 3.4 倍的人口密度。也就是用世界上 7% 的耕地，养活了占世界 22% 的人口。要解决这个问题，只有靠科学技术，靠科技人才，向科技技术要粮，这是唯一出路。我国现有的农业高等院校每年仅毕业 2～3 万名专业人才的状况应当尽快改变。

5. 环保技术人才

20 世纪以来，生产技术的迅速发展既创造了有史以来最辉煌灿烂的经济和文明奇迹，也带来了空前严峻的环境和生态问题，削弱了地球养育人类的能力。人类为了生存，必须致力于环境的保护。目前，我国环保产业存在的主要问题之一是环保技术人才的严重不足，现有的环保技术人才难以满足国民经济的发展。如果按照德国 90 年代初期环保产业就业人员比例计算，我国需要环保产业人员 1000 万人。如果环保技术人员按环保从业人员的 5% 计算，将需要 50 万人。而我国现有的环保技术人员离实际需求相差甚远，培养环保技术人才的任务十分艰巨。

6. 生物工程研发人才

众所周知，生物技术是目前世界上最活跃、最令人鼓舞的前沿科学，在工业、农业、医学、环保领域都具有很大的经济前景。生物技术的发展不仅可以为人类提供新的产业，而且将为解决人类所面临的食物、能源和环境三大危机发挥重要作用。因此，近几十年来工业发达国家都在大力发展生物技术，培育、招揽生物技术人才，生物产业得到迅速发展。21世纪，生物技术将是最热门的产业之一。我国的生物技术研究虽取得了一定的科研成果，但尚未形成产业化格局，在生物技术及产品的开发和产业队伍方面，均与发达国家有较大的差距。无论是生物技术的研究人员，还是生物技术产品开发的人才，都有严重不足的问题，未来一段时期我国对生物技术人才有极大需求。

7. 国际经贸人才

企业竞争国际化是一个不可避免的发展趋势。随着国际经济的发展，以及我国已经加入世界贸易组织(WTO)，我国的国际经贸人才在数量上严重不足，在业务上、素质上符合国际经贸人才条件的人数也不多，使企业的国际化经营受到一定的制约。在21世纪的今天，大批量地培育国际经贸人才已成为我国人才培育工作所面临的一项重要任务。

8. 律师人才

我国当前律师人才十分缺乏，聘请律师的企业也只占全部企业的千分之几，无论是数量还是质量都远远不能适应社会的需求，而我国的律师人才与发达国家相比，就显得更少。由此可见，我国律师人才的供需矛盾十分突出。如何大批量培养法律人才，是我们当前亟待解决的又一个重要问题。

📖 阅读资料

大学生就业报告显示，就业率整体稳定，细分专业差异较大

第三方社会调查机构麦可思于2017年6月12日在北京发布的《2017年中国大学生就业报告》(就业蓝皮书)显示，2016届大学生毕业半年后的就业率与2015届基本持平。这份报告的调查样本为2016届来自全国31个省(区、市)的28.9万名大学毕业生，覆盖了1313个专业以及大学毕业生能够从事的635个职业，327个行业。

整体就业率"稳"，准备升学比例"增"

《报告》显示，2016届本科生毕业半年后的就业率为91.8%，与2015届(92.2%)基本持平。从去向分布来看，正在找工作与准备升学的比例略有上升。数据显示，2016届本科毕业生"受雇全职工作"比例为74.0%，较2015届(74.2%)下降0.2个百分点；"无工作，继续寻找工作"比例为3.0%，较2015届(2.7%)上升0.3个百分点；准备升学的比例为2.3%，较2015届(2.1%)上升0.2个百分点。从读研动机来看，2016届毕业生的主要驱动力是"就业前景好"(53%)和"职业发展需要"(49%)，高于"想做学术研究"(26%)。从学科门类来看，2016届毕业生读研比例较高的是医学(24.8%)、理学(21.7%)与农学(20.4%)。

麦可思研究院副院长郭娇：基于这些数据，政府决策者可对研究生教育的规模、职业型/学术型导向、学科门类等进行战略布局；高校管理者，尤其是医学、理学、农学院校管理者，可在课程设置、职业规划、转换专业、本硕连读等方面，关注以读研为目标的学生群体。

信息类专业学生"喜"，制造业学生"忧"

数据显示，在 2016 届本科毕业生就业率前五名里，信息类专业占三席，分别是软件工程(96.5%)、电气工程及其自动化(95.5%)以及信息管理与信息系统(95.4%)。

从薪资收入来看，"互联网开发师"(月收入 6500 元)与"计算机软件应用工程师"(月收入 6142 元)、"网络设计师"(月收入 6126 元)领跑 2016 届本科毕业生半年后月收入最高的前 50 位职业榜。从事"互联网开发及应用"和"计算机与数据处理"类职业的本科毕业生，2016 届半年后月收入比 2015 届分别增长了 13.2%、11.8%，在所有职业类月收入中增速最快。

从就业满意度来看，满意度最低的十大行业里，制造业占了九席。从薪资水平来看，2016 届本科生毕业半年后月收入在主要行业类中垫底的也来自传统制造业。

麦可思公司总裁王伯庆：由于就业市场人才需求的变化，各专业的就业率呈现一定变化趋势。随着信息技术产业对大学生需求的增加，"软件工程"专业在沉寂多年后"华丽逆袭"，成为 2016 届本科毕业生就业率最高的专业。同时，在产业转型升级的背景下，传统制造业面临挑战，对工科毕业生的就业产生明显影响。

民企用人需求"升"，外企用人需求"降"

从雇主类型来看，本科毕业生在民营企业的就业比例已超半数，2016 届达到 53%，高于 2015 届(52%)。而外企对毕业生需求疲软，2016 届本科毕业生在中外合资、外资、独资企业的就业比例仅有 8%，低于 2015 届(10%)。

从教育业整体来看，从事"中小学教育"和"幼儿与学前教育"类职业的本科毕业生比例持续提升，2016 届比 2014 届分别高出 2.2 和 0.6 个百分点；而从事"高等教育/职业培训"类职业的本科毕业生比例略有下降，2016 届分别比 2015 届和 2014 届低了 0.6 和 0.2 个百分点。

山东大学经济学院教授侯凤云：民企、中小微企业等依然是大学生的主要就业去向，且比例持续上升。这些变化反映出外企、国企招聘放缓对大学生就业产生了影响，民营企业对大学生就业的支撑作用凸显。

从事"中小学教育"和"幼儿与学前教育"类职业的本科毕业生比例持续提升，与近年来中小学校外辅导机构市场规模不断扩大，吸纳大批本科毕业生有关。同时，随着国家"二孩"政策的开放、教育低龄化趋势日益加强，幼教市场在未来对本科毕业生的需求会进一步加大，这也拓宽了大学生就业之路。

（麦可思《就业蓝皮书》，2018 年 6 月 12 日）

第二章　就业信息与求职途径

✦ 本章导读

在人才和产业竞争日益激烈的当今社会，终身从事同一岗位的时代已经结束了，就业和再就业成为我们每一个人，尤其是大学毕业生必须面对的事情，毕业生要想实现就业愿望，找到好的职位就必须通过正确的途径获得有效的就业信息，同时也要在求职过程中注意甄别就业信息，避开就业陷阱。

第一节　搜集就业信息

对于面临就业的大学毕业生来说，在认知自身条件以后，最关键的莫过于及时了解、搜集和充分利用就业信息。大学毕业生的成功就业不仅靠自身的素质和外界的职业环境，也依赖于个人对信息的掌握和利用。只有通过各种途径及时、全面地掌握就业信息，才能正确认识面临的就业形势，熟悉社会环境，了解相关的工作岗位。

一、就业信息的内容

就业信息是指用人单位发布的、就业者未知的、经过加工处理后对就业者具有一定价值的、客观存在的、有关就业的信息和情报。就业信息可以分为宏观信息和微观信息。就业信息的内容十分广泛，作为初次就业的大学毕业生应主要了解就业政策和供求信息两个方面。

1. 就业政策

就业政策是根据国民经济发展战略和人才培养、使用目的的客观要求而提出的，是根据各个不同时期的政治、经济任务而制定的，随着国家整体政治、经济任务的变化而变更，它是毕业生就业的出发点和归宿，是不能违背的。在国家就业方针、政策的指导下，各级政府就业主管部门也会制订结合当地实际的具体的就业政策，这些都是大学生就业应该遵循的最基本的就业政策。除此之外，大学毕业生还要了解并遵守相关的法律法规以及学校的相关规定。

首先，大学毕业生要了解国家就业方针、原则和政策。大学毕业生只能在国家就业方针、原则和政策所规定的范围内，根据个人的情况选择职业。

其次，要了解地方制定的用人政策。各地区、各单位根据国家的有关规定，结合本地区的情况，对毕业生的引进、安排、使用、晋升、工资、待遇等制定了一系列更为具体的规定。某些地区还制定了许多优惠政策吸引人才到本地就业和创业，这也是大学生应该了解的。

第三，要了解相关的就业法律法规。《劳动法》《反不正当竞争法》《劳动合同法》《公务员法》和《个人所得税法》等是与职业生活联系密切的法律，作为大学毕业生要提高自己在求职过程中的认知能力和判断能力，做到知法、守法，学会用法律来保护自己。

最后，要了解学校的相关规定。为了保证毕业生就业的顺利进行，大部分的学校会根据国家和地方的政策与要求制定若干补充规定，例如，签订就业协议的要求、户口和档案的处理、改派的程序和手续等，这也是毕业生应该了解和遵守的。

2. 供求信息

了解供求信息，主要是指了解社会经济发展形势和职业发展的趋势，了解社会各行业、各类企事业单位经营状况和对毕业生特别是本校、本专业的需求情况，了解用人单位的信息等。尤其是用人单位的信息要多掌握，包括用人单位发展的历史、现状和前景、企业文化、管理方式、人事制度、工作条件、隶属关系、所有制性质、福利待遇、对所需人才的要求和联系方法等，争取做到细致充分，这会增加就业成功的机率。

二、就业信息的获取途径和原则

只有做到知己知彼，才能达到百战不殆。知彼就是要了解就业形势、就业市场、用人单位，最重要的是寻找与自己的条件相符的单位，即主动、及时、准确、全面地收集有关信息，知道哪些单位需要人、需要什么类型的人、有什么要求以及单位效益和发展前景、工资待遇和福利如何等。就业信息如此重要，到底都通过哪些途径获取呢？又该遵循怎样的原则呢？

（一）就业信息获取的途径

1. 通过学校就业主管部门获得信息

学校的毕业生就业办公室或毕业生就业指导中心，是高校学生毕业就业工作的行政管理部门，在长期的工作交往中与各部委和省市的毕业生就业主管部门及用人单位有着密切的联系，社会需求信息往往汇集到这里。通过学校就业主管部门获取就业信息是大学生获取信息的主要途径，具有无可替代的优势。

（1）针对性强。一般用人单位是在掌握了该校的专业设置、生源情况、教学质量等信息后，才向学校发出需求信息的。

（2）可靠性高。为了对广大毕业生负责，在把用人单位给学校的需求信息公布给学生之前，学校就业主管部门要先经过对就业信息的审核，保证信息的可靠性。

（3）成功率大。一般毕业生只要符合条件并善于把握好自己，供需双方面谈合适，马上就能签下协议书，成功率较大。

2. 通过各级毕业生就业指导机构获得信息

国家教育部成立了全国高校毕业生就业指导中心，各地也陆续建立了毕业生就业指导机构。

3. 通过社会各级人才市场获得信息

随着社会主义市场经济建设的发展，我国人才市场中介机构也应运而生了，在那里可以了解到许多各类不同的机构和职位。

4. 通过新闻媒体获得信息

每年大学生毕业就业之际，报刊杂志上一般都会刊登一些关于大学生就业的指导信息，信息从不同侧面和角度反映了当年大学生就业的需求情况。在传媒业高速发展的今天，广播、电视、报刊、杂志等新闻媒体受到了招聘机构和求职者们的共同青睐。

5. 通过网络获取信息

如今网络发达，各种资源、信息遍布其上，极大地方便了现代人的生活、工作及其他需求。毕业生可以通过网络获取就业信息，但要注意鉴别信息来源及真实性，以免受骗。

(二) 就业信息获取的原则

获取就业信息时需要遵循一定的原则，这样可以极大地提高获取信息的效率和针对性。

1. "行业优先" 法

根据就业者想要从事的行业开展就业信息的获取，如金融、医学、信息技术、物流、建筑、法律、娱乐、餐饮等等。

2. "志趣优先" 法

根据就业者客观评价自己的志趣来开展就业信息的获取，如企业管理、市场营销、医生护士、自由职业等等。

3. "能力优先" 法

根据就业者个人能够胜任的工作岗位的综合条件来获取，如政治面貌、外语水平、学习成绩等硬件，语言表达、人际交往、组织协调等软件。

4. "综合选用" 法

将几个就业限制要素进行排序，将最看重的限制要素排在第一位，以此类推，有选择地获取。

三、就业信息的筛选

由于就业信息来源和获取方式不同，内容虚实兼有，难免会有矛盾。因此，掌握就业信息分析的原则，对收集到的信息进行去粗取精、去伪存真地分析整理，是使用信息求职的前提。

(一) 突出优势的原则

处理就业信息时，要尽量结合自己的实际情况，选择能够发挥专业、兴趣、爱好和特长等优势的信息，避免人才资源的浪费。

(二) 实事求是的原则

认真地分析个人和社会需求的客观实际，将获得的就业信息对照衡量，看是否适合于自己。优先选择适合自己性格、气质和实现人生价值的岗位。

(三) 在政策范围内就业的原则

使用就业信息时，要把个人意愿和国家需要结合起来，当个人利益和国家利益、集体利益发生矛盾时，要顾全大局，服从国家和社会的需要，并根据社会需要和自己的能力、愿望做出职业选择。

(四) 早做抉择的原则

由于就业信息具有很强的时效性，加之其传播速度快，共享程度高，毕业生得到的信息仅仅代表着一种可能的机会，而且充满着竞争，因此，要争取在规定时间内及早对信息做出反馈。

大学毕业生在对就业信息搜集和分析之后，就要及时与用人单位联系，向用人单位递交自荐材料，争取获得面试机会，从而正式地进入求职流程。

四、就业信息的利用

搜集、筛选就业信息后还必须对信息加以利用，并针对自身的实际情况，或加强自身某方面能力的培养，或继续完善自己的求职技巧。大体而言，利用信息的途径有三个方面。

(一) 选择最佳岗位

要及时运用有价值的信息去选择适合于自己的工作。每个人都要善于运用信息，根据职业的要求与自己具备的条件相对照以后，选择适合于自己的最佳岗位，这是搜集和筛选信息的最终目的。

(二) 弥补能力不足

根据就业信息的要求及时调节自己的知识、技能结构，提高自己的工作能力，弥补不足。如发现自己哪方面的课程、知识不足，就主动去学习，或发现自己哪方面的技能欠缺，就赶快参加必要的训练、主动学习和掌握相应的技能。

(三) 共享有用信息

学会共享有价值的就业信息，及时输出对他人有用的信息。有些信息对自己不一定有用，可是对他人却十分有用，遇到这种情况，千万不要抓住这些信息不放手。迟迟不输出对他人有效的信息，这是一种极大的浪费，也是一种不良心理的表现，是不可取的。其实，你能主动输出对他人有用的信息，不仅是对他人的帮助，而且他人的顺利就业自然也使你减少了一个竞争者。同时，这样做还增加了与他人交流信息、增进友谊的机会，说不定你也会从别人手中获得对自己十分有益的信息呢！

📖 **阅读资料**

就业的相关网络资源

智联招聘：www.zhaopin.com

智联招聘是一家面向大型公司和快速发展的中小企业提供一站式专业人力资源服务，包括网络招聘、报纸招聘、校园招聘、猎头服务、招聘外包、企业培训以及人才测评等。

前程无忧：www.51job.com

前程无忧是一家网络招聘服务提供商，网站目标有两大部分：致力于为积极进取的白领阶层和专业人士提供更好的职业发展机会。同时，网站致力于为企业搜寻、招募到最优秀的人才。提供报纸招聘、网络招聘、招聘猎头、培训测评和人事外包在内的人力资源服务。

Linkedin：www.linkedin.com

LinkedIn 是一家以商业客户为导向的社交网络服务网站，LinkedIn 立志于连接全球职场人士，LinkedIn 为会员提供的核心价值包括：职业身份、知识洞察、商业机会。在这个职业社交网络平台上，每天产生 4500 多万简历浏览，每年发生 57 亿次职业搜索。

猎聘网：www.liepin.com

猎聘网是国内专注实现企业、猎头和职业经理人三方互动的职业发展平台。猎聘网始终专注于打造以经理人个人用户体验为核心的职业发展平台。

拉勾网：www.lagou.com

拉勾网，是一家专为拥有 3 至 10 年工作经验的资深互联网从业者，提供工作机会的招聘网站。拉勾网专注于在为求职者提供更人性化、专业化服务的同时，降低企业端寻觅良才的时间和成本。

BOSS 直聘：www.zhipin.com

"BOSS 直聘"是一款让牛人和未来 BOSS 直接线上开聊的方式找工作的应用。用户可在 APP 上采用聊天的方式，与企业高管，甚至是创始人一对一沟通，更快速地获得 offer。

（资料来源于各招聘网站主页，整理仅作参考用）

第二节　求　职　途　径

一、通过学校毕业生就业指导机构求职

通常，各院校都设有毕业生就业指导机构(就业指导中心或就业办公室)，这是高校毕业生就业工作的直接主管部门。高校毕业生就业指导机构的职责是：向国家、地方主管部

门和用人单位征集用人信息并加以整理、归纳、分析；通过各种方式组织毕业生和用人单位的供需见面会；负责毕业生的就业指导，提供就业咨询服务；编制毕业生就业建议方案，处理毕业生就业的一系列问题。可以说，高校就业指导机构是学校和社会相互交换息的窗口，是联结毕业生和用人单位的纽带。通过高校就业指导机构获取就业信息是大学生求职的主要途径，具有针对性强、可靠性高、成功率大的优点。

二、通过各级政府就业指导服务部门求职

毕业生除了学校渠道外，还可获得教育主管机构的有关就业信息和各地方就业指导机构的就业服务。面临人才之间的激烈竞争和用人单位的严格挑选，涉世不深、经验不足的大学毕业生难免在求职过程中遇到这样那样的问题，在此情况下，各级毕业生就业指导机构就显得极为重要，它们既是信息来源中心，又是咨询服务中心，可指导毕业生顺利实现就业。如安徽省大学毕业生就业指导中心，负责本省大学毕业生就业服务工作。该中心建有就业市场信息库，并借助电子信箱建立"中心—高校—用人单位"之间的信息网络系统，达到信息资源的共享。另外，该中心还出版发行《就业简报》，向全省高校毕业生不定期地提供用人单位的简要情况及详尽的需求信息。由此可见，这一途径同样能给毕业生就业提供非常有益的帮助。

三、通过社会各级人才市场求职

"国家政策指导，毕业生自主择业"是我国高校毕业生就业工作的目标。随着市场经济的深入发展和劳动人事制度的进一步改革，社会上各级各类人才市场、中介机构如雨后春笋般涌现出来，同时毕业生就业的自主权越来越大，因此，通过人才中介的方式实现就业，也是毕业生求职就业的重要途径。在人才市场上，毕业生可以了解到各类不同的用人单位和具体职位信息，寻求面试锻炼的机会，学会面试的技能，增强面试的自信，也为今后的求职转岗积累经验。毕业生人才市场服务大学生就业的主要特点是信息量大，就业机会多，交流直接，服务便利。

四、通过社会实践或实习求职

社会实践是大学生开发就业信息的重要渠道。大学生社会实践有多种方式，如勤工助学、社会服务、毕业实习等等。在社会实践过程中，不仅可以通过自己的努力赢得用人单位的认可，培养社会实践能力，积累社会经验，还可以有意识地、有目的地关注一些行业发展趋势、人才需求状况、具体单位和岗位的用人要求等与大学生就业相关的问题，加强对职业世界的了解，提升自己的求职意识和能力。

毕业实习是学生正式工作之前非常宝贵的、很有价值的就业锻炼经历，通常被视为参加工作的演习，踏入社会的前奏，很多毕业生通过毕业实习实现就地就业。

五、网络求职成为大学生求职的主要途径

现在计算机网络的应用已经越来越普遍，已成为巨大的、无可比拟的信息资源中心。越来越多的用人单位在网上发出招聘信息或建立自己单位的网站，越来越多的求职者上网寻求就业信息，这样既方便，又快捷。因此，毕业生必须学会利用网络为自己的求职服务，

这样不仅可以自由地获取各种就业信息，还可以直接把自己的简历公布在网上进行应聘。许多高校就业指导中心也建立了就业信息网为毕业生提供服务。可见，网络求职已经成为大学生求职就业的首选途径。

六、通过各种社会关系求职

每个人都生活在自己的社会关系网中，毕业生在求职时，不要忘记利用自己的社会关系寻求就业信息。谁的社会关系网能提供更多的就业信息，谁能把握住机会，谁的主动性就更强，成功的几率就更高。当然，在利用社会关系网这一途径时，必须正当，切不可不择手段。毕业生必须树立正确的求职理念：自己的主观努力是最重要的，也是最终的决定因素。

以上六种求职途径是毕业生求职的主要的、可行的、较为有效的途径。当然，在实际求职过程中，毕业生可以利用多种渠道，扩大视野，获取尽可能多的就业信息，增加可能的就业机会，选择最佳的、最适合自己的工作岗位。值得注意的是，面对众多的求职途径，毕业生切忌如无头苍蝇般到处乱撞，必须有计划、有安排、有所选择地进行，这才是求职的上策。

七、自主创业

创新创业是指基于技术创新、产品创新、品牌创新、服务创新、商业模式创新、管理创新、组织创新、市场创新、渠道创新等方面的某一点或几点而进行的创业活动。创新是创新创业的特质，创业是创新创业的目标。在"大众创业、万众创新"的新时代，创业已经成为一部分大学生毕业后的主流选择，近几年，国家和地方在创新创业、创业培训、公司注册、税收等方面出台了一系列优惠政策，鼓励应届毕业生开展自主创业。对于想要创业的大学生来说，在校期间对其知识、能力、综合素质等方面要进行更高要求的培训培养，才有可能创业成功。

八、出国就业与出国留学

近几年，出国就业与出国留学成为一部分大学生毕业后的选择。我国教育市场资源庞大，各国高校抛出"橄榄枝"，吸引大学生留学。同时，一些发达国家的高等教育质量越来越被大学生所认同，到国外发达国家就业或是留学，站在技术发展的前沿或是人文社会学科百花齐放的中心，相对而言能够轻松获得国内难以享有的资源以及大师的指导，还能积累更广的人脉。此外，在国外还会拥有转换职业的机会，生物可以转药学，物理可以转金融，而在中国，这种转换却没那么容易。发达国家的工作机会是许多人出国留学的目的，而专业不同亦有较大差异。不过总的来说，海外工作经历不止是对自己的磨练，让自己变得成熟而稳健，也对职业生涯都起到了极为重要的作用。

第三节　求职安全

经过几年的学习后，大学生终于走到了自己的又一个人生路口。求职就业，这是一个转折点，也是一个人从学生步入社会的必经历程。在校期间，环境相对简单，整日打交道的基本都是同学和老师，所处的是一种淳朴善良的氛围。而步入社会以后，遇到的是形形色色的人，难免良莠不齐，所处的是复杂的社会环境。因此，大学生在步入社会的过程中要转变思想，学会保护自己，而第一步就是要做好求职安全。

一、注意保护个人信息

简历中不要出现身份证号码等信息，网络求职填写简历时，请不要在规定的表单以外的地方填写你的联系方式，这样会使所有人都看到你的联系方式，从而导致不安全的情况发生。强烈建议求职者只留本人联系电话并保持畅通，勿长时间关机，若非必要最好不留家庭电话。

简历不要漫无目的地张贴，做好调查和整理，有的放矢，效率更高。这样也不容易被不相关的人看到自己的简历，从而有效避免被骚扰或者受到别的影响。

不要在陌生网站填写简历信息或往不了解的机构投递简历。现在网络发达，很多求职者都喜欢在网上填写或投递简历，但一定要提高警惕，避免信息泄露或者被不法分子利用。投递简历前同样要了解并核实所要求职企业的信息。

二、面试中的人身与财产安全防护

在收到招聘单位的面试邀请电话时，请务必再次核实该企业的资料。对方如果用移动电话与你联系时，必须索取对方的固定电话，面试前尽量通过对方的固定电话预约面试时间和了解企业信息。

请认真确认面试地点，正规单位招聘一般会将招聘地点设在单位的办公室、会议室，要警惕一些以租用房间作为应聘地点的单位，千万别轻信招聘者在指定的街道或酒店接待，应该自己主动找到招聘单位所在办公地址或办事处。

绝大多数招聘单位不会主动派车去接应聘者，应聘时切勿与陌生人到偏僻地点，勿将手机等财物借给陌生人。发现被骗时应及时报警。

三、注意避开"招聘陷阱"

近年来，社会上一些企业和中介机构在招聘和用人过程中不规范，甚至还存在一些违法欺诈行为，严重侵害了毕业生的权益，在求职时一定要提高警惕，避开这些"招聘陷阱"。

四、远离传销

传销是指组织者或者经营者发展人员，通过对被发展人员以其直接或间接发展的人员数量或销售业绩为依据计算和给付报酬，或者要求被发展人员以交纳一定费用为条件取得加入资格等方式牟取非法利益，扰乱经济秩序，影响社会稳定的行为。目前传销违法犯罪主要有两种形式，一种是聚集型传销活动，另一种是网络传销。

聚集型传销，即传统的拉人头式的传销形式。这种传销参与人员一般有固定的聚集地点，通过讲课或推销会等形式对参与人员进行洗脑，灌输传销能够挣大钱的理念，引诱参与人员缴纳入门费，加入传销组织。聚集型传销因为空间的限制规模大都较小，往往会发生非法拘禁、故意伤害等暴力型的犯罪，具有严重的社会危害性。

网络传销，是一种以互联网为载体的传销行为。组织者多以电商平台等网络平台的形式，销售价格虚高的商品或各种积分形式的虚拟货币，并以投资或理财产品作为包装，许以高额的返利回报，诱使他人参与传销组织，并积极发展下线。网络传销具有隐蔽性强、传播速度快等特点，传销组织在短时间内就可以将规模做大，对社会具有严重的危害性。

当代年轻人都渴望成为更美好的自己，尤其是大学生，很想一展平生所学，成就一番大事业。对于求职心切或者不满现状的大学生而言，急于求成，追求快速致富其实大有人在。而传销恰恰就是抓住了这点，反复灌输致富观念，描绘"美好"前景，在金钱的驱使下，大学生很容易陷入传销的行列，被彻底洗脑，最后血本无归、倾家荡产、妻离子散，甚至丢失了宝贵的生命。

要想远离传销，首先要提高警惕性，加强辨识能力。传销具有隐蔽性和欺骗性，但还是有明显的主要特征：一是收取入门费，看加入是否需要认购商品或交纳费用；二是拉人头，看是否需要发展他人成为自己的下线，并对发展的人员以其直接或间接滚动发展的人员数量为依据给付报酬；三是看计酬方式，是否以直接或间接发展人员的销售业绩为依据计算报酬。

其次，提高自身技能，提升自身修养，劳动致富。不要相信有天上掉馅饼的好事，一蹴而就、急于求成的心理很容易被传销分子所利用。

另外，日常生活中也要多加注意。对消费返利性商品不要轻易相信，同时注意商品是否有完整的售后保障服务；对于网络兼职要有理性的对待，比如网络打字、刷评等等；遇有可能陷入传销的朋友或者亲人，要第一时间寻求工商、公安部门协助，通过正规渠道挽回损失，一旦误入传销组织，切不可为赚回本金而再去骗人，害人害己。

📖 阅读资料

常见"招聘陷阱"举例

陷阱一：招聘单位不通过正规渠道进行招聘

案例：毕业生小张在人才招聘会上找工作时，一个中年男子忽然出现在她面前，说他们单位正在招聘一批业务经理，请小张有空到他们单位去看一下，还主动索取了小张的简历及联系电话。最终小张没得到这份所谓的工作，还经常接到骚扰电话。

提醒：人员招聘是单位的一项重要工作，单位一般对此是非常重视的，会派专人通过各类正规渠道进行招聘。对于小张遇到的这种情况，毕业生要提高警惕，不要毫无防备地就把自己的简历等材料交给别人。

陷阱二：说工资很高，但要先收取费用

案例：大学毕业生韩某，在人才交流市场经过初步了解，与某家承诺高收入的公司达成就业协议。但该公司要向韩某收取200元的服装保证金，言称用于制作工作服，承诺离开公司的时候可以全额退还。1个月后，韩某按照约定来到该公司的办公地点参加培训，却发现该公司主管人员早已经人去楼空，才知道自己上当受骗。

提醒：在当前比较严峻的就业形势下，毕业生千万不要轻易相信在工作的初期就能够获得很高的收入。现在有不少不法人员打着高待遇的幌子，骗取所谓的押金、培训费、服装费等。一般正规单位不会在招聘时收取相关费用，对于某些单位提出的收费项目，毕业生要提高警惕，要敢于说不，如果已被单位收取了类似的费用，要保留好收条等证据，并向当地劳动监察部门寻求帮助。

陷阱三：无端扣押身份证、毕业证等证件

案例：小吴毕业后通过应聘进入一家公司上班，签订合同时公司要求小吴将毕业证交给公司管理，说是内部规定，不了解情况的小吴只好照做，想离职的时候该公司不予返还。

提醒：相关劳动法规及条例明确规定，用人单位与劳动者签订劳动合同，不得扣押劳动者的身份证和其他合法证件。毕业证书是毕业生的合法证件，单位无权收取和扣押。因此，毕业生切不可盲目地将自己的有效证件交给应聘单位，在遇到类似的用人单位时，可以拿劳动条例的相关规定与用人单位进行交涉，或向劳动监察部门求助。

陷阱四：借故不签订就业协议书、劳动合同

案例：小宋提出要与公司签订就业协议书时，公司表示目前无法签订书面协议，也不能签订劳动合同。小宋觉得公司给的薪水还不错，就没有追究下去。

提醒：就业协议书是转递毕业生人事关系的依据，如果不签订协议，毕业生的人事档案、户籍等人事关系就无法转入工作单位及所在城市。这些手续的办理涉及毕业生切身利益，如办理社会保险、购买经济适用房、评审职称等。签了协议后要记得及时签合同，单位不与毕业生签订劳动合同是违法的。毕业生不要以为不签合同更"自由"，当双方产生劳动纠纷、劳动者出现工伤时等情况，没有合同会带来很多麻烦，无法保障自己的合法权益。

陷阱五：招聘广告写得天花乱坠，劳动合同却只字不提

案例：小潘在招聘会上看到一家单位的招聘广告上写着"每月提供住房补贴500元"，对此感到非常满意，并顺利通过面试进入公司。小潘工作后发工资时才发现没有住房补贴才向单位问询，单位告知早就已经取消了住房补贴，而且劳动合同上也没有约定单位要支付该补贴。小潘只好自认倒霉。

提醒：一些单位经常钻法律的空子，借故不兑现招聘广告中的承诺。毕业生在签订合同时要提醒对方将这些承诺写入合同条款中，用劳动法的约束力来督促用人单位向毕业生履行承诺。

陷阱六：假借"实习"之名，骗取毕业生劳动

一是打着"考察""锻炼"等旗号，让毕业生劳动者无偿推销商品。一些单位号称"崇尚实战演练"，其实无非是"白用"毕业生。

二是借"写策划""做方案"等名义，窃取劳动者的创意。同济大学软件设计专业学生小光，到一家手机游戏公司应聘，公司让他先实习一阵再决定是否录用。实习期间的工作就是编写手机游戏，同时了解到，他的一位同学在这家公司实习期间做出的作品，被公司直接拿去"上线"，对外发布牟利。

三是个别用人单位的"群体忽悠"。无论是要应聘上述的市场营销还是创意设计，各类岗位一概来者不拒——"欢迎实习"。从而收进一大批"打工实习生"，临到签约期才发话"今年没有招人指标"，将所有人"踢"出门外。

提醒：毕业生在遇到上述情形时一定要注意保护自己、观察和了解单位安排实习的真

正意图，以防上当，必要时可向学校就业管理部门或学院辅导员老师反映。

陷阱七：非法人才中介机构借招聘谋取暴利

未经批准，单位名称、业务范围内有"人才"字样的，外地人才服务机构在当地开展人才中介业务的，职业介绍机构从事人才中介业务的，他们打着人才中介服务的幌子，干谋取暴利的勾当，应该格外提高警惕。

提醒：毕业生应主要考虑参加各级毕业生就业主管部门和高校举办的毕业生就业市场或各地市人事部门所属的人才交流机构办的人才市场，这些人才市场针对性强、可信度好、成功率高。

陷阱八：利用毕业生求职心切的心理诱骗毕业生加入传销组织

社会上一些不法人员和组织利用毕业生求职心切的心理，以知名企业或单位的名义招聘毕业生，或要求通过网上投递简历等方式套取毕业生的通讯地址和联系方式，然后主动与毕业生联系，以要求面试或到单位实习为由，将毕业生骗至外地，收取其证件，控制其自由，强迫、诱骗毕业生加入传销组织，给毕业生造成伤害和巨大损失。

案例：某高校美术专业的毕业生张某，接到朋友周某从广州打来的电话，希望他来公司工作。随后张某到达广州签订了一份合同书，同时让他交押金 3 千元，并承诺如辞职离开公司押金随时如数退还。张某认为周某与自己是朋友，又有合同和承诺，便交了押金。当天下午，周某就带其开始岗前"培训"。"培训"主要是讲怎样赚钱，灌输"发展下线、金字塔"理论等等。经过几天"培训""洗脑"后，公司让他"上班"，其实就是打电话、动员蒙骗认识的、想找工作的人来"传销"。

提醒：广大毕业生要树立正确的人生观、价值观和就业观，正确认识成长成才规律，将自己的专业、专长与社会实际需要相结合，准确定位、积极就业，自觉抵制各种非法传销活动。遇到紧急情况，应设法及时向当地公安机构寻求帮助。

陷阱九：利用求职心切心理，侵害女毕业生权益

案例：女大学生王某通过网络找到一份家教的工作，到对方指定地点应聘时财物被洗劫一空。由于过分地轻信他人，该同学在未经认真核实的情况下，只身去应聘家教而受到伤害。

提醒：近年来，女大学生在就业过程中遇到的不法侵害的事情层出不穷，这也给我们敲响了警钟，安全问题要时刻牢记，危险离我们并不遥远，求职应聘时要对招聘单位进行细致的信息收集与分析，经过核实再进行下一步。

(应届毕业生网，2017 年 6 月 12 日；淮阴商业学校网，2017 年 11 月 1 日)

第三章　大学生就业程序

✦ 本章导读

　　毕业生就业是一个系统性工程，一个顺利毕业大学生的就业程序如下：毕业生与学校、用人单位在规定时间内签订就业协议书，高校据此到地方主管毕业生就业调配部门办理《报到证》，然后制订户口、档案转移方案。毕业生持《报到证》、户口迁移证前往单位报到，学校凭《报到证》将学生档案寄到用人单位，用人单位凭《报到证》办理接收手续和落户，《报到证》是计算工龄、核定人员编制和核发工资的依据，也是保留干部身份的证明。

第一节　签订就业协议

　　协议，即在组织或个人之间，经过洽谈、协商，明确各自权利、义务而达成一致意见的书面文书。当毕业生与用人单位经过双向选择达成一致意愿之后，就需要以协议的形式将这种关系确定下来。毕业生与用人单位签订协议，并经学校主管部门签证或鉴证，即为签约。就毕业生而言，该协议的签订意味着毕业生就业，因而也称为就业协议。也就是说，就业协议是明确毕业生、用人单位和学校在毕业生就业过程中权利和义务的书面协议。就业协议一经签订，对三方都具有约束力。就业协议书一般由教育部或各省、市、自治区就业主管部门统一制定。它是教育部制定就业计划的依据，是进行毕业生派遣的根据，是确认就业意向和劳动需求的凭证，也是进行劳动统计的重要依据。

一、就业协议的内容

　　我国目前高校毕业生通用的就业协议书包括以下内容：

1. 毕业生基本情况及意见

　　其中包括：姓名、性别、年龄、民族、政治面貌、培养方式、健康情况、专业、学制、学历、家庭住址、应聘意见等。

2. 用人单位情况及意见

　　其中包括：单位名称、单位隶属、联系人、联系电话、邮政编码、通信地址、所有制性质、单位性质、档案转寄地址、用人单位意见、用人单位上级主管部门意见等。

3. 学校意见

　　其中包括学校联系人、联系电话、邮政编码、学校通信地址、院系意见、学校毕业生就业部门意见等。

随着毕业生就业制度改革的深化，毕业生就业协议的内容也在进一步规范化、法律化。目前，一些用人单位或学校在就业协议书上已经附加上了有关劳动合同的内容，以保证毕业生的权益，进一步明确用人单位与毕业生之间的权利和义务。这些内容包括：服务期、工作岗位和工作内容、劳动保护和工作条件、工资报酬和福利待遇、劳动纪律、协议终止的条件、违反协议的责任等。

二、就业协议中三方的基本权利和义务

毕业生应按国家法规就业，可在规定的范围内通过与用人单位的双向选择，自主选择自己的就业单位；有权了解用人单位的各种情况(涉及国家机密的除外)和自己将获得的待遇；应如实向用人单位介绍自己的情况，并提供可以证明自己情况的相关资料；了解用人单位的使用意图，表明自己的就业意见；在规定的时间内到用人单位报到，若遇到特殊情况不能按时报到，需征得用人单位同意。

用人单位可通过与高校学生的双向选择，自主录用高校毕业生；有权了解学生包括身心状况在内的基本情况、在校表现和学习成绩；明确对毕业生的要求及使用意图，要如实介绍本单位的情况，包括单位基本概况、岗位要求、基本待遇等，并做好各项接收工作。

学校向毕业生和用人单位介绍学校情况和提供有关介绍资料；向毕业生提供有关政策和就业信息指导、咨询等方面的服务；要如实向用人单位介绍毕业生的情况，做好推荐工作，用人单位同意录用后，经学校审核列入建议就业计划，报主管部门批准，学校负责办理派遣手续。

三、就业协议的签订、变更和解除

(一) 就业协议的签订

根据《中华人民共和国合同法》的要求，合同当事人的法律地位平等，一方不得将自己的意志强加给另一方；当事人依法享有自愿订立合同的权利，任何单位和个人不得非法干预；当事人应当遵循公平原则确定各方的权利和义务；根据当事人订立合同，采取要约(希望和他人订立合同的意思表示)、承诺(受要约人同意要约的意思表示)方式。就业协议书的签订要求基本适用于合同法，所以，在签订就业协议书时，要依据主体合法原则和平等协商原则，采取要约和承诺的方式。毕业生通过各地供需洽谈会(人才市场)进行双向选择，或向各用人单位寄发书面材料，视为要约邀请，用人单位收到毕业生材料，对毕业生进行考察后，表示同意接收并将回执寄到高校毕业生就业工作部门，应为要约。毕业生收到用人单位回执或通过其他方式得到用人单位答复后，从中做出选择并到学校毕业生就业工作部门领取就业协议书，与用人单位签订协议，即为承诺。

签订协议一定要慎重，必须把双方的约定以文字形式写下来盖章签字方可生效，"君子协议""口头协议"都是空头支票，没有任何法律效力，一旦发生纠纷，毕业生的利益无法得到保障。某单位接收毕业生，当时已通过体检、政审考核等程序，该单位表示同意录用王某，但提出因没有带公章，请学校先盖章签署意见。他们同意之后再补办有关手续。学校就业指导中心为慎重起见，反复提醒毕业生最好等单位先盖章，学校再盖章。但单位和

王某本人都很急，单位说："反正我们已同意接收，只要方便同学，可以简化手续，谁先盖章无所谓。"王某说："我体检、政审都通过了，请给我一次机会，我愿写保证，保证因手续不全后果自负。"鉴于此，学校先盖了章。谁知刚过两天，该单位将该生协议书退回。

因此毕业生必须学会保护自己。一般来说，毕业生最好是亲自前往单位签约盖章，如果一定要将协议书寄去签，那应该要求单位先出具书面接收函，以确保万无一失。

签订就业协议书的基本程序：

(1) 毕业生如实填写基本情况。

(2) 毕业生所在系部对毕业生所填情况加以审核，加盖院系公章。

(3) 用人单位与毕业生填写双方约定条款，分别签署意见，用人单位加盖人事部门公章。无人事接收权的用人单位，其上级部门应签署意见并加盖公章。非单位所在省、市生源的毕业生在与单位签订协议时，要了解当地对外地毕业生进该地区工作的有关政策规定，如有限制，要征得单位所在地区毕业生就业主管部门同意并加盖公章。

(4) 院部登记备案，学院终审，加盖院级公章，以此为依据，制定建议性就业计划。

毕业生在规定时间内，按照上述要求签订协议，即为有效协议。在审查协议书过程中，如发现不合程序和要求，以及有违反政策、法规的，应通告毕业生和用人单位双方当事人协议无效，不予办理有关手续。所谓无效协议是指欠缺就业协议的有效要件或违反就业协议订立的原则从而不发生法律效力，无效协议自订立之日起无效。具体是指就业协议未经学校同意视为无效，如有的协议经学校审查认为对毕业生有失公平，或违反公平竞争、公平录用的原则，学校可不予认可；采取欺骗等违法手段签订的就业协议无效，如用人单位未如实介绍本单位情况，根本无录用计划而与毕业生签订就业协议。无效协议产生的法律责任应由责任方承担。

(二) 就业协议的变更和解除

毕业生就业协议书签订后，未经毕业生、用人单位以及学校三方同意不得擅自变更或者解除。就业协议的解除分为单方解除和三方解除。

单方解除，包括单方擅自解除和单方依法或依协议解除。单方擅自解除协议，属违约行为，解约方应对另两方承担协议中约定的违约责任。单方依法或依协议解除，是指一方解除就业协议有法律上或协议上的依据，如学生未取得毕业资格、体检不合格，用人单位有权单方解除就业协议，此类单方解除，解除方无须对另两方承担法律责任。毕业生、用人单位、学校三方的任何一方因主体资格丧失合同自动解除。

三方解除是指毕业生、用人单位、学校三方经协商一致，解除原订立的协议，使协议不发生法律效力。此类解除因是三方当事人真实意思表示一致的体现，三方均不承担法律责任，三方解除应在就业计划上报主管部门之前进行，如就业派遣计划下达后三方解除，还须经主管部门批准办理调整改派。

签订就业协议是一种法律行为，协议书一经签订，便视为合同生效，具有法律效力。签订就业协议，是确认签约双方权利和义务的必要程序，又是处理就业纠纷的主要依据，因此，不能随意更改或毁约。签约的各方都要守信用，不能做与协议书内容相违背的事情。有的毕业生，这山望着那山高，与用人单位订约后，不履行协议，随意违约，另谋他就，这不仅给用人单位带来损失，影响学校声誉，扰乱毕业生就业市场，而且对毕业生自身的信誉、前途也会带来不利的影响。因此，毕业生应该正确认识和严肃对待就业协议书，慎重签订就业协议。即使非要变更或解除就业协议，那也要尽量协商解决，对协议变更的有关条款不能达成一致意见，毕业生可向学校或相关机构申请调解，调解不成的可申请仲裁直至向人民法院提请诉讼。

四、毕业生在签订就业协议时需要注意的问题

(一) 要增强法律意识

要对《劳动法》和相关法规以及国家、地方、学校的就业政策多一些了解，认识到毕业生就业协议(合同)的重要性。毕业生签订就业协议时，其内容、条款、责任和义务等要尽量文字化、正规化，对用人单位方拟订的协议内容要仔细研究，切忌签订一些口头、含义不清并缺乏必要约束的简单、一边倒或用一些证件抵押的协议(合同)，以免个人正当权益受到损害。当前，有些用人单位利用大学生就业难的时机和大学生求职心切的特点，把大学生招来当作廉价劳动力使用，如果事先没有签订一份合理合法的就业协议，那就会给自己带来很多不必要的麻烦和损失。

(二) 要对用人单位的情况多一些了解

毕业生一定要全方位地了解用人单位的相关情况，诸如企业的发展趋势、企业的员工培养制度、用工制度、养老保险、工资、住房、工作条件等内容。不但要掌握资料，更要实地考察，并且还需要重点了解单位的人事状况，了解企业是否具有应届毕业生的接收权。在签订协议前应多一些了解，做到心中有数，同时毕业生需要向用人单位提前了解自己以后工作的具体部门和工作岗位，并在协议书上写明，以便签订协议时提出相应的要求，保障自己的权益。另外，大学生在按照正常程序签订协议时，可以与学校、劳动、人事等有关部门取得联系，在他们的监督与指导下与用人单位签订就业协议或者劳动合同，以保证其公正性、合理性，减少漏洞。

(三) 严肃对待就业协议，提高严格履行就业协议的自觉性

从过去毕业生签订的就业协议来看，双方违约责任主要在毕业生。原因是多方面的，有的毕业生由于签约前没有认真作好思想准备，等清醒后后悔；有的毕业生抱着保底的思想，心想反正是要违约，不就是交几百块钱违约金嘛，不妨先签，然后随时违约到条件更好的单位；还有的同学，到工作岗位上不满合同规定的服务期限就"跳槽"，不辞而别。许多合同纠纷的双方并不诉诸法律，用人单位在毕业生多次哀求下不得不放行，学校也不得不放行，给学校的名誉带来损失，给今后毕业生就业工作带来巨大的困难。

从毕业生就业的实践看，大部分就业协议都得到了认真履行，但由于种种原因，每年总有一些毕业生或用人单位要求违约。对违约行为，教育部在有关规定中，明确违约一方必须承担违约责任，并支付一定的经济赔偿金，但并没有规定明确的数额，因此，各学校与用人单位在执行中，就有不同数额的差别。对此，毕业生在与用人单位签约前，除了学校的规定外，还要与用人单位进行协商，对可能发生的违约责任予以确定，对赔偿金额予以明确，以便任何一方发生违约时，就可以有据可依，避免无谓的损失。

（四）坚持诚信原则签订就业协议

协议具有双向约定的作用，如果有需要双方相互承诺的部分，一定要在协议书或补充协议上加以说明。

某毕业生参加了专升本，但成绩尚未出来，自己又没有什么把握，于是竭力到某单位应聘，后该单位正式要求签约，且催得很急，否则另考虑人选。该生担心错过良机，匆忙签约，且未仔细推敲附加内容：即"服务期内不得以任何理由提出升学、出国、调动等要求，否则，缴违约金若干。"不久，专升本录取分数出来了，随即该生又收到了某校的录取通知，该生提出解除协议，单位却不答应；无奈，只好放弃深造机会，履行协议。

在签约过程中，有不少单位会备注附加一些协议条款，如"必须取得学士学位""体检必须合格""服务期多少年""违约金多少"等等，对这些内容，毕业生应看仔细，并权衡利弊，尤其是服务期和违约金等要考虑自身的实际情况和承受能力。

如果毕业生报考了研究生、公务员，是否录取的结果又没有揭晓，或者申请留学又未知结果，毕业生则应如实向用人单位说明，并与用人单位就如果考取后的处理办法达成一致意见，在协议书上明确约定。从实践来看，如果毕业生能够充分尊重用人单位，提前将报考或申请的情况向用人单位进行说明，那么通常情况下，大多数用人单位对毕业生考取研究生或公务员会给予谅解并同意。毕业生不要隐瞒报考的事实，否则，录取结果揭晓以后，就可能面临比较尴尬的局面。不过，毕业生应及早将考取结果通知用人单位，以便他们能够重新招聘和补充毕业生。

需要注意的是，如果用人单位对毕业生隐瞒报考事实的做法非常不满，即使最后同意与毕业生解除就业协议，但一般也要求毕业生为此付出较大的经济赔偿，而且肯定会对毕业生及学校产生不良看法和影响。还有一种可能，就是尽管学校可以从中协调，但是无论毕业生采取怎样的弥补办法，用人单位却始终不予同意。对此，学校也将无能为力，毕业生也就无法实现成为研究生、公务员或者留学的目的。

毕业生工作若干年以后，有不少人可能准备报考研究生，继续深造，又或者由于种种原因，要求调离。这些问题，如果未在协议书中明确，则双方很难协商解决，极易引起纠纷。为了减少因此而可能发生的问题，毕业生最好与用人单位洽谈时，就此明确，并以文字形式确定下来，为以后双方顺利解决这些问题创造有利条件。

（五）其他注意事项

毕业生就业时使用学校下发的推荐材料和教育部印制的就业协议书，通过双选落实单位达成协议的，应将有关约定以书面形式落实在协议上。就业协议一般一式四份，除了留存政府就业主管部门一份之外，毕业生、用人单位以及学校各执一份，具有同等的法律效力。

毕业生在签约时也要考虑对自身权益的保护。就业协议中可以规定违约金的数额，根据现行劳动法规中规定的上限是 12 个月的工资总和。

毕业生在签约时一定要注意条款的合理性。我国劳动法明确规定，用人单位不得以任何理由，向毕业生收取报名费、培训费、押金、保证金等费用。

一旦发生纠纷、争议，最好的解决办法还是和平协商。对违约的毕业生而言，及早告知原单位自己的志愿变更，主动登门说明自己违约的缘由，承认错误表示歉意，表明自己涉世未深，考虑问题欠周详的事实，用真诚的态度求得对方谅解，并认真履行违约责任——这些是必须要做的。任何一家开明的用人单位都会对年轻人持宽容态度，只要矛盾不激化，问题一般都能得到妥善解决。违约毕业生切忌态度蛮横、生搬教条，把和原单位的关系搞僵，把原本可以按约顺利解决的事情拖延耽误。

签订就业协议书后，一定要签署劳动合同。正式的劳动合同可能是学生毕业前签订、毕业后生效的，也可能是毕业后签订、立即生效的。一般来说，就业协议书也会在劳动合同生效时终止其效力。

毕业生、用人单位双方都不得单方面拖延签约周期。毕业生遇到问题而犹豫不决时，最好能够及时咨询高校就业部门负责老师，征求相关的意见和指导。

第二节　签订劳动合同

劳动合同是指劳动者与用人单位建立劳动关系必须订立的劳动合同，是明确双方权利和义务的书面协议。劳动关系是指劳动者和劳动力使用者在劳动过程中发生的社会关系。订立和变更劳动合同，应当遵循平等自愿、协商一致的原则，不得违反法律、法规的规定。劳动合同依法订立即具有法律约束力，当事人必须履行劳动合同规定的义务。

一、劳动合同的签订

（一）劳动合同签订的原则

1. 合法的原则

(1) 签订劳动合同的主体必须合法。劳动者一方必须具有劳动行为能力和劳动权利能力，即必须是达到法定劳动年龄并具有劳动能力的劳动者。用人单位必须具有法人资格，私营企业必须符合法定条件。

(2) 劳动合同的内容必须合法。双方签订的劳动合同内容(权利与义务)必须符合法律、法规和劳动政策，不得从事非法工作。

(3) 签订劳动合同的程序、形式必须合法。劳动合同必须依照劳动法律、法规规定的程序签订，必须采用书面形式，合同的主要条款必须具备。

2. 平等自愿、协商一致的原则

平等自愿即双方在签订劳动合同时，其法律地位是平等的，任何一方都不能也不允许强迫或欺骗对方。协商一致即双方在签订合同时，就合同的内容、条款等，协商取得一致后签订。

（二）劳动合同的内容

劳动者与用人单位建立劳动关系必须订立劳动合同。劳动合同是明确双方权利和义务的书面协议。订立和变更劳动合同，应当遵循平等自愿、协商一致的原则，不得违反法律、法规的规定。劳动合同应当以书面形式订立，并应具备以下条款：劳动合同期限；工作内

容；劳动保护和劳动条件；劳动报酬；劳动纪律；劳动合同终止的条件；违反劳动合同的责任。除了上述这些必备条款外，当事人可以协商约定其他内容。

1. 劳动期限

劳动合同期限有固定期限、无固定期限和以完成一定的工作任务为期限三种形式。劳动合同中应明确其中的一种形式，不能含糊。

2. 劳动内容

劳动内容指在合同有效期所从事的工作岗位及工作要求。双方在约定工作岗位时可以同时约定岗位变化的条件和方法。

3. 劳动保护和劳动条件

劳动保护和劳动条件指为保障劳动者在劳动过程中的安全、卫生、健康，用人单位根据国家有关法律、法规而采取的各项保护措施。

4. 劳动报酬

劳动报酬指按国家法律、法规和规章的有关规定付给劳动者的工资、奖金、津贴等。劳动合同中应明确劳动报酬支付的形式和支付日期等内容。

5. 劳动纪律

劳动纪律包括单位的规章制度、劳动纪律等内容及其执行程序。劳动者在劳动过程中必须遵守工作秩序和规则，这是是用人单位组织生产经营活动，完成规定任务的保证条件，是劳动者必须履行的义务。

6. 劳动合同的终止

劳动合同终止，是指劳动合同期满自然终止或双方在劳动合同中事先约定提前或延后终止。

7. 违反劳动合同的责任

违反劳动合同的责任是指劳动合同一方不履行或者不完全履行劳动合同，以及违反《劳动法》及其他法律、法规和规章的有关规定，应当承担相应的法律责任。

显而易见，劳动合同的内容比就业协议书更广泛、更全面。因此，毕业生不但要认真地和用人单位签订就业协议书，还应注意报到后及时和用人单位签订劳动合同。

（三）不同期限的劳动合同

劳动合同的期限分为有固定期限、无固定期限和以完成一定的工作为期限。

1. 有固定期限劳动合同

有固定期限劳动合同是指有明确具体的起始日期和结束日期的劳动合同。劳动者在同一用人单位连续工作满十年以上，当事人双方同意续延劳动合同的，如果劳动者提出订立无固定期限的劳动合同，应当订立无固定期限的劳动合同。

劳动合同可以约定试用期。试用期最长不得超过六个月。劳动合同当事人可以在劳动合同中约定保守用人单位商业秘密的有关事项。劳动合同期满或者当事人约定的劳动合同终止条件出现，劳动合同即行终止。

2. 无固定期限劳动合同

无固定期限劳动合同是指合同里只约定起始日期，不约定终止日期的劳动合同。但签订无固定期限的劳动合同，双方当事人可以约定终止条件，约定终止条件时不得将法定解除劳动合同条件作为终止条件约定，以防止用人单位规避解除劳动合同时支付劳动者经济补偿金等义务。

3. 以完成一定工作为期限的劳动合同

以完成一定工作为期限的劳动合同是指双方当事人将完成某项工作约定为终止条件的劳动合同。

(四) 签订劳动合同的注意事项

1. 签订劳动合同的主体、内容、形式和程序必须合法

依法签订劳动合同是其产生法律约束力的前提。如果签订的劳动合同不合法，那么求职者的权益就无法保障。为此，求职者一定要先确认自己签订的劳动合同是否具备产生法律约束力的条件，包括：用人单位这一劳动合同主体必须符合法定条件，用人单位应当依法成立，能够依法支付工资、缴纳社会保险费、提供劳动保护条件，并能够承担相应的民事责任。双方签订的劳动合同内容(权利与义务)必须符合法律、法规和劳动政策，不得从事非法工作。此外，签订劳动合同的程序、形式必须合法，如经协商一致、书面形式等。

2. 对于工作性质、劳动条件等内容应具体情况具体分析

《劳动法》虽将工作内容作为法定必备条款，但法律法规及红头文件未对此作出明确的具体规范，需要求职者多花费些时间和精力。因为通常情况下，劳动合同的工作内容多是转换为岗位和工种在劳动合同中约定，且用人单位希望用尽量大的外延或者概念表示劳动合同中的岗位和工种，如管理人员、生产人员或服务人员等。岗位工种外延越大，说明在履行劳动合同期间，当事人从事的岗位工种变化范围越大，这需要当事人做好适当的心理准备和能力储备，否则，需要承担较大的风险。

3. 求职者提出在劳动合同中约定工资的标准，应注意知己知彼

知己就是应结合自身的条件，包括学历、技能和身体素质等；知彼就是应掌握人力资源市场供求状况、劳动力市场价位等。通常劳动保障行政部门提供的劳动力市场指导价位给出低位数、中位数和高位数三个指标，求职者不可漫天要价，以避免为签约设置障碍。切莫忽视双方协商约定的内容，对于试用期、培训、竞业禁止的补偿、补充保险和福利待遇等，求职者希望在劳动合同中体现的内容，当事人应提出并在劳动合同中写明具体要求。

二、劳动合同的解除

劳动合同的解除是指劳动合同生效以后，尚未履行或还没全部履行以前，当事人一方或双方依法提前解除劳动关系的法律行为。它是劳动合同关系的非自然终止，一般是由于劳动合同订立时所依据的情况发生了变化。这种变化可能是主观方面的，如劳动者违反劳动纪律，也可能是客观方面的，如劳动者患病医疗期满，不能从事原工作以及用人单位另

行安排工作了。这种变化致使劳动关系无法保持，而提前结束。另外，劳动合同的解除必须符合法定的条件和程序。

劳动合同的解除可以分为双方协商解除和单方依法解除。双方协商解除是指劳动合同当事人协商一致，解除劳动合同；单方解除劳动合同又分为用人单位单方解除和劳动者单方解除。

（一）用人单位单方面解除劳动合同

用人单位可以解除劳动合同，分为以下三种情形：

1. 因为劳动者存在主观过错解除劳动合同

根据法律规定，劳动者有下列情形之一的，用人单位可以随时解除劳动合同：① 在试用期间被证明不符合录用条件的；② 严重违反劳动纪律或者用人单位规章制度的；③ 被依法追究刑事责任的；④ 根据规定，劳动者被人民法院或有关部门判处拘役、3 年以下有期徒刑缓刑及劳动教养的，均可以解除劳动合同；⑤ 法律、法规规定的其他情形。

2. 因为劳动者存在客观原因解除劳动合同

有下列情形之一的，用人单位可以解除劳动合同，但是应当提前 30 日以书面形式通知劳动者本人：

(1) 劳动者患病或者非因工负伤，医疗期满后，不能从事原工作也不能从事由用人单位另行安排的工作的。

(2) 劳动者不能胜任工作，经过培训或者调整工作岗位仍不能胜任工作的。

劳动者有下列情形之一的，用人单位不得解除劳动合同：

(1) 患职业病或者因工负伤并被确认丧失或者部分丧失劳动能力的。

(2) 患病或者负伤，在规定的医疗期内的。

(3) 女职工在孕期、产期、哺乳期内的。

(4) 法律、法规规定的其他情形。

3. 因为用人单位原因解除劳动合同

(1) 劳动合同订立时所依据的客观情况发生重大变化，致使原劳动合同无法履行，经当事人协商不能就变更劳动合同达成协议的，用人单位可以解除劳动合同，但是应当提前 30 日以书面形式通知劳动者本人，用人单位解除合同未按规定提前日通知劳动者的，自通知之日起 30 日内，用人单位应当对劳动者承担劳动合同约定的义务。

(2) 经济性裁员。用人单位濒临破产进行法定整顿期间或者生产经营状况产生严重困难，确需裁减人员的，可以裁减人员。但是用人单位应当提前 30 日向工会或者全体职工说明情况，听取工会或者职工的意见，用人单位的裁员方案应当在与工会或者职工代表协商采取补救措施的基础上确定，并向劳动保障行政部门报告，经向劳动行政部门审批后，用人单位才可以实施裁员。用人单位经济性裁员后，在 6 个月内录用人员的，应当优先录用被裁减的人员。用人单位在单方面解除职工劳动合同的同时，应当事先将理由通知工会，工会认为用人单位违反法律、法规和有关合同，要求重新研究处理时，用人单位应当研究工会的意见，并将处理结果书面通知工会。

（二）劳动者单方面解除劳动合同

根据法律规定，劳动者也可以单方面解除劳动合同，解除形式分为以下两种：

1. 劳动者提前 30 日以书面形式通知用人单位解除劳动合同

劳动者采取此种方式解除劳动合同，不需要考虑单位是否存在过错，也不需要征得用人单位的同意。在提前 30 日以书面形式通知后，劳动者向用人单位提出办理解除劳动合同手续的，用人单位应当予以办理。

2. 劳动者随时通知用人单位解除劳动合同

劳动者采取此种方式解除劳动合同，必须有下列情形之一：① 劳动者在试用期内的；② 用人单位以暴力、威胁或者非法限制人身自由的手段强迫劳动的；③ 用人单位未按照劳动合同约定支付劳动报酬或者提供劳动条件的。

三、签订劳务合同时应注意的问题

（一）有效性

根据《劳动合同法》第二十六条，下列劳动合同无效或者部分无效：

(1) 以欺诈、胁迫的手段或者乘人之危，使对方在违背真实意思的情况下订立或者变更劳动合同的。

(2) 用人单位免除自己的法定责任、排除劳动者权利的。

(3) 违反法律、行政法规强制性规定的。

根据劳动合同依照《劳动合同法》第二十六条规定被确认无效，给对方造成损害的，有过错的一方应当承担赔偿责任。

（二）违约条款

包括服务期以及保密事项等约定。

劳动部《关于违反〈劳动法〉有关劳动合同规定的赔偿办法》第四条明确规定："劳动者违反规定或劳动合同的约定解除劳动合同，对用人单位造成损失的，劳动者应赔偿用人单位下列损失：用人单位招收录用其所支付的费用；用人单位为其支付的培训费用，双方另有约定的按约定办理；对生产、经营和工作造成的直接经济损失；劳动合同约定的其他赔偿费用。"

《劳动法》第一百零二条规定："劳动者违反本法规定的条件解除劳动合同或者违反劳动合同中约定的保密事项，对用人单位造成经济损失的，应当依法承担赔偿责任。"劳动部《关于违反〈劳动法〉有关劳动合同规定的赔偿办法》第五条进一步明确规定："劳动者违反劳动合同中约定的保密事项，对用人单位造成经济损失的，按《反不正当竞争法》第二十条的规定支付用人单位赔偿费用。"

因此，企业完全可以依照以上规定，在劳动合同中设立相关违约条款充分保护自身的合法权益。比如根据《劳动合同法》第二十二条规定，用人单位为劳动者提供专项培训费用，对其进行专业技术培训的，可以与该劳动者订立协议，约定服务期。劳动者违反服期约定的，应当按照约定向用人单位支付违约金。对于一些掌握企业重大机密的员工，可以约定保密事项或竞业禁止条款，需要注意的是，根据《劳动合同法》规定，竞业禁止的期限不超过两年。以上这些条款的事先约定，可以极大的保护企业的正当权益，反之则可能给企业造成不可挽回的损失。

（三）免责条款

由于企业不是公安机关，对于员工入职之前的历史无法全部掌握，如果遇上某些应征者刻意隐瞒事实，有可能被欺骗，导致在将来因竞业禁止等原因承担连带赔偿责任。如果预先在劳动合同上添加免责条款，则可以在很大程度上保护企业免受伤害。以下范例供参考：

乙方(劳动者)向甲方(用人单位)保证，乙方在进入甲方单位工作之前，与社会上任何单位和个人没有任何的劳动关系，无任何的民事与刑事纠纷，无其他违法行为。如有隐瞒，一经查实，甲方有权据此终止本合同，且造成的一切法律后果由乙方承担，与甲方无关。

（四）及时变更

一旦员工的岗位、报酬等内容发生变化，或者企业发生合并分立的情况，企业应当及时变更劳动合同的相关条款，以免在今后可能的劳动纠纷中陷于被动。

第三节　办理人事代理

为了适应社会主义市场经济需要，建立健全与现代化企业和事业单位管理体制相配套的人事管理制度，逐步完善人事人才工作社会化服务体系，各级政府都成立有专门的人事代理机构。人事代理是传统的计划经济向社会主义市场经济转变过程中产生的，是以人才交流服务工作为基础发展起来的一种新的人事管理方式，在市场经济条件下人员配置从过去的计划分配变为双向选择，人才流动性大大增强。

推行人事代理制度，有利于实现人档分离和人才社会化管理。对用人单位而言，可减轻大量的人事事务性工作，解决在人才引进、毕业生接收、职称评审、人事档案管理等方面遇到的问题；对各类人才而言，个人不再是"单位所有"，流动变得十分方便，权益得到有力保障。

大、中专毕业生在就业过程中为了妥善、专业处理各种档案、关系等，一般都要办理人事代理，由学校征求个人意见后进行委托。

一、人事代理的定义

人事代理是指各级政府人事行政部门所属的人才流动服务机构依据国家有关人事政策法规，接受用人单位或个人委托，对其人事业务实行集中、规范、统一的社会化管理和系列服务的一种人事管理方式。

人事代理的当事人为代理方和委托方，代理方一般是县级以上政府人事行政部门所属的人才流动服务机构，委托方为需要人事代理服务的各类企业、事业单位和个人。

人事代理业务可由单位委托，也可由个人委托。委托代理的方式由委托方与代理方商定，并以合同的形式予以明确。

二、人事代理的内容

人事代理的具体内容由代理方和委托方协商确定，代理方可以提供如下服务：

(1) 为委托方提供人事政策咨询，并协助委托方研究制定人才发展规划和人事管理方案等。

(2) 为委托方管理人事关系、人事档案。办理专业技术人员专业技术职务任职资格的申报工作；办理大、中专毕业生见习期满后的转正定级手续，调整档案工资；出具因公或因私出国、自费留学、报考研究生、婚姻登记和独生子女手续等与人事档案有关的证明材料。

(3) 为国家承认学历的大、中专毕业生提供人事代理服务，从签订人事代理合同之日起按有关规定承认身份，申报职称，计算工龄，确定档案工资，办理流动手续。

(4) 为委托方接转党团组织关系，建立流动人员党团组织，开展组织活动。

(5) 为委托方代办失业、养老社会保险业务。

(6) 为委托方代办人才招聘业务，提供人才供需信息，推荐所需专业技术人员和管理人员，负责聘用人员合同签证。

(7) 根据委托方要求，开展岗位培训，并协助委托方制定培训计划。

(8) 根据委托方要求，开展人才测评业务。

(9) 代理与人事管理相关的业务。

三、人事代理程序

(1) 委托方向代理方提出申请，并提供有关材料。

个人办理委托人事代理，根据各自情况的不同，须向当地人才流动机构分别提交下列有关证件：

• 应聘到外地工作的，须提交委托人事代理申请、聘用合同复印件、身份证复印件、聘用单位证明信(证明其单位性质、主管部门、业务范围)等。

• 自费出国留学的人员，须提交委托人事代理申请、原单位同意由人才流动机构保存人事关系的函件、出国的有关材料等。

• 辞职、解聘人员尚未落实单位的，须提交委托人事代理申请及辞职、解聘证明、身份证复印件等。

(2) 代理方对委托方申报的材料进行审核。

(3) 委托方与代理方签订人事代理合同。

(4) 代理方向有关方面索取人事档案及行政、工资、组织关系等材料，并办理有关手续。

(5) 人事代理当事人的权利和义务，由双方以协议的形式予以明确，共同遵守。

第四节　办理毕业手续及报到

大学生毕业时需办理一系列手续，而离校手续的办理有一定的流程和规定。图 3-1 所示的办理离校手续流程供参考。

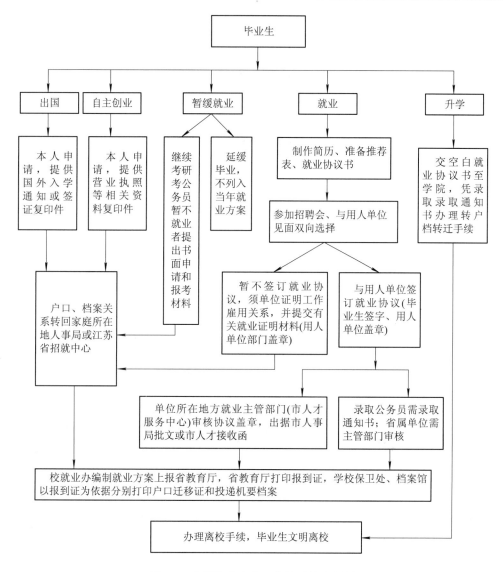

图 3-1　大学毕业生办理离校手续流程图

一、办理毕业手续

（一）毕业生的户口迁移

1. 户口迁移的凭证

办理户口迁移需要《报到证》。省内外普遍高校毕业生、毕业研究生，须持有国家教育部统一印制、省级以上主管毕业生调配部门签发的《全国普通高校毕业生就业报到证》《全国普通学校毕业研究生就业报到证》。省内职业大学、电大普通专科班毕业生须持有省人事部门同意印制的由其委托地市人事局签发的《××省职业(广播电视)大学毕业生就业报到证》。省外普通中等专业学校毕业生，须持有学校所在地省级主管大学毕业生就业部门或中央部委签发的《普通中等专业学校毕业生就业报到证》。以上证件简称《报到证》。

以下学生须持有省毕业生调配部门签发的《毕业生户口迁移介绍信》：

(1) 自谋职业和自费出国留学的毕业生。

(2) 截至当年底未落实单位的毕业生、大学以上结业生以及硕士以上肄业生。

(3) 因病不能派遣和因病退学满一年仍未病愈的毕业生。

(4) 被取消分配、派遣资格和见习期间被辞退的毕业生。

(5) 本科结业生。

2. 毕业生的户口迁移

(1) 户口的迁出。省内学校首批集中派遣的毕业生由学校指派专人，根据省毕业生调配部门核准的《××年毕业生分配名册》，到学校所在地公安部门办理户口迁出手续；截至当年底未派遣的毕业生及其他不属就业范围的，按规定要将户口关系转回家庭所在地的学生，根据省毕业生调配部门签发的《毕业生迁移户口关系介绍信》到学校所在地公安部门办理户口迁出手续。省内学校毕业生跨地市改派的，根据省毕业生调配部门换发的《报到证》到学校所在地公安部门办理领取《户口迁移证》。

(2) 户口的迁入。毕业生户口迁入程序如下：① 省属单位和由省代管的中央部属单位接收的毕业生，《报到证》须经省人事部门审核盖章后，接收单位所在地的公安部门根据《报到证》《户口迁移证》及接收单位介绍信，办理户口迁入手续。② 地(市)、县所属单位以及委托地(市)、县代管的部、省属单位接收的毕业生，其《报到证》须经地(市)、县人事部门审核盖章后，接收单位所在地的公安部门根据《报到证》、《户口迁移证》及接收单位介绍信办理户口迁入手续。③ 省外学校毕业生派遣到本省，需由本省二次分配就业或改变分配单位的，以及派到地(市)、县，需要跨地市改派的，接收单位所在地的公安部门，根据省毕业生调配部门改签的《报到证》、接收单位介绍信和原《户口迁移证》办理户口迁入手续，迁入地公安部门应将变动落户的情况及时通知原迁出地公安部门。④ 省内学校毕业生派遣到地(市)、县的，需由地(市)、县二次分配就业或在本地(市)、县范围内改变就业单位的，接收单位所在地的公安部门根据地(市)、县毕业生就业主管部门改签的《报到证》、接收单位介绍信和原《户口迁移证》办理户口迁入手续，迁人地公安部门应将变动落户地情况及时通知原迁出地公安部门。

截至当年底，未派遣的毕业生及其他不属就业范围的，按规定将户口转回家庭所在地的学生，由其本人或家长、配偶凭《毕业生户口迁移介绍信》《户口迁移证》到家庭所在地公安部门办理户口迁入手续。

(二) 毕业生离校手续办理及注意事项

1. 毕业生的档案传递

(1) 每年6月底到7月初，学校按要求整理毕业生档案。

(2) 根据当地人事部门的时间安排，学校将毕业生档案寄送各县(区)人才交流中心，寄送时间一般不跨年度。

(3) 在寄送档案前办好流动手续的，学校可将档案留在学校或直接寄送到流动地人才交流中心。

(4) 毕业生在领取《报到证》的同时，可将档案提出转移到工作单位。

(5) 到当年年末仍未落实单位的或到三资企业、私营企业等不具备人事管理权限的单位工作的，应到当地人才交流中心办理人事代理(代管档案)手续。

2. 毕业生离校手续办理中的注意事项

(1) 毕业在办理离校手续时，要认真细致地阅读学校主管部门发放的离校须知。

(2) 查找入校时学校有关职能部门给自己发放的相关证件，如学生证、校徽、医疗证、图书证、校园卡等，并按学校规定退回发证机关。凡因本人原因丢失证件，要向发证机关说明情况，并按学校规定处理。

(3) 领到毕业证、学位证、报到证、户口迁移证，要认真查看证件上的个人信息是否准确，公章、钢印是否齐全，证件编号是否清晰准确。如有错漏及时向相关部门反映，及时更改。核对无误后，妥善保管，防止丢失。尤其是毕业证、学位证均不能丢失，一旦丢失，不可复制，不能补发。

二、报到

毕业生在顺利完成学业、并与用人单位签订就业协议之后，应在规定的时间内前往接收单位报到上班。

(一) 报到需要的材料

1. 报到证

毕业生前往用人单位报到，本专科毕业生须持《全国普通高等学校本专科毕业生就业报到证》，研究生毕业生须持《全国普通高等学校毕业研究生就业报到证》。用人单位凭报到证办理接收手续和接转档案、户口的迁移手续。

2. 毕业证和学位证

自主择业的毕业生由毕业生本人携带毕业证和学位证。委培、定向毕业生的毕业证和学位证由学校主管部门在毕业生档案中寄送委培、定向单位人事主管部门。

3. 户口关系

自主择业的毕业生的户口关系，由毕业生本人在学校主管部门办理迁移手续后，由毕业生自己携带，到接收单位办理转入关系的手续。委培、定向生的户口关系由学校主管部门在毕业生档案中寄送委培、定向单位人事主管部门。

4. 档案关系

所有毕业生档案均不得由毕业生自己携带，而是由毕业生档案具体管理部门(所在院系或学生处)进行认真审核后，在毕业生离校后两周内，按照机要文件的要求，统一寄送到毕业生工作单位所归属的人事档案管理部门。

(二) 报到的时间规定

按照教育部的规定，高校毕业生的报到期限为 1 个月，但要按协议或报到约定为准。

(三) 报到可能遇到问题的处理方法

1. 报到证遗失或损毁

如果毕业生发生了报到证遗失或损毁的情况，应及时向学校主管部门提出申请，然后由学校主管部门上报上级主管部门予以补发。

2. 毕业生报到时接收单位拒收

毕业生与用人单位签约具有法律效力，双方均有义务必须遵守。但是，如果由于用人单位发生了严重变故，如企业破产、削减编制、转产等，而无法继续接收毕业生时，则用人单位必须向学校出具退函，由毕业生重新联系单位就业。

3. 毕业生未能按期报到

毕业生应在规定的时间内报到，如果由于不可抗拒的原因(如生病、外出遇灾未归等)无法按期报到，应采取信件、电话、电报、传真等方式向接收单位说明和请假。如果逾期不报到，又未向接收单位说明情况请假的，可能发生接收单位拒绝接收的后果。

4. 毕业生因表现不好被接收单位退回

如果毕业生在报到以后，由于工作表现不好而被用人单位退回，学校将把其档案、户口等关系转回家庭所在地，按社会待业人员处理。

第四章　大学生就业准备

✦ 本章导读

　　距离大学生走出校门迈入职场已经进入倒计时阶段，从稚嫩的学生到成熟的职业人，大家都希望在尽可能短的时间里完成这个过程，进而充分发挥自己的才华，拓展自己的生存空间，提高自己的生活品质。但在当前严峻的就业形势下，毕业生面临的就业压力和就业竞争空前巨大，要想获得一份适合自己，让自己满意的工作更是难上加难。因此，除了在应聘中良好地发挥和展现自己的才能，提前的准备工作更是重中之重。

第一节　就业的思想、知识及能力准备

一、大学生就业的思想准备

　　如果有了充分、正确的思想准备，对于进行就业准备的大学生来说就意味着有了一个良好的开端，往往可以起到事半功倍的作用。大学生在进行就业思想准备时，可以从树立正确的择业观，进行客观的自我评价和准确的个人定位和正确处理就业中的矛盾关系这几个方面着手。

（一）树立正确的择业观

　　社会经济的发展、产业结构的调整、所有制结构的变化以及职业的发展，改变了职业的构成，也在一定程度上改变了人们的价值观，进而改变了人们的择业观。大学毕业生一定要加强职业生涯规划意识，树立正确的择业观。

1. 择业观的概念、形成及作用

（1）择业观的概念。

　　职业是指人们从事的相对稳定的、有收入的、专门类别的劳动，而择业即是通过一定的途径选择职业。择业观是大学生对于择业的目的和意义比较稳定的根本看法和态度的体现，是在就业需要的驱动下，在自我意识的引导下，在择业活动过程中逐步形成的，并随着社会经济的发展而变化的，是大学生人生价值观在择业活动中集中的、深层的反映。择业观与大学生的自身利益和日常生活最为密切，是大学生价值观体系中的一个组成部分。

（2）择业观的形成。

　　择业观的形成有两个直接的前提条件：需要和自我意识。需要是形成择业价值观的客

观前提，自我意识是择业价值观形成的主观条件。大学生的择业观就是在就业需要的驱动下和自我意识的引导下，在就业择业过程中逐步形成的，并受社会、家庭和环境的影响。

首先，大学生的择业观受社会影响。一方面，通过社会舆论和学校教育管理等方式，有目的、有计划地引导大学生树立正确的择业观，使个人价值观和社会价值观协调一致；另一方面，则通过文化传播、家庭和社区活动等形式，把社会的职业观在潜移默化之中渗透给每个大学生，促使他们择业观念形成并发展。

其次，家庭成员对职业的认知和评价也直接影响大学生的择业观。家庭成员尤其是父母长辈基于对自身职业的了解会对大学生就业择业给出一些参考意见，这些意见一般会带有倾向性，不自觉地影响大学生的择业观。

第三，周围的环境也会影响大学生的择业观，如电视、网络等，利用生动的画面或者丰富多彩的表现形式寓教于乐，在不知不觉间熏染着大学生的择业观。

此外，大学生个人价值观在择业观的形成过程中的作用是不可否认的。大学生对未来职业的认识、评价和价值体验一旦为实践所证实，被他人或社会认可，就会在他的头脑中强化，成为一种较为固定的看法和态度，即形成一种择业观。

(3) 择业观的作用。

择业观对大学生择业具有导向和动力作用。具体表现在：第一，择业观对大学生的择业行为具有导向作用，指导着择业主体对未来职业进行评价和选择，作出择业决策。第二，择业观是择业行为的动力，支配着择业主体对择业目标的期望、定位和选择，支配着择业主体的择业行为。

因此，正确的择业观能指导大学生对职业进行正确的评价和准确的定位，从而实现合理的选择。树立正确的择业观，不仅有利于大学生正确地求职择业，迈好人生道路上的重要一步，而且有利于自己在今后的工作岗位上施展才华，最大程度地实现自己的人生价值。反之，错误的择业观会使大学生对择业产生过高或过低的期望，难以就业或者就业后频繁择业，影响自身职业的发展。

2. 当前大学生择业观的主要特点

(1) 择业思想更加现实。

个人利益与社会利益、国家利益相统一的价值观，也即与利与义相统一的价值观为广大学生所认同。但当代大学生所理解的"义"，不是只讲择业奉献不求索取的纯粹的利他主义，更不是金钱至上的拜金主义，而是以主体意识、观念公民意识逐渐增强为基础，以自主、自由、平等交换为实质内容的新的价值观。他们并没有丧失社会责任感，在择业中表现为既希望发挥个人才能，获取较高的经济收入，又期望兼顾国家和社会的需要，双向选择的模式基本得到普遍认同。

(2) 择业动机注重自我发展。

大学生在择业时，发挥个人才能成为大学生择业时考虑的首要因素。因为只有个人才能得到发挥与特长得到施展，才能实现自我价值，进而追求长远的人生发展目标。其次是希望获得较高的经济收入，因为收入的高低与自我价值的实现是密切相关的。

(3) 择业目标期望值高。

大学生在择业目标方面普遍有着较高的期望值，希望得到高薪水、高地位、高层次的工作，回避待遇低、地位低、层次低的工作。

① 在就业地域方面：多数大学生向往大中城市，尤其是沿海的中心城市，因为这些地区的经济发展水平较高，发展前景较好，施展个人才能的机会较多，不愿下基层。

② 在单位选择上：重心逐渐转向非公有制企业。随着国有企业的改革，行政机关公务员制度的实施，人事代理制度的逐步完善，国有单位对大学生的吸纳量有所下降，而非公有制对大学生的吸纳量明显提高，迫使大学生选择单位的重心逐渐由国有单位转向非国有企业。

③ 在职业选择上：大部分大学生愿意从事与自己所学专业相关的工作，以发挥自己的专业优势，但更愿意从事高层的管理工作和高收入的工作，不愿到艰苦行业工作。这种择业目标往往给择业造成障碍，影响大学生顺利就业。

(4) 择业的多向性与不稳定性。

大学生从学校步入社会，往往存在四种矛盾心理：对就业岗位和就业环境不适应产生的心理矛盾；个人职业期望与社会现实的矛盾；个人理想与市场制约的矛盾；活泼好强与自我意识不够成熟的矛盾。由于这些矛盾，大学生择业时难免产生多变性，具体表现在：有些人专业目标不明确，择业时茫然无措；有些人意识到基层和艰苦行业需要人才，最能锻炼自己，但怕基层条件差，埋没了自己的才能，择业时举棋不定；还有的人不顾自己的专业特长，把待遇高、福利好作为择业标准，但同时又想实现自己的价值和抱负，在择业时犹豫不决。大学生择业的多向性和不稳定性，一方面对自身的就业不利，择业时左顾右盼，当断不断，必定错失良机；另一方面对用人单位不利，大学生在择业时反反复复，随意违约，延误了用人单位对人才的挑选。

3. 树立正确的择业观

择业是每个大学生所面对的人生选择，从一定意义上说，这一问题解决得是否科学合理，将影响其知识的发挥乃至日后事业的发展。因此，树立正确的择业观，恰当地确定择业目标，对大学生顺利走向社会，服务社会，实现自身的价值是非常重要的。

(1) 要处理好五种关系。

大学生就业制度一改以往的"统包统分"形式，变成供需见面、双向选择、自主择业，增大了大学生就业中的主动权和自主权，但也对大学生就业提出了更高的要求，必须处理好以下五个关系。

① 个人与社会的关系。当代大学生注重个人才能的发挥与个人价值的实现，这是社会发展的时代特点，但不能只向社会索取而忽视对社会的贡献。没有个人的创造与贡献，就没有社会的生存、发展和进步，也就没有大学生的成长与成熟。个人的价值最终决定于社会价值，社会价值是个人价值的归宿。没有社会价值，也就没有个人价值可言，社会对个人的满足只能从个人对社会的贡献中去理解。树立高尚的社会责任感，自觉服从社会的需求，为社会服务，这是当代大学生应尽的义务。因此，大学生在择业时既要考虑个人才智的发挥，也要考虑国家需要，到国家需要的地方去，充分发挥自己的创造性，在社会服务中实现自己的理想。

② 愿望与现实的关系。大学生要选择好自己的就业方向，并在工作岗位上实现自己的人生价值和做出应有的成绩，就应对自己的主观期望和社会客观需要有辩证的、恰当的认

识和把握。

首先，要正确地认识自我，有效地把握自我，对人生态度、兴趣和成功的理想有充分的认识。兴趣可以弥补能力和知识的欠缺。因而，把兴趣和职业方向联系起来至关重要，千万不可因经济实惠的利益而抹杀自己的兴趣。

其次，要正确地对知识、能力、个性、特长等方面进行分析，确定自己最适合干的事。知识确定了专业背景，能力决定了职业素质，个性关系到发展前景，特长影响成功。

再次，要考虑社会的需要。择业时考虑个人因素是合理的，但前提是这种选择是否符合社会的需要。把国家经济发展、政治形势、就业政策导向、行业发展前景、职业性质、岗位要求等客观要求与个人主观愿望有机地统一起来，摆正两者之间的关系，才会使自己成为社会需要的人才。

③ 主动与被动的关系。大学生想顺利择业，就得主动出击，积极参与，不能消极被动地等待，并靠自己的才华和良好的素质去争得一份比较理想的职业。要主动收集需求的信息和了解社会对人才的素质要求，要分析自身条件和社会要求的差距，主动完善自己，及时调整择业心态。认为上了大学，就理所当然地有了一份工作，被动等待用人单位上门或等待学校推荐的这种观念和做法是不正确的。

④ 竞争和风险的关系。市场经济最显著的特点之一是竞争，没有竞争，整个市场就失去了活力，经济就不能很好地发展，社会也就难以前进。竞争可以发挥人们自立、自强、自主的精神，调动人的内在潜能，增强工作和社会活动的能力，因此，竞争意识是现代人必备的素质之一。

竞争对大学生就业来说是大有益处的。首先体现公平，有利于选择人才；其次是提供实力较量，有利于人尽其才，优胜劣汰。同时克服了旧体制的弊端，使得大学生在就业中由被动变为主动，强调了个人的积极性。但是有竞争就有风险，参与竞争就难免要受到挫折，竞争中有人遭淘汰，甚至在较长一段时间内找不到适合的工作，这是正常的。在市场经济条件下，大学生工作一段时间后又会失去工作，这也是正常的。大学生应对择业中的挫折有充分的思想准备，把挫折看成是锻炼意志、增强能力的好机会。要认真分析失败的原因，调整自己的心态和择业目标，鼓足勇气，争取新的机会，绝不能因此而灰心丧气，一蹶不振。

⑤ 就业与再就业的关系。当代就业观认为，如果一个人能在发挥自己能力与才干，同时又能服务于社会的岗位上工作，就是就业，这是一种弹性而广泛的就业。较传统的刚性而狭义的就业具有更大的可变性、可容性和流动性。产业结构的调整、职业的变迁，要求大学生顺应潮流，重新审视各项职业对经济和社会发展的地位和作用。在这样的背景下，初次就业不再是"铁饭碗"、一步到位，职业流动、失业将变得频繁，再就业也将变得平常化，因此，我们应该正确认识再就业，总结之前工作经验，调整好各方面状态，再次投入到社会主义建设的洪流当中。

(2) 树立六种就业思想。

① 树立能上能下的就业思想。不要人为地认定某些职业才是大学生干的工作，某些职业不是大学生干的工作。打破这些职业框框，对于活跃大学生就业市场，拓宽大学生就业渠道，解决大学生就业难的问题具有重大意义。

② 树立跨地区、跨行业、跨所有制甚至跨国界的全方位的就业思想。大学生要转变思

想观念，把职业视作基本的谋生手段，只要职业合适，并能实现自己的价值，为社会发出一份光和热，行业、体制、区域都可以跨越。

③ 树立先就业再择业、流动就业的思想，打破一步到位、从一而终的就业观。现代社会为人们提供了独立发展的空间，市场经济配置劳动力资源的特征是人才流动，市场优化配置资源的方式是合理流动。因此，大学生不必急于在短时间内找到一个固定的"铁饭碗"，要学会在流动中求生存、求发展。人事代理制度的不断完善，也为大学生的流动就业创造了有利条件。

④ 树立创造性就业的思想。职业受市场经济左右，不仅具有竞争性，而且具有创造性。因为多层次的市场需求导致了顺应需求的各种行业的产生和发展，使就业机遇增多。只要大学生留意观察，具有创造性，择业就业的渠道就会很广。

⑤ 树立积极的再就业思想。在市场逐渐完善、人才流动逐渐加大、竞争加剧的今天，失业是不可避免的，但失业并不可怕。大学生在暂时性待业的情况下，不应消沉、埋怨，而应及时调整职业期望值，改变就业观念，积极参加各种职业培训，提高择业技能和竞争能力，创造条件，积极地进行再就业。

⑥ 树立既要考虑专业发展又要着眼能力锻炼的思想。毕业生在择业时首先要考虑与所学专业是否对口，做到专业特点与职业要求相匹配。但实际上有些用人单位招聘人才往往注重应聘者的个人能力和综合素质，并不过分追求专业对口。如一味强调专业对口，会使毕业生在激烈的竞争中失去很多机会。一个具有开拓精神的毕业生，应看重行业的发展前景，并及时调整自己的择业方向，勇于选择与自己所学专业相近或相关的职业。大学教育不仅仅是学习专业知识和技能，更重要的是培养大学生的综合素质和综合能力。

(二) 进行客观的自我评价和准确的个人定位

自我评价既是大学生职业规划的前提，也是就业准备的重要内容。所以，大学生应该对自己进行客观、准确、符合实际的自我评价，即对自己的知识水平、个人能力、心理、性格、气质、兴趣、爱好、优缺点、价值取向等进行全面、客观的评价。个人定位是指大学生对自我现状的认识以及对自己今后所从事的工作及工作能力的判断(也可以称为就业期望)。可以说，客观的自我评价是准确的个人定位的基础。

从心理学角度看，人在进行自我评价的过程中，往往存在着刻意回避自我不足的潜意识，从而造成过高的自我评价。另外，我国传统文化氛围里的谦虚意识也可能造成过低的自我评价。过高或过低的自我评价都会造成个人定位的偏差，使大学生的职业历程变得坎坷。

大学生如何进行客观的自我评价和准确的个人定位呢？在此提供三种方法。

1. 罗列法

个人对自我的知识水平、能力、智力、气质、性格、兴趣、爱好、心理、优缺点和价值取向等各个方面逐条进行罗列。罗列法对于比较清楚的、可以客观衡量的指标而言，如知识水平、学历层次、能力等方面，一般来说不太容易出现偏差；对于一些模糊的指标，比如性格、气质等，本人则往往难以做出客观、清楚的判断，这就好比"不识庐山真面目，只缘身在此山中"。对于这些自身难以做出客观判断的指标，可以通过听取家人、朋友、同学、老师的意见等途径，做出正确判断。

2. 工具量表法

目前有不少用于测试人的心理、性格和价值取向等的测试题和测试量表，通过被测试者对一些具体事情的选择，可以判断测试者的性格、气质类型等。比较常用的测试量表有：① 艾森克人格问卷；② 卡特尔人格因素测试；③ 加州心理量表；④ 爱德华个性偏好量表；⑤ 霍兰德职业兴趣量表；⑥ 霍兰德职业能力量表；⑦ 中国大学生情商量表；⑧ 团体智力测验；⑨ 认知方式测验；⑩ 创造性思维测验。

工具量表法的结果相对较为客观，有一定的参考价值。

3. 软件测试法

此方法是通过人机对话，在计算机(单机或互联网)上完成测试，其实质与工具量表法相同。

以上三种方法互有优、缺点。罗列法简单易行，结果可能有一些偏差，但基本无需费用；工具量表法既适用于本人测试，也是不少职业咨询部门使用的方法，结果较为客观，但是需要一定的专业知识和费用；软件测试法结合了前两者的优点，是一些职业咨询公司的常用方法，费用相对较高。大学生可以根据自己的实际情况，从中选择相应的方法进行自我评价。目前，有一些高校的就业指导部门开始对在校大学生提供职业规划、就业咨询和指导等服务，其中包含了一些测试，大学生可以前去咨询。有了客观、公正的自我评价基础，就可以进行相对准确的个人定位，从而明确个人发展的奋斗目标。有了准确的定位，大学生就可以判断出自己是理论知识丰富，还是动手能力强；自己是适合从事科研工作，还是更适合从事产品销售工作。

大学生的个人定位在很大程度上受其就业期望值的影响。当前大学生的就业期望值是否普遍偏高，目前没有权威部门和机构进行过调查。但可以肯定的是，至少有一部分大学生的就业期望值偏高。他们认为自己是同龄人中的佼佼者，应该有一个灿烂的前程；一心希望留在大城市、政府机关工作，而且收入要高。他们的想法本无可厚非，只是他们可能没有注意到目前中国的高等教育正由精英化过渡到大众化，他们的观念没有跟上时代的变化，结果往往为找不到理想的工作而郁闷和苦恼。可见，对于就业期望值偏高、个人定位不切实际的大学生来说，适当地降低就业期望值、准确地进行个人定位是非常必要的。

(三) 正确处理就业中的矛盾关系

"鱼，我所欲也；熊掌，亦我所欲也。二者不可得兼，舍鱼而取熊掌者也。"这是孟子的一段话，讲述了人在处理矛盾关系时的选择策略。大学生在就业时不可避免地也会遇到一些类似的问题。比较有代表性的有：

1. 要稳定还是要挑战

到底是选择稳定的职业还是选择富有挑战性的工作呢？其实没有一个标准答案。因为各人的目标、兴趣不一样，选择的答案就不能一概而论。

稳定的工作意味着稳定的收入、规律的工作时间、按部就班的晋升和较为固定的人际圈。一般来说，工作压力不太大，时间较为宽松。但是，几乎一成不变的环境和工作内容很容易让人厌倦，所以需要更多的耐心。建议具有一定耐心的、希望工作和生活相对稳定的大学生选择此项工作。

从事富有挑战性的工作则意味着职业者需要肩负更多的工作压力和更大的风险、相对紧张的时间安排，需要付出更多的精力，同时需要一定的心理承受能力。但是，当顺利完成工作后获得的成就感和满足感却也是难以用语言表达的。建议不安于现状、富有想象力且具有较强心理承受力的大学生选择此项工作。

2. 要专业还是要转行

从事与所学专业高度相关的职业，所需投入的成本(指时间、精力、经费)都会较小，而且成功的可能性相对较高。从事与所学专业没有联系的职业，需要职业者投入大量的时间、精力(甚至包括经费)来学习和掌握与本职工作相关的知识和技能，这就形成了职业成功的机会成本。大学生应该结合本人的实际情况，考虑这种成本，从而决定是否要转行。

随着社会的发展，一些新兴行业和职业应运而生。这些行业和职业对于所有的人来说都是全新的领域，基本上没有太多的经验可以借鉴和参考。但正是因为其新，竞争对手少，所以从业者成功的可能性也就更大。

3. 要感情还是要事业

每个人的价值取向是不同的：有的人以事业为重，先立业再成家；有的人以家庭和感情为重，为了家庭或感情可以放弃自己心目中理想的职业目标。即使是同一个人，在他人生的不同阶段，所追求的目标也可能会发生变化，所以，同一个人不同时期的选择也不一定相同。

在进行就业准备时，最好能够明确每一个阶段的目标，权衡事业和家庭、工作及生活在各个阶段的位置，权衡为了职业上的发展可以放弃哪些个人生活，或是为了家庭或感情可以放弃哪些职业机会。

刚毕业的大学生是一个年轻、富有朝气和创造力的群体，应该首先以事业为重，在感情和事业之间，首先要选择自己理想的事业。

二、大学生就业的知识准备

职场中，有两种类型的大学毕业生最受用人单位的青睐：第一种是"通才"，即熟悉、掌握数个专业知识的人才，这样的大学毕业生可以适应数个岗位的工作；第二种是"专才"，即精通某一个专业领域的人才，这样的大学毕业生稍加培养就可以迅速成长为业务骨干。不管是"通才"还是"专才"，他们都具有较高的知识水平。可见，知识水平的高低对每一个准备就业的大学生来说是非常重要的，直接关系到大学生能否找到满意的工作，能否将自己规划的职业蓝图变成现实。因此，对于面临就业的大学生，要加强自身的知识准备，以实现顺利就业。

大学生可以从专业知识和非专业知识两个方面来进行就业的知识准备。

(一) 重视专业知识学习

大学生的专业知识学习贯穿其整个大学时期。大学生应该高度重视专业知识的学习，因为这是大学生在就业时拥有的最重要的资本之一。"专才"之所以"专"，就是因为他们的专业知识有相当的深度，而钻研高深的专业知识必须具备良好的专业基础。所以，大学生应该从进校起就努力学好基础知识，只有具备了扎实的专业基础知识才能进入下一步的专业研究。在学好本专业的同时，大学生不妨学习一些相关专业知识或是自己感兴趣的专业知识，这既可以充实自己，开阔眼界，也可以把自己打造成"一专多能"的人才。

大学生在进行专业知识的学习时，要注意知识的系统化和结构化，要善于积累，同时也要注意知识的更新，要根据社会的发展和需要及时调整自己的知识结构，并将理论知识与实际工作、生活联系起来。

(二) 注重非专业知识的准备和运用

非专业知识是相对于所学专业知识以外的其他知识的统称。非专业知识是构成大学生知识体系不可或缺的一部分，包括公共知识、生活常识、待人接物的礼仪、求职面试的技巧等，常常是用人单位考核大学毕业生的内容之一。

现在有不少职业都对应聘者提出了资格准入的要求，其中一部分就是非专业知识方面的要求，如每年都有许多大学生报名参加的国家公务员考试。大学生可以根据自己的职业规划，有针对性地着手准备。

一些日常生活中的小常识也是大学生就业准备时应该注意的地方。有时一些很小的细节就可以左右单位考核人员对应聘者的看法，而且有些用人单位的招聘人员会专门通过细微之处来考察应聘者。

在非专业知识的准备上，大学生需要注意的地方有：

(1) 了解应聘单位的基本情况和相关知识。

(2) 衣着得体，选择适合职业环境的着装，如职业装，保证衣着整洁、大方。

(3) 遵守时间，如提前到达面试地点，坚决不迟到。

(4) 表情自然，举止得当，不卑不亢。

(5) 注意礼节，感谢每一位帮助你的人。

(6) 要有自信心。

(7) 控制自己的情绪。

(8) 紧张的时候，尽量用简短的语言表达自己的观点。

(9) 把握主动，展现自己的特长。

总之，大学生要加强并巩固专业知识的学习，积累非专业知识，综合利用所有知识，完成就业的知识准备。

三、大学生就业的能力准备

就业能力是指大学毕业生在校期间通过知识的学习和综合素质开发而获得的能够实现就业理想、满足社会需求、在社会生活中实现自身价值的本领。也指人们从事某种职业所具备的能力，包括基本就业能力与特殊能力。美国教育与就业委员会对于就业能力的定义是：就业能力是获得和保持工作的能力，进一步讲，就业能力是在劳动力市场内通过充分的就业机会，实现潜能的自信。尽管就业能力的定义各不相同，但总的来说，就业能力是一种与职业相关的综合能力。

关于就业能力具体包括一些什么能力，至今仍没有定论。有人认为，在内容上，它包括学习能力、思想能力、实践能力、应聘能力和适应能力等。还有人认为，大学生实现顺利就业应具有五个要素：一是就业动机及良好的个人素质；二是人际关系技巧；三是掌握丰富的科学知识；四是有效的工作方法；五是敏锐、广阔的视野。相关研究者认为，就业能力的关键项目包括责任感、找工作和得到工作的技能、推理和解决问题的能力、健康和安全习惯、个人特质等。总而言之，表达能力、逻辑思维能力、沟通能力、决策能力、实践能力、应变能力对于大学生就业有着极为重要的影响。

（一）表达能力

表达能力包括语言表达能力和文字表达能力，这是大学生应该具备的基本能力。作为人与人之间最主要的交流工具，在日常学习、工作和生活中，语言和文字所起的作用无可替代。不论今后从事管理工作还是技术工作，不论是在政府机关还是在民营企业，不论是用语言还是用文字，表述清楚、准确是十分必要的。用人单位对大学生表达能力的基本要求是：能用准确、流畅的语言讲述事实，表达观点，能够撰写计划、总结、调查报告、公函等文书。大学生可以通过日常训练、参加专门的培训等方式来提高自己的表达能力。

人们通常会对熟悉的、形象生动的、特点鲜明的信息产生积极的心理反应，而且印象深刻。所以，在表述时使用一些生动的、幽默的语言，列举具体的事例和数据，可以增强自己语言的说服力和感染力，同时让人记忆犹新。

（二）逻辑思维能力

用人单位常会考察应聘者的逻辑思维能力。这种考察不是考核应聘者的逻辑专业知识，而是考核应聘者对各种信息的理解、判断、分析、综合、推理等逻辑思维能力。即使有些大学生不具备相关的专业知识，但仍然可以有较强的逻辑思维能力和运用能力。

某用人单位对应聘者进行初试的一道逻辑题如下：

假设甲和乙的身高高于丙和丁，什么情况下"戊的身高高于丁"的命题绝对成立？

A．戊的身高高于丙　　　　　　　　B．甲的身高高于乙

C．丙的身高高于丁　　　　　　　　D．戊的身高高于乙

答案为 D。解答这道题目其实并不需要专业的逻辑知识，依靠日常生活中的推理就能解决类似的问题。当然，如果大学生具备一定的逻辑专业知识，就能够解答生活和工作中更复杂的问题，会更受用人单位的青睐。

（三）沟通能力

沟通是指对信息的传递和理解。沟通的形式多种多样，最主要的方式是语言沟通，包括口头和书面、本地语言和外语以及其他语言符号(如网络语言符号)等。除了语言以外，非语言方式的沟通也是沟通的重要组成部分，包括衣着、表情、神态、姿态、动作、距离等，因此，非语言沟通也常被称为身体语言。在人际交往过程中，语言沟通和非语言沟通是并存的，两者相互补充、相互印证。一般情况下，两者是一致的，但当两者相互矛盾时，人们大多愿意相信非语言沟通传递的信息。比如，某应聘者自称专业如何精深，却在被问及专业知识时抓耳挠腮、支支吾吾，这个时候，招聘人员更愿意相信应聘者说的不是真实情况。能够准确、高效地将信息传递给信息的接收方，并能正确理解对方传递的信息，这是对大学生就业沟通能力最基本的要求。

(四) 决策能力

决策能力是根据既定目标认识现状，预测未来、决定最优行动方案的能力，是一个人的素质、知识结构、对困难的承受力、思维方式、判断能力和创新精神等在决策方面的综合表现。一个独立处理问题的过程其实就是一个决策的过程，因此，决策能力体现一个人独立处理问题的能力。

(五) 实践能力

大学生的实践能力直接影响到工作能否顺利完成，因此，用人单位一般对大学生的实践能力有较高的要求，一些眼高手低、只有理论没有实践经验的应聘者是不受用人单位欢迎的。

大学生应该创造并珍惜每一次实践的机会，多看、多听、多练、多思考，培养自己的实践能力。

(六) 应变能力

应变能力也可以理解为处理突发事件的能力。在紧急情况下，如果事态得不到迅速控制，后果可能将不堪设想。这就要求应对者具有一定的应变能力，要临危不乱并快速决断。

人生在世，谁都想成就一番事业，实现人生价值。然而，事业的成功是实力与机遇共同作用的结果，机遇总是青睐那些做好准备的人。大学生活虽然是人生中不长的几年，但却是最弥足珍贵的，有人在这里奋起，也有人在这里迷失。在大学期间做好就业准备，不断完善职业规划，可以让你理性地选择职业，把迈出的每一步都作为成功的起点，最终实现自己的理想。

知己知彼，百战不殆，理性正确地作出抉择才能走向成功、实现理想。大学生在进行就业准备时，应不断分析自我、了解自我、分析环境、了解职业世界，使自己的性格、兴趣、特长与职业相吻合。不要强求一蹴而就的际遇，毕竟愿望是美好的，道路是曲折而漫长的，情况也许会很复杂，循序渐进才能更稳健地到达终点。总之，要用科学、合理的职业规划作指导，并认真、执著地去准备、去执行，全力迎接挑战，坚持不懈，一步一个脚印，相信无论在什么地方、什么岗位，最终是一定会成功的。

四、大学生就业准备的注意事项

(一) 及早进行就业准备

随着就业市场的不断完善，用人单位对大学生的素质要求比以前更高，在挑选毕业生时，不仅考察毕业生的专业素质和能力，而且非常重视其非智力因素。素质和能力的提高并非一蹴而就，需要长期培养，而非智力因素就更需要时间去培养、积累、训练。因此，大学生应尽早规划在校的学习和生活，根据社会需要塑造自己，按照用人单位的要求充实和完善自己，不断提高自身的综合素质，为日后的就业做充分准备。

早做准备，学习就会有明确的目标。就业准备应从低年级开始，可以通过参加宣讲会提早进入就业准备状态。目前高校里各类用人单位的宣讲会都会如期进行，低年级的学生可以有选择地参加宣讲会，通过参加宣讲会了解感兴趣的用人单位的隶属关系、性质、人才结构、发展前景、招聘程序、用人理念、看重的素质、企业文化等，从而有目的地进行对自身相应素质的培养和提高，并为就业决策做好充分准备。

（二）及时、准确地获取就业信息

大学生求职就业不仅取决于整个社会的政治、经济状况以及自身的能力素养，还取决于是否拥有及时、准确的就业信息。就业信息可以帮助学生确定就业去向，帮助学生选择工作单位。可以说，就业信息的获取是就业的基础，谁能及时获取信息，谁就掌握了求职的主动权。

（三）认真分析就业市场，确定合理期望值

目前，不少毕业生片面追求高薪资、热门地区的工作或者漫无目的地找工作，整天忙于赶招聘会、投简历，认为"找份好工作不容易"，常为"我要找什么工作"而困惑，而找到工作后又为"我是否需要改变工作"而迷惘。其原因就是没有在市场的需求、自身的特长中找到一个最佳的结合点，没有一个明确的就业目标。

大学生在对市场需求、个人特长与职业理想进行分析时，应当先考虑以下问题：这类人才的需求是长期的还是短期的？这类工作从长远的角度来看是否稳定？这类工作的发展空间如何？从事这类工作一段时间后自己的能力会不会有所提高？与自身的特长和兴趣、志向是否相近？对自身的职业生涯是否有好处？这类工作薪资发展状况如何？然后确定自己的目标，并通过努力达到自己的目标。

成功就业就是选择市场所需并且与自身专长相吻合的工作，以便对自己的整个职业生涯有所裨益，利于自身的发展。因此，大学生应该认真分析市场需求、个人特长与职业理想，并将市场、个人、薪资三方面因素结合起来考虑，合理地调整就业期望值。

（四）增强自信心，积极把握就业机会

就业目标确定之后，大学生在实现这一目标的过程中，一定会遇到这样或那样的问题和困难，经受事先预想不到的考验。有些毕业生可能会因此而产生思想压力和心理上的不平衡，在这种情况下，具有坚定的自信心是非常重要的。

也许自己的知识和能力尚有欠缺，但要相信自己能够胜任工作，并且能够在最短的时间内掌握新知识、具备新能力。现在，技术创新日新月异，对任何人来说，都需要不断地学习，不断地充实自己。此外，大学生可以用自己的特长去争取主动，并积极弥补不足之处，改变就业竞争中的被动局面。

📖 阅读资料

外企面试"怪招"探秘

一、管理游戏

在这类活动中，小组成员各分配一定的任务，必须合作才能较好地完成。有时会引入

一些竞争因素，如两三个小组同时进行销售和占领市场。通过应聘者在完成任务过程中所表现出来的行为来测评应聘者的素质。

1. 键盘销售

6 个应聘者一组扮演小型企业的管理委员会，对于给定的具有不同利润的键盘，每个小组成员均要对投资、购买、股票控制及销售问题发表意见。主考官通过对应聘者行为表现的观察，并关注小组讨论中自然形成的领导人以及其他成员的组织能力、思维的敏捷性及压力条件下的工作情况等作出评价。

2. 小溪任务

给一组应聘者滑轮、铁管、木板、绳索，要求他们把一根粗大的圆木和一块较大的岩石移到小溪的另一边。主考官可以在客观的环境下，有效地观察应聘者的领导特征、能力特征、智慧特征和社会关系特征等。

管理游戏的优点是它能够突破实际工作情景时间与空间的限制，模拟的内容真实感强，富有竞争性，具有趣味性。作为应聘者，在做管理游戏时，既不要太紧张，也不要太随意，应多思考、勇于尝试。

二、情景模拟考察

所谓情景模拟考察就是把被考察者放在一个模拟的工作环境中，采用多种测评技术，观察被考察者的心理和行为，测量其各种能力，并对其能否胜任某项工作做出评价。情景模拟考察的方式和内容是由考察的组织者根据选拔者的专业、管理层次、所要担任职务和工作岗位所必须具备的能力等因素决定的。

1. 分拣跳棋

有的外企在招收员工时，为测试应聘者的手脚灵活程度，给每个应聘者放一堆跳棋，要求其在一分钟内挑出混杂在一起的 5 种颜色的跳棋，并按颜色分别排列好，如在规定的时间内没有按要求完成，即被淘汰。

2. 看图说话

外企招聘员工，需测试应聘者的反应能力。有的外企在转动的机器上装上彩色图画，画上有动物、植物、建筑物、交通工具、家用电器等，在应聘者面前按一定的速度移动，要求应聘者在规定的时间内说出自己所看到的内容。

3. 分蛋糕

有一家外企招聘员工面试时出了这样一道题，要求应聘者把一盒蛋糕切成 8 份，分给 8 个人，但蛋糕盒里还必须留有一份。这道题是为了考察应聘者思考和解决实际问题的能力，主要侧重于创造性思维。

面对这样的问题，有的应聘者一筹莫展，绞尽脑汁也无法完成，而有些应聘者却觉着很简单，即把切成 8 份的蛋糕先拿出 7 份分给 7 个人，然后将蛋糕盒与剩下的一份蛋糕一同分给第 8 个人。此时，结果就很明了了，真是脑洞大开啊！

4. 冒着烈日长跑

考察应聘者的意志和吃苦耐劳的精神，常是外企招聘面试要出的题。有一家外企从应届毕业生中招一批员工，要求应聘者冒着烈日，跑到近郊的一座山再返回。测试结果，有的应聘者投机取巧，未跑到目的地就返回；有的应聘者虽跑到目的地，但在返回途中搭乘出租车；也有的应聘者按规定跑到目的地后再跑回。外企公布录取名单时，前两种人榜上无名，后一种人被录用为员工。

5. 雨中打伞

作为外企的员工，要求必须具有团结协作精神。因此，一家外企招聘员工时，要求应聘者冒雨到附近指定地点然后返回，但只有一半的应聘者发到伞。应聘者在这场面试中出现这样的情况：有的发到伞的应聘者主动与无伞的应聘者搭档，"风雨同伞"；有的无伞的应聘者则与有伞的应聘者协商合用一把伞；还有的有伞的应聘者只顾自己不顾别人，独自撑一把伞。结果，独自撑一把伞者被淘汰，而"风雨同伞"者则被录用。

6. 谈观后感

有的外企招聘员工时，会组织应聘者参观其企业，之后，要求应聘者谈谈参观感受。测试中，有的应聘者谈不出什么感想，或只讲企业的好话；而有的应聘者则能够对该企业的不足之处提出意见，并提出改进建议，如，如何提高安全防护措施等。显然，后一种应聘者更能关心企业发展，具有较强的事业心和责任感，因此受到外企的欢迎。

(大学网，2018 年 3 月 30 日)

第二节　就业自荐材料的准备

自荐是大学毕业生就业的基本环节。毕业生在求职就业过程中，要让用人单位认识自己、了解自己、选择自己，就必须通过各种途径和方法大胆地宣传自己、展示自己、推荐自己，这就是自荐。只有成功地自荐，才能获得用人单位的招聘机会。

自荐材料是大学毕业生用来和招聘单位取得联系，投石问路最常用的方法之一。在求职就业过程中，自荐材料有着举足轻重的作用，是敲门砖，推荐、面试、录用都离不开它。自荐材料的好坏直接影响着就业。

自荐材料内容主要包括求职信、学校推荐表、个人简历、附件(证书复印件)等内容。求职信和个人简历将在后面重点介绍，这里主要说明一下学校推荐表和附件。

毕业生就业主管部门编制的推荐表，一般是由各个高校统一印制，结构较为固定、规范、统一。它总体结构上包括封面、正文和附文三个部分，封面显示《××学院(大学)毕业生就业推荐表》或《××学院(大学)××年毕业生就业推荐表》和毕业生姓名、班级、专业、填表日期四个栏目；正文部分包含学生基本情况、本人简历、在校主要成绩情况、在校期间奖惩情况等部分；附文内容包括院系意见、学校意见和简单说明等。正因为学校推荐表统一规范，易产生千篇一律的感觉，内容上也难于全面，缺乏个性，这就要求毕业生在组织编写其他自荐材料中不仅不要重复，还要进行必要的补充或添加。必要时，也可以在学校推荐表中选取最有价值和有利于就业的重点部分(如学习成绩、组织意见等)进行复印加入自荐材料中。

附件是指能证实求职者在求职材料中所列出的各方面情况的原始证明材料，它是证明求职者求职材料的真实性和求职者才能的有力佐证。一般情况下，附件中的证明材料为各种荣誉证书、所发表文章、科研作品等的复印件，具体如下：

(1) 毕业证或学历证明。

(2) 学习成绩单。成绩单应由院校教务部门开出并加盖教务部门的公章。

(3) 专业等级证书、职业资格证书。专业等级证书如《英语水平等级证书》《计算机水平等级证书》等。

(4) 获奖证书。获奖证书包括毕业生所在院校颁发的荣誉证书、各类个人单项比赛的荣誉证书，以及参加社会各团体活动，向各级报纸、杂志投稿并发表，个人作品或论文获奖所得到的荣誉证书等。

(5) 参加社会实践、毕业实习的鉴定材料和有关科研成果的证明，以及可以证明自己能力的其他个人材料。

以上有关证件的复印件均应采用 A4 纸的规格复印，装订成册。附件内容的安排，可以根据自身需要及实际情况来加以组合。

一、求职信

求职信是一种介绍性、自我推荐的信件，它通过表述求职意向和对自身的概述，引起对方的重视和兴趣。一封好的求职信可以向阅读者说明你的才干，展现出自己的优势。一般来说，打开自荐材料，首先看到的便是求职信。正是有了求职信，阅读者才会对你的简历上所写的经历与业绩感兴趣。因此，求职信无论在文体上还是内容上都必须给阅读者留下好印象。

（一）求职信的格式

毕业生求职信是寄给求职单位的，事关重大，因而它既和书信有相同之处，又有不同之处。求职信是属于书信范荐畴，所以其基本格式应当符合书信的一般要求，主要包括称呼、正文、结尾、署名、日期、附件六方面内容。

1. 称呼

求职信的称呼往往比一般书信的称呼正式一些，在实际书写时要区别对待：如果写给国家机关、事业单位的人事处领导，用"尊敬的××处长(科长)"称呼；如果求职于外资企业，则用"尊敬的××董事长(总经理)先生"；如果是写给其他类企业领导的，则可以称之为"尊敬的××厂长(经理)"；如果写给大学校长或人事处的求职信，则称之为"尊敬的××教授(校长、老师等)"。当然，有些求职信，也可以不写姓名，如"尊敬的负责同志"、"尊敬的董事长先生"等。

2. 正文

这是求职信的中心部分，其形式多种多样，一般要求说明求职信息的来源、应聘岗位、本人基本情况、工作成绩等内容。

3. 结尾

一般应写明希望对方给予答复，并盼望能有机会参加面试及简短的表示敬意、祝愿之类的祝词。如"祝贵公司兴旺发达""顺颂安康""深表谢意"等，也可以用"此致敬礼"之类的通用词。

4. 署名

应注意与信首的"称呼"相一致，一般都在署名前加上一些"您诚恳的××""您信赖的××"之类的词语，也可以写成"您的学生××"，还可以什么都不写，直接签上自己的姓名。

5. 日期

一般写在署名右下方，最好用阿拉伯数字，并写上年、月、日。

（二）求职信的内容

1. 说明本人基本情况和求职信息来源

首先，在正文中简明扼要地介绍自己，重点是介绍自己与应聘岗位有关的学历水平、经历等，让招聘单位从一开始就对你产生兴趣。

其次，写出信息的来源，比如"据悉贵公司正在拓展海外业务，招聘新人，故冒昧地写信，前来应聘××一职"。这样写后不仅事出有因，而且还可以让招聘单位感觉到招聘广告费没有白花。如果你心目中的公司并没有公开招聘人才，确切地说，你并不知道该单位需不需要招聘人才时，你也可以写一封"自荐信"去"投石问路"。

2. 说明应聘岗位和能胜任本岗位工作的各种能力

这是求职信的核心部分，主要是向对方表明自己有本专业的知识和工作经验，有本专业的技能和成就，有与本工作要求相符的特长、兴趣、性格和能力。在介绍自己的知识、学历、经验或成就时，一定要突出适合这项工作的特长和个性，不落俗套，起到吸引和打动对方的目的。总之，要让对方感到，无论从哪个角度看，你都能胜任这个工作。

3. 介绍自己的潜力

比如，向对方介绍自己曾经做过的各种社会工作和社会实践，并取得了很好的成绩，预示着你有管理和组织才能，有发展和培养的前途。如果英语特别突出，也可以介绍一下自己的英语特长，说明自己有开发海外市场的必备条件。在信的结尾，最好表示出希望对方给予一次面试的机会，表明自己希望早日成为贵公司一员的热切心情，并认真地写明自己的详细通讯地址、邮政编码和联系电话。如果让你的亲朋好友转告，则要注明联系人与你的关系、自己的联系方式以方便联系。

（三）写求职信的注意事项

在求职信中有几点是需要注意的：一是要谦虚谨慎，实事求是；二是要态度诚恳，语气谦和；三是要把自己放在一个正确的位置上。

1. 实事求是

恰如其分地介绍自己的能力和特长，既不吹嘘自己，又不贬低自己。

2. 重点突出，有条理，有针对性

篇幅以 2～3 页、1000 字以内为好。篇幅过长，使人厌烦；篇幅过短，显得不严肃、不认真，给人留下的印象不深刻。

3. 文笔要流畅，表达要准确，字迹要工整、漂亮

这实际上是次考试，如果你写得一手好字，就要认真地写，并在署名后注明"亲笔敬上"等字样；如果你的字写得不好，就打印出来，尽管这样做效果不好，但总比歪歪扭扭、难以辨认的"天书"要好。

4. 精心选择照片，以便招聘单位目测

无论是免冠半身照还是全身照，都要近期的，要清晰、柔美、不失真，可事先请亲朋好友参谋一下，选自己最好的照片寄去。

5. 学会用多种文字书写求职信

比如中、英文对照，这既可表明你的外语能力，又表示你对招聘单位的尊重。

6. 用合适的笔书写

书写时最好使用钢笔，圆珠笔也可以，但不能使用红笔和铅笔。在国外用红笔书写表示绝交，用铅笔书写对人不尊重。书写完后，最好仔细地检查几遍，以确认没有错别字和重、漏字。

7. 精心挑选信纸和信封

信纸和信封一定要选择较好的，不要用太薄、太黄、太粗糙的信纸和信封，在信封正面最好贴上一张精美的邮票，以引起对方的注意。

📖 **阅读资料**

一、中文求职信实例

尊敬的领导：

您好！

衷心地感谢您在百忙之中翻阅我的材料。

我是××大学××系××专业的一名应届毕业生。

几年来，在师长的严格教育及个人的努力下，我具备了扎实的专业基础知识，系统地学习了××、××等有关理论，牢固掌握了××、××等专业课程知识及技能，熟悉工作常用礼仪，具有较好的英语听、说、读、写、译和熟练操作计算机办公软件的能力。同时，我利用课余时间广泛涉猎了大量书籍，不但充实了自己，也培养了自己多方面的技能。更重要的是，严谨的学风和端正的学习态度塑造了我朴实、稳重、乐于钻研和创新的性格特点。

此外，我还积极地参加各种社团和社会活动，抓住每一个机会，锻炼自己。大学四年，我担任了××，这些经历让我初步认识到工作中人与人之间协作的重要性，也因为与优秀伙伴共事，使我在竞争中获益匪浅。我不断突破自己、挑战自我，让我在压力和挫折中成长，也在拼搏奋进中成熟。

祖辈们教我勤奋、尽责、善良、正直，××大学培养了我实事求是、开拓进取的优良作风。我热爱贵单位的事业，殷切地期望能够在您的领导下，为这一光荣的事业添砖加瓦，并在实践中不断学习、进步、成长。

收笔之际，郑重地提一个小小的要求：无论您是否选择我，尊敬的领导，希望您能够接受我诚恳的谢意！

祝愿贵单位事业蒸蒸日上！

您的学生××

×年×月×日

二、英文求职信实例

Name of Company

Address of Company

Dear Ms./Mr._____:

I am very happy to apply for the position of secretary which you advertised in The LiaoShen Evening News of Mar.10, 20××.

I have been working as secretary at Sophia University. I am in charge of overseeing the day to day functions of the department, in addition to performing secretarial duties for the professors. Because I am the only secretary in the department, it has been necessary for me to work quickly and efficiently and to be flexible in my daily work. The Professors value my work and ability to meet deadlines.

Although I am happy now, I feel that my promotion prospects are limited here, and I would like to move to a more challenging job. Therefore, I enrolled in the ALC "Career-Up" Program to improve my secretarial abilities, and expand my knowledge of inter-national office procedures. Now, I am ready to begin working as a bilingual secretary in an international company like yours, and I believer I can be a great help to your firm.

The enclosed resume fivers further details of my qualifications, and I would appreciate it if you could give me an opportunity to have an interview. I look forward to receiving your call at××××××××(Home) or please use the enclosed postcard.

Thank you very much for your consideration.

Sincerely yours,

×××

Mar.15, 20××

Enclosure

二、简历

简历又称履历表，是对个人学历、经历、特长、爱好及其它有关情况所作的简明扼要的书面介绍。简历是现代人求职必须具备的基本工具和资料之一，尤其是对于刚刚走出大学校门的毕业生，能使他们更有结构性思维、树立更加职业化的印象。它的真正目的是为了让用人单位全面了解求职者，从而为其创造面试的机会，最终实现就业。简历一般作为自荐信的附件呈送给用人单位，也可以是一份独立的文书单独使用。

（一）简历的内容

一般情况下，一份比较完整的简历包括以下内容：

1. 求职目标

求职目标也称为求职意向。表达求职者的愿望，如希望的职务名称、工作的性质及期望的发展前景等。求职目标的表述力求简明，一般一至二行，由一个或数个短语或句子组成。

2. 基本情况

基本情况包括姓名、性别、出生日期、籍贯、婚姻状况、身体状况、联系方式等。这部分内容应以简洁、扼要为原则。

3. 教育背景

按顺序列出高中至最高学历、学位、学校、专业以及所参加的各种专业知识和技能培训。这一部分对于没有工作经历的大学毕业生来说比较重要，因为它能证明求职者的知识水准、所拥有的技能和能力。学历的编排顺序可以从远而近，由低到高来写，这符合中国人的习惯，也可以选择由最高学历写起，依次往下，这种风格比较适合外企。技能通常包括计算机水平和外语能力。此外，比较重要的短期进修和专业认证培训也可以列入，增加自身的求职分量。

4. 工作经历

按时间顺序列出就业的记录，兼职和实习经历也可以有目的地放置。工作经历要写清工作的时间、服务的机构或公司、担任的职位、主要工作职责、工作期间取得的成就和奖励等内容。毕业生还可以在此之后加上社会活动或社团活动的经历。工作经历可以不同程度地反映求职者的特性，例如组织能力、协调能力、领导能力等。

5. 其他

个人特长及爱好、荣誉和成就、自我评价等属于差异性的特点，专门列出可加深用人单位对自身的印象。

简历的内容可以根据应聘职位和单位性质的不同进行添加、删除或合并。例如，应聘国家机关或国有事业单位的职位，就可以在基本情况中增加"政治面貌"内容。

（二）简历的作用

简历就是供求双方降低交易成本和了解成本的一个最简单的模式，要在其中简明扼要地说服对方你是他们所需要找的人。简历不是简单的工作经历和教育背景的罗列，而是能够让你在成千上万个和你一样优秀的应聘者当中脱颖而出的一次展示自己的机会。

简历不是目的，而是一种自我推销的手段，是你的工具，让你战胜对手，突破重围，进入面试。同时简历也是一个桥梁，传递你的求职方向和求职需求，向你的目标群体说明你是他们最需要的。

由此可见，你的简历应该体现出目标公司所需要的技能，而且要用他们容易接受的方式来体现。

（三）简历的类型

在确定了简历内容后，就需要选择简历的类型。简历的类型众多，从不同的角度可以进行不同的划分，但每一种都可能起到不同的作用，关键在于求职者应聘的是什么类型的职位，应当突出的重点是什么。从内容的角度把简历可分为时间型、功能型、成就型和创意型四类。

1. 时间型简历

这是最常用的一种类型，就是按照时间顺序，记录求职者的经历。需要注意的是简历中的时间描述一般是按逆时顺序的，即最靠近现在的最新描述，最早发生的最后描述，从目前一直叙述到过去的经历和经验，因为招聘单位希望了解的是求职者现在的状况，而不是发展的过程。时间型简历的主要优势在于能突出工作和实习过的单位、职位及时间，最适合有在公司工作或实习经历、申请职位符合个人教育背景和工作经历的求职者。

2. 功能型简历

这是目前比较流行的一种简历书写的方式，按照主要的能力和技术来填写简历，强调了求职者在某些领域的专长和某方面的技能水平。这种简历的好处在于清晰地表达了求职者对于求职目标而言的独特优势，因此比较适合于那些并没有太多的相关经验，但是通过学习和实践而获得了较好的某方面技能的求职者。

3. 成就型简历

这一类型的简历没有前两种适用范围广，它主要突出了求职者在学术和工作上面的一些特殊的成就，较好的结合了时间型简历和功能型简历的一些长处。

4. 创意型简历

这种类型的简历强调的是与众不同的个性和标新立异，目的是表现求职者的创造力和想象力。这种类型的简历适合于广告策划、美术设计、从事方向性研究的研发人员等职位。

对于毕业生而言，一般比较多采用时间型和功能型简历，因为学生本身没有较高的学术和专业成就，而只是学习了较多的专业理论知识和掌握了部分的专业技能，因此建议采用时间型和功能型的简历描述自身的经历、经验、技能和特点，突出自己的潜力和职业素养。

（四）写好简历的原则

1. 简历要"简"

想想招聘经理在面对上百份甚至更多的求职简历时的情境吧，他们只能根据你的简历来决定：将约谁来进行面试呢？可想而知，招聘经理们不可能对所有的简历都进行仔细的阅读。一般而言，内容简洁、易懂、清楚的简历最不易被漏掉，而那些长篇大论、不知所云式的简历最不招人喜欢，原因很简单：招聘经理的时间非常宝贵。如果拟聘职位的吸引力非常大，应聘者非常多的时候，那些实际能力可能还不错，但求职简历写得非常糟糕的应聘者很可能就成了"漏网之鱼"。

一些不是特别重要的信息可以不出现在简历上，如身高、血型、婚姻状况、爱好等，具体情况可根据自己的职位目标斟酌。

尽量使你的简历简短，一张纸效果会更好一些。只使用一张纸，雇主可很快扫视完你的简历，可以花很少的时间来决定是否要召见你。如果你有很长的职业经历，一张纸写不下，试着写出最近 5-7 年的经历或组织出一张最有说服力的简历，删除那些无用的东西。

2. 简历要突出"经历"

用人单位最关心的是应聘者的经历，从中可以大概看出应聘者的经验、能力、发展潜力。因此，在写简历的时候，要重点写你学过的东西和做过的事情，即学习经历和工作经历。学习经历主要包括学校经历和培训经历，工作经历要写明你工作过的单位、从事的主要工作。如果你的经历太多，不好一一列出，也可以把近期的经历写得详细些，把初期参加工作的经历写得简略些，尤其是近期的工作经历一定不要遗漏，否则会引起用人单位的不信任。有人会担心自己的工作变换过于频繁会给用人单位留下不好的印象，在简历中有意掩盖或者遗漏自己的部分经历，这样做的效果往往适得其反，更容易引起对方的怀疑。

3. 对简历定位，要突出所应聘的"职位"信息

招聘经理关心主要经历的目的是为了考察应聘者能否胜任拟聘职位，只对和拟聘职位相关的信息感兴趣，因此，应聘者无论是在写自己的经历，还是做自我评价的时候，一定要紧紧抓住所应聘的职位要求来写。这不是有意迎合用人单位，而是有的放矢，针对性地突出自己的客观优势，但是要适度，一味地强调自己的优势(至少在表面上看来是如此)并不是非常明智的做法。

如果你也有多个职位目标，最好写上多份不同的简历，在每一份上突出重点。这将使你的简历更有机会脱颖而出。

4. 让简历更醒目一些

审视一下简历的空白处，用这些空白处和边框来强调你的正文，或使用各种字体格式，如斜体，大写，下划线，首字突出，首行缩进或尖头，最后用计算机来打印你的简历。

5. 写上简短小结

在简历的最后写上一个小结，比如自己最突出的几个优点，这是很重要的一个部分，也是一个可以充分吸引招聘经理注意力的好办法。

6. 力求精确

阐述你的技巧、能力、经验要本着实事求是的原则，不夸大、不吹牛，确信所写内容与自己的实际能力及工作水平相当。经历一栏应写清以前工作单位名称、职位和时间。

7. 填写简历要认真，用词要注意

调查表明，招聘经理最讨厌错别字。他们会说"当我发现错别字时我就会停止阅读"，"有错别字说明人的素质不够高"，"简历上出现错别字说明态度不端正"等等。所以，请认真填写简历，避免出现错别字。

可以使用一些有影响力的词汇，如证明的，分析所得，线形的，有创造力的和有组织的等等，可以提高简历的说服力，一定程度上可体现出自身的逻辑性和综合能力。

8. 自我测试并检查简历

当制作完简历时，要认真检查，之后可以自己测试或者和同学模拟测试一下：它是否清楚美观？是否写清了自己的能力？假设你是招聘经理，是否会对这样的简历很感兴趣？有东西可删除吗？

（五）简历模版

个人简历

个人概况：

求职意向：

姓　　名：　　　　　　　　　　　　性　　别：

出生年月：　　　年　　　月　　　日　健康状况：

毕业院校：　　　　　　　　　　　　专　业：

电子邮件：　　　　　　　　　　　　移动电话：

固定电话：

通讯地址：　　　　　　　　　　　　邮　　编：

主修课程(请依个人情况酌情增减)：

　　　　　　　　　　　　　(注：如需要可提供详细成绩单)

外语水平：

*描述基本技能：听、说、读、写能力

*所获证书：大学英语四、六级/TOEFL/GRE

计算机水平：

应用软件、操作系统、编程、网络、数据库(依个人具体情况填写)

获奖情况：

(依个人具体情况如实填写)

实践与实习：

　　　年　　月——　　年　　月　　　　　　公司　　　　职位

　　　年　　月——　　年　　月　　　　　　公司　　　　职位

(依个人具体情况填写)

工作经历：

　　　年　　月——　　年　　月　　　　　　公司　　　　工作

　　　年　　月——　　年　　月　　　　　　公司　　　　工作

(依个人具体情况填写)

个性特点：

(描述出自己积极的个性、工作态度、自我评价等)

【示例】

> 销售部经理助理职位简历模板
>
> 求职意向：销售部经理助理
>
> 个人基本情况：(略)
>
> 教育背景：
>
> 2009.9-2013.7　××大学国际经济与贸易专业
>
> 2006.9-2009.7　××中学
>
> 培训经历：
>
> 2012.7-2012.9　××大学　通过外销员考试
>
> 2011.3-2011.6　××大学　通过报关员考试
>
> 外语水平：
>
> 可与外商进行日常沟通，能熟练使用业务范围内常用术语。
>
> 计算机水平：
>
> 熟练使用常用办公软件编辑业务文档，熟练使用互联网进行业务沟通。
>
> 社会实践和实习经历：
>
> 2012.12 至今　担任某 IT 公司的市场部业务员(实习)。主要负责协助经理与经销商签订经销合同、办理产品的包装、运输、保险、贷款结算、售后产品跟踪、市场反馈以及开拓新的销售渠道等。参与公司新业务员的培训，多次受到公司的表扬。
>
> 2012.3-2012.12　在××公司做市场调查员(周末兼职)。主要负责以电话形式向顾客了解对产品的意见，并填写相应的表单转包给公司。
>
> 所获奖励：
>
> 2011-2012 学年荣获××大学"优秀学生干部"称号
>
> 2010-2011 学年荣获××大学"三好学生"称号
>
> 自我评价：
>
> 本人性格开朗、稳重、有活力，待人热情、真诚。工作认真负责，积极主动，能吃苦耐劳。有较强的组织能力、实际动手能力和团队协作精神，能迅速适应环境，并融入其中。

📖 **阅读资料**

名人经典求职故事

罗温·阿特金森：灵机一动

英国著名喜剧演员罗温·阿特金森以其"憨豆先生"的形象而深入人心。罗温成名前到英国一家著名的马戏团应聘滑稽演员，考官出的面试题目是当场让人捧腹大笑。罗温又讲笑话又演哑剧，可考官没有一人露出一丝笑意。

罗温灵机一动，亮出绝招，他转身拉开面试房间的门，对外面等候面试的其他应聘者大叫道："喂，你们都可以回家吃饭了！他们已经决定录用我了！"这时，已经憋了很久的考官们一下子集体大笑起来。

罗温终于得到了一份可以发挥自己特长的工作，并最终成为英国喜剧泰斗、世界著名的滑稽大师。

李咏：处变不惊

1991年7月,李咏刚从北京广播学院(中国传媒大学)毕业,就参加了中央电视台的招聘考试。面试当天,中央电视台把内部的闭路电视全部开通,台里所有人都能看到面试现场的画面,考场台下黑压压的全是人,初出茅庐的李咏有点儿慌,他及时调整自己的心态,随着面试的进行,他也逐渐适应了这种场面。

当时正逢海湾战争爆发,考官问海湾战争参战国都有哪些国家? 李咏搜肠刮肚说了一些,惟独少了伊拉克,台下马上就有人质问,李咏想都没想,脱口而出:"联合国正制裁呢,那是'敌'国呀!"一句话让台下的人全乐了,李咏由此给考官留下了深刻的印象,顺利地进入了中央电视台,为日后成为综艺节目"一哥"奠定了基础。

方文山：一点多面、八方出击

方文山是工商电子科毕业,为了圆梦而在台北苦苦打拼。他做过防盗器材的推销员,还曾帮别人送过外卖、报纸,做过外劳中介、安装管线工。他原来的理想是做一名优秀的电影编剧,进而成为合格的电影导演,但当时台湾地区电影的整体滑坡让他望而却步,只好退而求其次,拼命地创作歌词。台北近郊的这位管线工有志于成为"50年后华语乐坛回避不掉的人物",然而现实却总是不断地敲打这位年轻人"别做梦了,醒醒吧,快去开工!"

方文山当时最喜欢的是电影,但他觉得通过写歌词这个渠道,可能会帮助他迂回进入电影圈。在做一名还算称职的管线工之余,他花了大量的时间创作歌词,直到可以选出100多首汇集成册。

之后,方文山开始了他的求职之路。他翻了半年内所有的CD内页,找最红的歌手、线上的制作人,把集成册子的歌词邮寄给他们,一次寄100份。为什么要寄这么多份? 他是做过计算的,他估计经过前台小姐、企宣、制作人层层碾转,大概只有五六份才能被目标人物收到。实际上,他估算得太乐观了,这样持续的求职行为持续了一年多,结果都是石沉大海。

直到有一天,他接到"综艺天王"吴宗宪的电话,而同月宪哥还签下了一位会弹钢琴的小伙子——周杰伦。被吴宗宪发掘并赏识,方文山进入华语流行音乐界,和周杰伦结成黄金搭档,被广泛接受和认可,真正成为了"华语乐坛回避不掉的人物"。

(武汉求职网,2015年4月20)

第三节　笔试与面试准备

一、笔试准备

笔试是一种常用的考核方法,是用人单位采用书面形式对求职者所掌握的基本知识、专业技能和心理健康状态等综合素质进行的考查和评估。笔试对应聘者来说是相对公平的一种测试方式。

（一）笔试的特点

1. 规范性

由于应聘者具有不同性质、不同类型和不同层次的特点，招聘单位为了在职位上求得一致性，笔试必须要有统一的测试内容、测试方式、测试过程和评价标准，要有严格的规范性。栏目的设置、名称的使用、题量的大小、范围的选择和内容的深浅等都按固定的规范标准来处理。

2. 客观性

试题依据一定的内容和客观标准拟制，评卷依据标准尺度，人为干扰因素很少，具有较强的区别功能。另外，笔试内容必须以用人单位对职位的客观要求为出发点，而不能考虑求职者各自不同的主观意愿。

3. 公平性

笔试按照统一规范的内容要求进行，对于每一个应聘者来说都是统一的标准，只是知识水平和能力的差异。招聘单位将在公平合理的原则下，优先录用符合用人要求的人员。任何人都不得因家庭出身、个人成分、民族、性别、宗教信仰、婚姻状况等非个人德才素质问题，受到歧视或享有特权。

4. 专业性

笔试的目的是进一步了解应聘者所掌握专业知识和专业技能的深度和广度，考查其是否符合所录用职位的要求。专业性知识是指专业领域的一些专门知识，尤其是从事专业性、技术性较强的职位时，这方面的知识更为重要。

5. 广泛性

一方面指试题可以多种多样，内容包罗万象，出题范围的广泛性；另一方面指参加应聘人员可多可少，可用在高级职位也可用在一般职位的应聘上。

6. 应用性

试题既可以考核其知识结构，也可以考核其知识的应用程度和实际操作能力，或者把知识和能力结合起来进行。特别是高职高专毕业生，更应注重专业技能的发挥和应用。

（二）笔试的种类

目前常见笔试的种类一般有四种：专业考试、心理和智商测试、综合能力测试、国家公务员录用考试。

1. 专业考试

专业考试主要是检验应聘者担任某一职务时是否能达到所要求的专业知识水平和相关的实际能力，专业知识考试的题目专业性很强。有一些特殊的用人单位认为应聘者的自荐材料并不能完全反映其自身的某些能力或者是单位工作性质的要求，需要通过笔试的方式对其进行文化专业知识的再考核，进行重新认定。比如，外贸外资企业招聘雇员要考外语，IT行业招聘雇员要考计算机专业相关知识，公检法机关录用干部要考法律知识等。值得引起注意的是这种考试方式已被愈来愈多的招聘单位所采用。

2. 心理和智商测试

心理测试是用事先编制好的标准化量表或问卷测试应聘者，根据完成的数量和质量来判定其心理水平或个性差异的方法。一些特殊的用人单位常常以此来测试应聘者的态度、兴趣、动机、智力、个性等心理素质。

智商测试主要测试受聘者的记忆力、分析观察能力、综合归纳能力和思维反映能力。该测试经常被一些著名跨国公司所采用，他们对应聘者的综合素质要求较高。在他们看来，专业能力可以通过公司的培训获得，因此有没有专业训练背景无关紧要，但应聘者是否具有不断接收新知识的能力是至关重要的。

3. 综合能力测试

综合能力测试兼有智商测试的要求，但程度更高，这种考试目的在于考察应聘者的文字、口头表达能力以及分析、解决问题和逻辑思维的能力。例如，应聘者要在规定的时间内对一组数据、一组资料进行分析，找出其合理的地方和存在的问题，并设计出解决问题的方案。这是对应聘者的阅读理解能力、发现、分析和解决问题的能力、知识面等素质的全方位测试，最难的情况是资料的提供及应聘者的问答都是用英语进行。我们平常接触到的限时写一份会议通知、请示报告、工作总结以及提出一个论点予以论证或批驳等，也属于这种测试的范畴。

4. 国家公务员录用考试

国家机关录用公务员，一律实行考试录用。公共科目笔试分为行政职业能力测验和申论两个部分。考试的内容综合性较强，有数学、语文、心理测试等，题目数量大，考察应聘者的应变能力。应聘者达到了规定的笔试分数线，将参加下一轮的面试。

（三）笔试的复习技巧

要在笔试中取得好成绩，关键在于牢固地掌握所学知识。在系统复习前，制订一份合理的、具体的、切实可行的复习计划，掌握一个实用、有效、科学的记忆方法，无疑会为应聘时的笔试打下坚实的基础。

1. 计划周全

（1）对考前复习的情况进行具体分析，包括需要复习的内容，自己掌握知识和能力的情况，哪些内容是自己掌握得不好或没有掌握的，有多少复习时间，如何分配等。

（2）妥善安排复习时间和内容，计划出每一科复习大致需要多少时间，每一阶段要达到什么目标，复习什么内容。不仅要有总的复习目标，还应有阶段性的目标。复习计划中的复习活动要多样化，各科复习交替进行。

（3）复习计划制定后要严格执行，以顽强的意志控制自己的复习。要增强战胜困难的信心，采用限时量化复习方法，加快复习速度，提高复习效率。

（4）要张弛有度、劳逸结合，防止过度疲劳，确保以充沛的精力执行复习计划。

2. 方法得当

（1）归纳提炼法。将大量的知识归纳提炼为几条基本理论，用简明的表格、提纲或者精练的的语言准确地记录下来。把个别的概念、定义、定律、定理放到知识体系中贯通思考，并弄清相互之间的联系和衔接之处，列出相似点和不同点，抓住概念、定义、公式、定律等的本质内涵。对于容易混淆的概念或法则用对比的方法进行辨析，弄清相互之间的联系和区别，这是加深理解、强化记忆的有效方法。

(2) 系统排列法。对归纳提炼出来的知识点求同存异，使之成为系统的排列过程。在系统排列时，依据某些相同的或相似的特征为基础，不断把较小的组或类联合为较大的组或类。也可采用相反的方式，依据对象的某些特点或特征差异为基础，把它划分为较小的组或类。通过这种系统排列，组成一定的顺序，从而找出各部分之间的联关系，更好地认知其特性。

(3) "厚书变薄"法。把章节或单元的学习用系统科学的方法自编提纲，进行高度概括，把"厚书变薄"。变"薄"的原则是具有科学性，把大量看起来是单一的或逐个理解的知识内容有意识地归并到某个知识体系中，从横向，纵向上形成有机联系，组成一条知识链。在概括学习内容时，抓住关键的知识点，前后联系，纵向结合，起到提纲挈领的作用。

(4) 串联建构法。在系统复习的基础上，对章节与章节， 单元与单元进行串联，作更高层次理解。对已掌握的知识进行整理、归纳、分类、列表，以形成自己的知识体系，建立起良好的知识结构。在复习每个具体内容时，先冷静的想一想，理清脉络，再看书。逐个章节复习时，找出难点、重点。在全面复习完成后，把整书的知识点再在脑中过一遍。这种方法可以改变一味死记硬背的方法，从整体上把握知识。

在运用上述几种方法复习时，必须保持充沛的精力，手脑并用、学思结合。同时把反复感知与尝试回忆相结合，可达到良好的复习效果。

(四) 笔试的答题技巧

笔试成绩的高低，不仅与自己的实际水平和考前复习有关，还与自己的答题技巧有关。要提高答题技巧，就要有良好的考试心理状态，要了解考试的特点，要了解各类考试题目的特征和解答各类题目的方法。只有掌握了良好的答题技巧，才能充分反映自己已掌握的知识，充分发挥自己的真实水平。

考试的心理要做到适度紧张和适度放松相结合。太过于放松，抱着无所谓的态度，考不出好成绩，而过于紧张，情绪慌乱，就更考不好。只有适度紧张，保持重视，认真审题，合理运用所学知识，先易后难，不疾不徐，才有可能考出最佳成绩。

有了良好的考试心理状态，还要掌握合适的答题方法和技巧。

1. 先易后难，先简后繁

笔试题型多、内容多，又要限时答完，因而必须合理安排答题时间。拿到考卷，先要看清注意事项、答题要求，然后从头到尾大略看一下试题，了解题目类型、份量轻重、难易程度，之后采取先易后难、先简后繁的原则开始答题。

2. 精心审题，字迹清楚

在具体答题时，必须认真审题，切实弄清题目要求，逐字逐句分析题意，按要求进行回答。书写时，力求做到字迹清楚、卷面整洁，格式、标点正确，不写错别字。

3. 积极思考，回忆联想

有些试题的设计，从理论和实践两方面检查考生的基础知识和技能，并以综合运用为主，检验考生的实际水平和学习灵活性，有一定的难度。考试时要积极思考，努力回忆学过的知识，进行联想、比较、分析，积极思考后给出正确答案。

4. 掌握题型，答题精细

要了解各科考试的特点，熟悉每种题型的答题方法，避免出现不必要的差错。常用的题型有填充题、问答题、选择题、判断题、再生题、应用题、作文题等。

(1) 填充题。这是一般试卷中不可缺少的基本题型，用以检查考生对这些知识所掌握的情况。答题时必须看清题目要求，是填词还是填句，填词语还是填符号，是填写一个还是几个。

(2) 问答题。此类题型要求考生对试题提出的问题做出回答，较多的是要求用简单的语句回答简单的问题。答题时要抓住重点，开门见山，简明扼要。落笔前先理顺思路，按要求作顺序回答。

(3) 选择题。选择题是从试题已给的几个被选答案中，选择一个唯一正确、恰当的答案。要答好这种题型，可用经验法，凭所掌握的知识作经验性选择；可用假设法，假设某选择答案正确，代入验证，以获取正确答案；可用排斥法，将题目中的选择项，采取逐一排除的方法，最后确定正确的答案；也可用计算法，通过计算来确定正确答案。

(4) 判断题。判断题即要求对所给的命题做出明确的是或非的回答。一般判断题只有一个误点，最多两个，较多出现在易混淆、易误解的常识性知识部分，解题时可将注意力集中在这些内容上。

(5) 再生题。再生题主要是指听写、默写、记录等一类题型，用以检验考生对某些知识的掌握和应用能力。这类题目的内容一般是是所学课程的重点和精华部分，解答的基础在于平时对字、词、句、段、篇的理解和记忆。下笔前，应迅速在脑中默记一遍，避免出现漏字、错字。

(6) 应用题。此类题要求考生运用所学的知识解决实际问题，即根据题目的要求，选择适当的方法，予以解答。解题时先找出关键词，理解题意，解答后应主动验证，确保正确无误。

(7) 作文题。作文题即在规定的时间和空间内写好贴合题目内容及格式要求的文章，一般会有字数要求。做此类题时要审题果断准确，迅速地扣住作文题目的关键词，确定写作提纲。写作提纲应简略，不要太费时间，只要能反映文章的基本思路、段落层次即可。行文时要合理分配时间，对需要修改加工的词句，可先跳过去，留待最后解决。写好后注意检查，理顺句序，检查标点符号及是否有错别字等。

二、面试准备

通过自荐或笔试获得面试的机会，就成功的迈出应聘的第一步，这是求职者真正考验的开始。面试是一种经过精心设计，在特殊场景下以面对面的交谈与观察为主要手段，由表及里测评应聘者相关素质的一种方式。面试具有很大的灵活性和综合性，对于招聘单位而言可以考察应聘者的综合能力，对于应聘者而言能够全面展示自身素质，因此，面试越来越受到招聘单位和求职者的重视。

(一) 面试的特点

1. 面试以谈话和观察为主要手段

谈话是面试过程中的一项主要手段。在面试过程中，作为主试人，主要向应聘者不断地提出各种问题；作为应聘者，主要是针对主试人提出的问题进行回答。观察是面试过程中的另一项主要手段，要求主试人在面试中要善于运用自己的感官，特别是视觉和听觉去发现或感知应聘者的相关情况，最终结合谈话内容作出对应聘者的综合评价。

2. 面试是一个双向沟通、互动的过程

主试人可以通过观察和谈话来评价应聘者，应聘者也可以通过主试人的行为来判断其价值评定标准、态度偏好、对自己面试表现的满意度等，从而调节自己在面试中的行为表现。应聘者也可借此机会了解所应聘的单位、职位等情况，以此决定自己是否可以接受这一工作。同时，面试的直接互动性又提高了主试人与应聘者间相互沟通的效果与考察的真实性。

3. 面试内容具有很强的灵活性

面试内容对于不同的应聘者来说是相对变化的、灵活的，内容因应聘者的个人经历、背景、工作岗位、面试表现等情况的不同而无法固定。从主试人角度看，最好是在半控制、半开放的情况下灵活把握面试内容。

4. 面试对象具有单一性

面试的形式有单独面试和集体面试两种。在集体面试中多位应聘者可以同时位于考场之中，但主试人不是同时面向所有的应聘者，而是逐个提问逐个测评，即使在面试中引入辩论、讨论，评委们也是逐个观察应聘者表现的。这是因为面试的问题一般要因人而异，测评的内容主要应侧重个别特征，同时进行会相互干扰。

5. 面试时间具有持续性

面试是因人而异，差异性较大，无法在同一时间进行，而是逐个地持续进行。对每一位应聘者的面试时间，也不能做硬性规定，而应视其面试表现而定。

(二) 面试的种类

1. 单独面试与集体面试

所谓单独面试，指主试人个别地与应聘者面谈，这是最普遍最基本的一种面试方式。单独面试的优点是能提供一个面对面的机会，让面试双方较深入地交流。单独面试又有两种类型：一是只有一个主试人负责整个面试过程，这种面试大多在较小规模的单位录用较低职位人员时采用；二是由多位主试人参加整个面试过程中，但每次均只有一位与应聘者交谈，公务员面试大多属于这种形式。

集体面试又叫小组面试，指多位应聘者同时面对主试人的情况。在集体面试中，通常要求应聘者作小组讨论，相互协作解决某一问题，或者轮流担任领导主持会议、发表演说等。这种面试方法主要用于考察应聘者的人际沟通能力、洞察与把握环境的能力、领导能力等。

无领导小组讨论是最常见的一种集体面试法。在不指定召集人、主试人也不直接参与的

情况下，应聘者自由讨论主试人给定的题目，这一题目一般取自于招聘工作岗位的专业需要，或是现实生活中的热点，总是具有很强的岗位特殊性、情景逼真性和典型性。讨论中，主试人坐于离应聘者一定距离的地方，不参加提问或讨论，通过观察、倾听为应聘者进行评分。

2. 一次性面试与分阶段面试

所谓一次性面试，即指用人单位对应聘者的面试集中于一次进行。在一次性面试中，主试人的阵容一般都比较"庞大"，通常由用人单位人事部门负责人、业务部门负责人及人事测评专家组成。在一次面试情况下，应聘者是否能面试过关，甚至是否被最终录用，就取决于这一次面试表现。面对这类面试，应聘者必须集中所长，认真准备，全力以赴。

分阶段面试又可分为两种类型，一种叫"依序面试"，一种叫"逐步面试"。

依序面试一般分初试、复试与综合评定三步进行。初试的目的在于从众多应聘者中筛选出较好的人选，一般由用人单位的人事部门主持，主要考察应聘者的仪表风度、工作态度、上进心、进取精神等，将明显不合格者予以淘汰。初试合格者进入复试，一般由用人部门主管主持，以考察应聘者的专业知识和业务技能为主，衡量应聘者对拟任工作岗位是否合适。复试结束后再由人事部门会同用人部门综合评定每位应聘者的成绩，确定最终合格人选。

逐步面试，一般是由用人单位的主管领导、处(科)长以及一般工作人员组成面试小组，按照小组成员的层次，由低到高的顺序，依次对应聘者进行面试。面试的内容依层次各有侧重，低层一般以考察专业及业务知识为主，中层以考察能力为主，高层则实施全面考察与最终把关，实行逐层淘汰筛选，越来越严。应聘者要对各层面试的要求做到心中有数，力争每个层次均留下好印象。

3. 非结构化面试与结构化面试

在非结构化的面试条件下，面试的组织非常"随意"，对于面试过程的把握、面试中要提出的问题、面试的评分角度与面试结果的处理办法等，主试人事前都没有精心准备与系统设计，类似于日常的非正式交谈。采用这样的面试方式，除非主试人的个人素质极高，否则很难保证非结构化面试的效果，因此，真正非结构化的面试愈来愈少。

正规的面试一般都为结构化面试。所谓结构化，包括三个方面的含义，一是面试过程把握(面试程序)的结构化。在面试的起始阶段、核心阶段、收尾阶段，主试人要做些什么、注意些什么、要达到什么目的，事前都会相应策划。二是面试试题的结构化。在面试过程中，主试人要考察应聘者哪方面的素质，围绕这些考察角度主要提哪些问题，在什么时候提出，用怎样的方式提，在面试前都会做出准备。三是面试结果评判的结构化。从哪些角度来评判应聘者的面试表现，等级如何区分，甚至如何打分等，在面试前都会有相应规定，并在众多的主试人之间统一尺度。

4. 常规面试与情景面试

所谓常规面试，就是日常见到的、主试人和应聘者面对面以问答形式为主的面试。在这种面试条件下，主试人处于积极主动的位置，应聘者一般是被动应答的姿态。主试人提出问题，应聘者根据主试人的提问做出回答，展示自己的知识、能力和经验。主试人根据应聘者对问题的回答以及应聘者的仪表仪态、身体语言、在面试过程中的情绪反应等对应聘者的综合素质状况做出评价。

情景面试即通过引入无领导小组讨论、公文处理、角色扮演、演讲、答辩、案例分析等情景模拟方法的一种面试形式。情景面试突破了常规主试人和应聘者一问一答的模式，是面试形式发展的新趋势。情景面试的具体方法灵活多样，面试的模拟性、逼真性强，应聘者的才华能得到更充分、更全面的展现，主试人对应聘者的素质也能作出更全面、更深入、更准确的评价。

情景面试同传统的心理测验、人事考核方法相比，具有以下明显特点：

(1) 强调在模拟特定的工作情景下考察应聘者的实际工作能力，针对性强、效度(指测试结果达到测试期望目标的程度)高。传统人员测验与工作情景关系不大，测评的是人的人格、智力、性格等，选拔时很难避免高分低能的情况。

(2) 强调在动态中考察。如无领导的小组讨论，事先不规定谁是讨论主持人。在讨论过程中，又不断提供新的信息，要求被考察者根据变化了的信息，灵活地决策。这样考察比静态考察更真实、更实际。

(3) 强调考察方式的多样性和评价的集体性。情景面试对应聘者的评分与评价，不是由个别主管人员决定，而是由测评小组集体经过讨论达成一致意见后决定的，更为全面、准确。

5. 压力性面试与非压力性面试

压力性面试是将应聘者置于一种人为的紧张气氛中，让应聘者接受诸如挑衅性的、非议性的、刁难性的刺激，以考察其应变能力、压力承受能力、情绪稳定性等。在典型的压力性面试中，主试人连续不断的就某事向应聘者发问，且问题刁钻棘手，以此种"压力发问"的方式逼迫应聘者充分表现出对待难题的机智灵活性、应变能力、思考判断能力、气质性格和修养等方面的素质。

非压力性面试是指在没有压力的情景下考察应聘者有关方面的素质。

在实际面试过程中，主试人可能采取一种或同时采取几种面试的类型，目的是能够选拔出符合用人单位需要的优秀人才。

(三) 面试前的准备

1. 基础准备

(1) 充分了解应聘单位。对用人单位的性质、地址、业务范围、经营业绩、发展前景和对应聘岗位职务及所需专业知识、技能等要有一个全面的了解。单位的性质不同，对求职者面试的侧重点不同。如果是公务员面试，内容和要求与企业公司相差很大，侧重于事实、政治、经济、管理、服务意识等方面。一位资深的人力资源主管说："面试时，我们都会问求职者对我们公司了解多少，如果他能很详细地回答出我们公司的历史、现状、主要产品，我们会很高兴。"同时还应该通过熟人、朋友或有关部门了解当天对你进行面试的考官的有关情况和面试的方式、过程以及面试时间安排，索取任何可能提供给你的说明材料。

(2) 使自己的能力与用人单位工作的要求相符合。所谓"知己知彼，百战不殆"，求职者面试前应该对自己的能力、特长、个性、兴趣、爱好、长短处、人生目标、就业倾向有清醒认识，认真阅读你所收集到的信息并牢记它们。尽量使自己的能力与工作要求相适应，参加面试时，通过显示你对知识的掌握和理解来表达你希望进入这一行业工作的愿望。

(3) 模拟可能询问的应聘问题。面试前不经过角色模拟，便无法达到最佳的效果。一些负责招聘的人事主管提出，求职者应当主动提出一些问题，这样招聘者才能知道求职者的水准及想了解的问题。

（4）对可能遇到的问题进行准备。这项准备有助于认清自己真正的想法，有助于在面试的现场能够清晰地自我表达。

（5）练习处理对你面试不利的事情。即使曾有一些不愉快的受挫经历，或者曾经犯过错，也可以作为一段可供学习的经验加以陈述。务必用积极的事情抵消消极的事情，最好不要说有损自己形象的话。

2. 心理准备

面试好比是一场考试，在测试每个人的能力，也在测试每个人的心理素质和临场发挥，因此要成功通过面试，首先要充满信心。"天高任鸟飞，海阔凭鱼跃"，要保持良好的心态，快乐的心情，会大有好处。其次要抓住招聘者的心。招聘者可能会先评价求职者的衣着、外表、仪态及行为举止；也可能会对求职者的专业知识、口才、谈话技巧作整体性的考核；还可能会从面谈中了解求职者的性格及人际关系，并从谈话过程中了解求职者的情绪状况、人格成熟度、工作理想、抱负及是否有上进心。

3. 业务知识准备

面试前，要熟知与应聘岗位相关的专业知识、业务技能等，备上一份求职材料，供招聘者查阅参考。准备面试可能用到的个人资料或作品，携带相关的证件，以便在面试的过程中进一步向招聘者提供个人的相关材料。应聘跨国公司或知名企业，还应有外语流利应答的充分准备。

4. 体能、仪表准备

面试前要保证充分的睡眠和愉快的心情，以保持良好的精神状态，面试前还应注意修饰自己的仪表，使穿着打扮与年龄、身份、个性相协调，与应聘的职业岗位相匹配。

（四）面试中的技巧

1. 答问技巧

（1）把握重点，条理清楚。一般情况下回答问题要结论在先，议论在后，先将自己的中心意思表达清楚，然后再做叙述和论证。

（2）讲清原委，避免抽象。招聘者提问是想了解求职者的具体情况，切不可简单地仅以"是"或"不是"作答，有的需要解释原因，有的则需要说明具体情况。

（3）确认提问，切忌答非所问。面试中，招聘者提出的问题过大，以至不知从何答起，或求职者对问题的意思不明白是常有的事情。"您问得是不是这样一个问题……"将问题复述一遍，确认其内容，才能有的放矢，以免南辕北辙、答非所问。

（4）讲完事实以后适时沉默。从容应对，进退有度，保持最佳的状态，同时好好思考自己的回答。

（5）冷静对待，荣辱不惊。招聘者中不乏刁钻古怪之人，有时会故意挑刺，令人难堪。这不是"不怀好意"，而是一种策略，故意提出不礼貌或令人难堪的问题，其意义在于"刺激"应聘者，考察你的"适应性"和"应变性"。你若反唇相讥，恶语相向，就大错特错了。

（6）要知之为知之，不知为不知。面试中常会遇到一些不熟悉、曾经熟悉现在忘了或根本不懂的问题。面临这种情况，回避问题是失策，牵强附会更是拙劣，诚恳坦率承认自己的不足之处，反倒会赢得招聘者的信任与好感。

2. 发问技巧

面试时若招聘者问你有没有问题，你可以适当问一些问题，并且应该把提问的重点放在招聘者的需求以及你如何能满足这些需求上。通过提问的方式进行自我推销是十分有效的，所提问题必须是紧扣工作任务、紧扣职责的。

你可以询问诸如以下的问题：应聘职位所涉及的责任以及所面临的挑战；在这一职位上需要取得怎样的成果；该职位与所属部门的关系；该职位具有代表性的工作任务是什么。当然也要注意不要问一些通过事先了解能够获得的有关公司的信息，这会让人对你面试的目的是否明确表示怀疑。

3. 谈话技巧

(1) 谈话应顺其自然。不要误解话题，不要过于固执，不要独占话题，不要插话，不要说奉承话，不要浪费口舌。

(2) 留意对方反应。交谈中很重要的一点是把握谈话的气氛和时机，这就需要随时注意观察对方的反应。如果对方的眼神或表情显示对你所涉及的某个话题已失去兴趣，应该尽快找一两句话将话题收住或开始下一话题。

(3) 要有良好的语言习惯。交谈时不仅要表达流利，用词得当，同样重要的还有说话方式：

① 发音清晰。有些人个别音节发音不准，如果影响讲话整体质量的，应少用或不用含有这些音节的字或词。

② 语调得体。得体的语调应该起伏而不夸张，自然而不做作。

③ 声音自然。音调不高不低，不失自我，不仅听起来真切自然，而且有利于缓解紧张情绪。

④ 音量适中。音量以保持能听清为宜，切忌声音过大。

⑤ 语速适宜。要根据内容的重要程度、难易程度及对方注意力情况调节语速和节奏。

此外还要警惕容易破坏语言意境的现象，如过分使用语气词、口头语，这不仅有碍于听者的连贯理解，还容易引人生厌。

4. 交谈心态

作为应届毕业生初次参加招聘面试，如何摆正自己的心态很大程度上关系着求职的成败。

(1) 展示真实的自己。面试时切忌伪装和掩饰，一定要展现自己的真实实力和真正的性格。有些毕业生在面试时故意把自己塑造一番，比如明明很内向，不善言谈，面试时却拼命表现得很外向、健谈。这样的结果既不自然，很难逃过有经验者的眼睛，也不利于自身的发展。即使通过了面试，人力资源部往往会根据面试时安排适合的职位，这对个人的职业生涯也是有害的。

(2) 以平等的心态面对招聘者。面试时如果以平等的心态对待招聘者，就能够避免紧张情绪。特别是在回答案例分析问题时，一定要抱着我是在和招聘者一起讨论这个问题的心态，而不是觉得他在考自己，这样就可以充分发挥自身才能，从而做出精彩的论述。

(3) 态度要坦诚。招聘者一般都认为做人优于做事，所以，面试时求职者一定要诚实地回答问题。

5. 交谈原则

应聘者与招聘者交谈时应该把握 "四个度" 的原则。

(1) 体现高度。在交谈中尽力展示自己的水平：一方面是政治思想水平和强烈的敬业精神；另一方面是专业能力。对问题回答不能满足于 "知其然"，还要答出 "所以然"。

(2) 增强信度。在交谈中充分展示自己的真诚：首先，态度要诚恳，交谈时要专注，切忌心不在焉；其次，表达要准确，少用或不用 "可能" "也许" "大概" 等模棱两可的词语；再者，内容要真实，尤其对于自己的优缺点要客观对待，实事求是。

(3) 表现风度。在交谈中全面展示自己的风度和气质：一方面要体现自身的外在美，落落大方，进退有度；另一方面要体现内在气质，而言语是一个人内在气质、涵养的外在体现，要注意用自己的语言魅力展示自己。

(4) 保持热度。在交谈中尽可能展示自己的热情：主动问候，精神饱满，悉心聆听，认真作答。

6. 面试最后关

(1) 适时告辞。面试不是闲聊，也不是谈判，从某种意义上讲，面试是陌生人之间的沟通。谈话时间的长短要视面试内容而定。招聘者认为该结束面试时，往往会说一些暗示的话语：

——我很感激你对我们公司这项工作的关注。

——谢谢你对我们招聘工作的关心，我们一做出决定就会立即通知你。

——你的情况我们已经了解了。你知道，在做出最后决定之前我们还要面试几位申请人。求职者听到诸如此类的暗示语之后，应主动告辞。

(2) 礼貌再见。面试结束时的礼节也是公司考察录用的一个砝码，成功的方法在于：首先，不要在招聘者结束谈话前表现出浮躁不安、急于离去的样子。其次，告辞时应感谢对方花时间同你面谈。另外，如果有秘书或接待员接待过你或招待过你的话，走时也应向他们致谢告辞。报载，一位毕业生来到深圳求职，面试时一番锋芒毕露的自我介绍，结束时抛下声 "再见"，连握手也免了，就拂袖扬长而去。接待他的招聘者苦笑着摇头："如果说有个性、有锋芒可以容忍的话，那么连基本礼节都不懂的人则 "养不起"，也无法与之合作。"

(五) 面试成功的原则

要成功面试，需要掌握以下原则：

1. 你是公司未来的有利资产

你需要传递给企业这样的信息，你有帮助企业的实现预期目标的强大能力，你是公司的宝贵资产而非包袱。

2. 明确的人生目标

具有积极的自我成长信念，努力进取，并充满旺盛的事业心与斗志，能迅速进入状态的人，更容易为企业赏识和任用。

3. 强烈的工作愿望

面试时要时刻保持对工作的高度热忱与兴趣。

4. 团队合作的能力

一个善于与人沟通协调的求职者是很多单位乐于录用的，如果你曾有社团活动的工作经验，可尽量举例说明，以进一步争取主考官的青睐。

5. 掌握诚恳的原则

在录用标准上，"才能"是永恒不变的第一原则，"诚恳"则是重要的辅助因素。面试前准备充分，心情安定，仪容大方整洁，临场充分表现自我，便是诚恳的最好表现。

（六）面试禁忌

1. 忌好高骛远、不切实际

找一份理想的工作是每个求职者的愿望，无可厚非，但美好的愿望应该植根于自身素质和客观现实之上。审时度势，准确定位是求职成功的关键因素，眼高手低，这山望着那山高是求职之大忌。

2. 忌妄自菲薄、患得患失

招聘单位所聘岗位和专业很可能与自己所学专业或原从事职业不同，这时切忌不可把自己禁锢于原有小天地中守株待兔。只有增强自信，勇于挑战和超越自我，及时调整心态，适应周围环境，才能达到成功的彼岸。

3. 忌准备不足、盲目应试

面试前应做好充分准备，了解面试单位情况及招聘要求，面试时才能认从容应对，有的放矢。

📖 阅读资料

常见的面试问题

面试过程中，面试官会向应聘者发问，而应聘者的回答将成为面试官是否接受他的重要依据。对应聘者而言，了解这些问题背后的"猫腻"至关重要。这里对面试中经常出现的一些典型问题进行了整理，并给出相应的回答思路和参考答案。读者无需过分关注分析的细节，关键是要从这些分析中"悟"出面试的规律及回答问题的思维方式，以求"活学活用"。

问题一："请你自我介绍一下。"

思路：

1. 这是面试的必考题目。

2. 介绍内容要与个人简历相一致。

3. 表述方式上尽量口语化。

4. 要切中要害，不谈无关、无用的内容。

5. 条理要清晰，层次要分明。

6. 事先最好以文字的形式写好、背熟。

问题二："谈谈你的家庭情况。"

思路：

1. 此问题对于了解应聘者的性格、观念、心态等有一定的作用，这是招聘单位问该问题的主要原因。

2. 简单地罗列家庭人口。

3. 宜强调温馨和睦的家庭氛围。

4. 宜强调父母对自己教育的重视。

5. 宜强调各位家庭成员的良好状况。

6. 宜强调家庭成员对自己工作的支持。

7. 宜强调自己对家庭的责任感。

问题三："你有什么业余爱好？"

思路：

1. 业余爱好能在一定程度上反映应聘者的性格、心态、志趣，这是招聘单位问该问题的主要原因。

2. 最好不要说自己没有业余爱好。

3. 不要说自己有那些庸俗的、令人感觉不好的爱好。

4. 最好不要说自己仅限于读书、听音乐、上网，否则可能令面试官怀疑应聘者性格孤僻。

5. 最好能有一些户外的业余爱好来"点缀"你的形象。

问题四："你最崇拜谁？"

思路：

1. 最崇拜的人能在一定程度上反映应聘者的性格、观念、价值取向，这是面试官问该问题的主要原因。

2. 不宜说自己谁都不崇拜。

3. 不宜说崇拜自己。

4. 不宜说崇拜一个虚幻的或是不知名的人。

5. 不宜说崇拜一个明显具有负面形象的人。

6. 所崇拜的人最好是与自己所应聘的工作能"搭"上关系的。

7. 最好说出自己所崇拜的人的哪些品质、哪些思想感染、鼓舞着自己。

问题五："你的座右铭是什么？"

思路：

1. 座右铭能在一定程度上反映应聘者的观念、心态、志向，这是面试官问该问题的主要原因。

2. 不宜说那些易引起不好联想的座右铭。

3. 不宜说那些太抽象的座右铭。

4. 不宜说太长的座右铭。

5. 座右铭最好能反映出自己某种优秀品质。

6. 参考答案——"只为成功找方法，不为失败找借口。"

问题六："谈谈你的缺点。"

思路：

1. 不能说自己没缺点。

2. 不宜把那些明显的优点说成缺点。

3. 不宜说出严重影响所应聘工作的缺点。

4. 不宜说出令人不放心、不舒服的缺点。

5. 可以说出一些对于所应聘工作"无关紧要"的缺点，甚至是一些表面上看是缺点，从工作的角度看却是优点的"缺点"。

问题七："谈谈你的一次失败经历。"

思路：

1. 不宜说自己没有失败的经历。

2. 不宜把那些明显的成功说成是失败。

3. 不宜说出严重影响所应聘工作的失败经历。

4. 所谈经历的结果应是失败的。

5. 宜说明失败之前自己曾尽心尽力、完全付出。

6. 宜说明仅仅是由于外在客观原因导致失败。

7. 宜说明当时是为了验证自己的某个想法而做出的尝试。

8. 失败后自己很快振作起来，以更加饱满的热情面对以后的工作。

问题八："你为什么选择我们公司？"

思路：

1. 面试官试图从中了解你求职的动机、愿望以及对此项工作的态度。

2. 建议从行业、企业和岗位这三个角度来回答。

3. 参考答案——"我十分看好贵公司所在的行业，我认为贵公司十分重视人才，而且这项工作很适合我，相信自己一定能做好。"

问题九："对这项工作，你有哪些可预见的困难？"

思路：

1. 不宜直接说出具体的困难，否则可能令对方怀疑你的能力不行。

2. 可以尝试迂回战术，说出你对困难所持有的态度——"工作中出现一些困难是正常的，也是难免的，但是只要有坚忍不拔的毅力、良好的合作精神以及事前周密而充分的准备，任何困难都是可以克服的。"

问题十："如果我们录用你，你将如何开展工作？"

思路：

1. 如果应聘者对于应聘的职位缺乏足够的了解，最好不要直接说出自己开展工作的具体办法。

2. 可以尝试采用迂回战术来回答，如"首先听取领导的指示和要求，然后就有关情况进行了解和熟悉，接下来制定一份近期的工作计划并报领导批准，最后根据计划开展工作。"

3. 面试前要对该工作岗位做做工作，准备一个简略的工作计划。

问题十一："与上级意见不一致时，你将怎么办？"

思路：

1. 一般可以这样回答"我会给上级以必要的解释和提醒，但我仍然会服从上级的意见。"

2. 如果面试你的是总经理，而你所应聘的职位另有一位经理，且这位经理当时不在场，可以这样回答："对于非原则性问题，我会服从上级的意见，对于涉及公司利益的重大问题，我希望能向更高层领导反映。"

问题十二："我们为什么要录用你？"

思路：

1. 应聘者最好站在招聘单位的角度来回答。

2. 招聘单位一般会录用这样的应聘者：符合基本条件，对这份工作感兴趣，有足够的信心和学习能力。

3. 参考答案——"我符合贵公司的招聘条件，就我目前所掌握的技能、高度的责任感和良好的适应能力及学习能力，完全能胜任这份工作。我十分希望能为贵公司服务，如果能给我这个机会，我一定能成为贵公司的栋梁！"

问题十三："你能为我们做什么？"

思路：

1. 基本原则是"投其所好"。

2. 回答这个问题前最好能"先发制人"，了解招聘单位期待这个职位所能发挥的作用。

3. 可以根据已了解的情况，结合自己在专业领域的优势来回答这个问题。

问题十四："你是应届毕业生，缺乏经验，如何能胜任这项工作？"

思路：

1. 招聘单位能提出这个问题，就说明招聘单位并不真正在乎"经验"，关键看你怎么回答。

2. 回答这个问题最好能体现出你的诚恳、机智、果敢及敬业精神。

3. 参考答案——"作为应届毕业生，在工作经验方面的确会有所欠缺，因此在读书期间我一直利用各种机会在这个行业里做兼职。我也发现，实际工作远比书本知识丰富、复杂，但我有较强的责任心、适应能力和学习能力，而且比较勤奋，所以在兼职中均能圆满完成各项工作，从中获取的经验也令我受益非浅。请贵公司放心，学校所学及兼职的工作经验使我一定能胜任这项工作。"

问题十五："你希望与什么样的上级共事？"

思路：

1. 通过你对上级的"希望"，可以判断出应聘者对自我要求的意识，这既是一个陷阱，又是一次很好机会。

2. 最好回避对上级具体的希望，多谈对自己的要求。

3. 参考答案——"做为刚步入社会的新人，我应该多要求自己尽快熟悉、适应环境，而不应该对环境提出什么要求，只要能发挥我的专长就可以了。"

问题十六："您在前一家公司的离职原因是什么？"

(此问题不适用于刚毕业的大学生，但在整个职业生涯进程当中，会有很多次的职业流动可能。资深的 HR 很看重这个问题，对于流动性很强但又没有合适离职理由的求职者一般不会给予机会，希望同学们加以重视)

思路：

1. 最重要的是要使招聘单位相信，你在过往的单位"离职原因"在此家招聘单位里不存在。

2. 避免把"离职原因"说得太详细、太具体。

3. 不能掺杂主观的负面感受，如"太辛苦""人际关系复杂""管理太混乱""公司不重视人才""公司排斥我们这样的员工"等。

4. 此问题不能回避、躲躲闪闪，可以这样说，"想换换环境""个人原因"等。

5. 不能涉及自己负面的人格特征，如不诚实、懒惰、缺乏责任感、不随和等。

6. 尽量使解释的理由为你个人形象添彩。

7. 参考答案——"我离职是因为这家公司的倒闭。我在公司工作了三年多，有较深的感情。从去年始，由于市场形势突变，公司的局面急转直下。到眼下这一步我也觉得很遗憾，但还要面对现实，重新寻找一个能够让我发挥能力的舞台。"

同一个面试问题并非只有一个答案，而同一个答案并不是在任何面试场合都有效，关键在于应聘者掌握了规律后，形成对应的思路和思维，对面试的具体情况进行把握，有意识地揣摩面试官提出问题的心理背景，然后投其所好。

(360 问答，2014 年 9 月 27 日)

第四节　职场礼仪

随着社会的不断发展，人们对自己的礼仪形象越来越重视，好的形象不仅可以增加一个人的自信心而且对个人的求职、工作、晋升和社交都起着至关重要的作用，对企业服务、企业形象也有着重要意义。

一、职场礼仪的概念

礼仪是人们在社交活动中遵循的礼节，它是一种约定俗成的行为规范，是社交活动中对人的仪容仪表和言谈举止的普遍要求。它是人们在社会交往中受历史传统、风俗习惯、宗教信仰、时代潮流等因素影响而形成的，既为人们所认同，又为人们所遵守，是以建立和谐关系为目的的各种符合交往要求的行为准则和规范的总和。

所谓"礼"，是一种道德规范。"礼"的基本要求，就是以尊敬自己、尊敬他人来协调人际交往与人际关系。所谓"仪"，则指的是"礼"的具体表现形式，即具有可操作性的"礼"的规范化做法。简言之，礼仪是一系列律己、敬人的规范的具体表现形式。

职场礼仪是指人们在职业场所中应当遵循的一系列礼仪规范。了解、掌握并恰当地应用职场礼仪，将使一个人的职业形象大为提高。职业形象包括内在的和外在的两个方面，每一个职场人都需要树立塑造并维护自我职业形象的意识，这样会使你在工作中左右逢源，使你的事业蒸蒸日上。

二、常见的职场礼仪

（一）着装礼仪

1. 着装的基本原则

(1) TPO 原则。

Time：时间原则，即着装与季节、时令相符。

Place：地点原则，即着装与地点、环境相符。

Occasion：场合原则，即着装与特定场合相符。

(2) PAS 原则。

着装应考虑 Profession(职业)、Age(年龄)、Status(地位)的差异。

(3) 整体性原则。

着装应考虑自身的体型、容貌、肤色等因素，以使和谐自然，保持整体性。

2. 女士着装要求(见图 4-1)

(1) 款式要求。

① 套装，上下的套装是最为正规的。

② 上面着衬衫，底下着短裙或裤子，搭制式的皮鞋。

③ 不露三点，不露肩，即在商务场合，不能穿吊带裙，也不能穿无袖的裙子；不露膝，即裙子不能太短；不露脚趾，即在工作的场合，不能穿露脚趾的凉鞋的。

图 4-1　女士着装礼仪示意图

(2) 颜色及鞋袜。

女士在衣服颜色的选择上是要比男士丰富，但商务场合要传递的是信任，传递的是给别人的专业感和稳定感，也是有一些特定要求的。

① 尽量选择一些中性的颜色，如黑色、灰色、蓝色、米色等。

② 应避免穿着非常明亮的，如大红色、大紫色或者特别明亮、特别闪的一些面料，而一些特别轻浅的颜色，如淡粉色，也是应该避免的。

③ 鞋子以 5 厘米左右黑色高跟鞋为宜，淑女鞋或细带娃娃鞋也可。

④ 丝袜应以肉色为主。

(3) 发型要求。

① 不允许披肩长发，应盘起或梳成发髻。

② 商务场合要求会高一些，如头发长不过肩，太长的话，一定要把它束起来(与服装相配)。

3. 男士着装要求(见图 4-2)

(1) 款式要求。

穿西装，首先要合体，注意西装的长度、肥瘦、颜色、款式、质地和身份场合的搭配。

图 4-2　男士着装礼仪示意图

① 颜色以黑色、深蓝色、深灰色为宜，避免穿着浅色西装。浅色给人轻浮的感觉，不适合正式场合。

② 衣长以双手自然垂下时西装的下摆在手心为准。

③ 领子高度以贴紧衬衫并低于衬衫 1.5 厘米左右为宜。

④ 衬衫袖长以握手时比西装袖长 1.5 厘米为宜。

⑤ 宽松度以穿一件厚羊毛衫松紧适宜为好。

⑥ 西装的衣袋以平整、平顺为佳。

⑦ 西装扣子应避免金属或皮质的休闲扣子。

⑧ 里衬尽量选择用手针缝合的高品质混纺材料。

⑨ 西裤裤长以裤脚刚好盖住鞋面为宜。

⑩ 裤腰尺寸以腰间进一手掌为宜。

⑪ 衬衫颜色要比西装颜色浅，如白色、浅蓝色、浅灰色等。

⑫ 衣领大小以扣上最上面的一粒扣子，还能插进两根手指，脖子不感到挤压为宜。

⑬ 衬衫大小以腋下部分有 2.5 厘米的余量为宜。

(2) 领带的搭配原则。

① 领带的质地要优良，不能随意。

② 领带颜色要比衬衫的颜色深，宜蓝色、灰色、棕色、紫红色，避免纯黑色和纯白色 (只适合特殊场合，晚宴，葬礼，制服)。

③ 领带图案以条纹、圆点、方格等规则的几何形状为佳，避免夸张的图案。

④ 领带长度以下端刚好要触到皮带扣的上端为宜，上面宽的一片略长于下面窄的一片。

(3) 鞋袜的搭配。

鞋子是最能够反映一个男人修养和品位的，搭配合适的鞋子相当重要。正式的鞋子一般是黑色的系带制式皮鞋(见图 4-3)。

袜子以黑色、深蓝色为佳，尼龙袜、运动袜、白袜不适合，袜子的长度以跷腿时不露出小腿的皮肤为宜。

图 4-3 男士正式皮鞋示例

(4) 商务用包、手表。

男士身上有三个地方一定要是一致的，即皮带、皮鞋和公文包，要求颜色和质地相同或相匹配。

(二) 握手礼仪

1. 握手的顺序

握手时一般主人、长辈、上司、女士主动伸出手，客人、晚辈、下属、男士再相迎握手。长辈与晚辈之间，长辈伸手后，晚辈才能伸手相握；上下级之间，上级伸手后，下级才能接握；主人与客人之间，主人宜主动伸手；男女之间，女方伸出手后，男方才能伸手相握；如果男性年长，是女性的父辈年龄，在一般的社交场合中仍以女性先伸手为主，除非男性已是祖辈年龄，或女性在 20 岁以下，此时男性先伸手是适宜的。

2. 握手的方法(见图 4-4)

握手时，距离受礼者约一步，上身稍向前倾，两足立正，伸出右手，四指并拢，拇指张开，向受礼者握手。掌心向下握住对方的手，显示着一个人强烈的支配欲，无声地告诉别人，他此时处于高人一等的地位，应尽量避免这种傲慢无礼的握手方

图 4-4 握手示意图

式。相反，掌心向里同他人的握手方式显示出谦卑与毕恭毕敬，如果伸出双手去捧接，则更是谦恭备至了。平等而自然的握手姿态是两手的手掌都处于垂直状态，这是一种最普通也最稳妥的握手方式。

男士在握手前应先脱下手套，摘下帽子，女士可以例外，当然在严寒的室外有时可以不脱，比如双方都戴着手套、帽子，这时一般也应先说声"对不起"。握手者双目注视对方，微笑以表达问候和致意，不要看第三者或显得心不在焉。

握手的力度要掌握好，不能过重或过轻。握手的时间以 1～3 秒为宜，不可一直握住别人的手不放。与上级、贵宾握手或男士与女士握手时，时间以 1 秒钟左右为宜。

3. 握手的忌讳

(1) 忌用左手。握手时须用右手，尤其在和外国人握手时，慎用左手与之相握，如果是右手有手疾或太脏，需用左手代替右手时，应先声明原因并致歉。

(2) 忌戴手套。与人握手时，一般不可戴着手套。

(3) 忌不专心。握手时应专心致志，面带微笑看着对方，切忌左顾右盼、心不在焉。

(4) 忌坐着握手。握手双方应当站着，除非是年老体弱或者身体有残疾的人方可坐着握手。

(5) 忌顾此失彼。在握手时如果有几个人，而你只同一个人握手，对其他人视而不见，这是极端不礼貌的。同一场合与多人握手时，与每个人握手的时间应大致相等，若握手的时间明显过长或过短，也有失礼仪。

(三) 电话礼仪

1. 重要的第一声

当我们打电话给某单位，若一接通，就能听到对方亲切、优美的招呼声，心里一定会很愉快，使双方对话能顺利展开，且对该单位有了较好的印象。因此要记住，接电话时，应有 "我代表单位形象"的意识，大方而不失礼貌。

2. 端正的姿态与清晰明朗的声音

打电话过程中绝对不能吸烟、喝茶、吃零食，即使是懒散的姿势对方也能够"听"得出来。如果你打电话的时候，弯着腰躺在椅子上，对方听你的声音就是懒散的、无精打采的；若坐姿端正，身体挺直，所发出的声音也会亲切悦耳，充满活力。因此打电话时，即使看不见对方，也要当作对方就在眼前，尽可能注意自己的姿势。

声音要温雅有礼，以恳切之话语表达。口与话筒间，应保持适当距离，适度控制音量，以免听不清楚、滋生误会或声音过大让对方觉着不舒服。

3. 迅速准确地接听

听到电话铃声，应准确迅速地拿起听筒接听电话，最好在三声之内接听。电话铃声响一声大约 3 秒种，若长时间无人接电话，或让对方久等是很不礼貌的，对方在等待时心里会十分急躁，你的单位会给他留下不好的印象。即便电话离自己很远，听到电话铃声后，附近没有其他人，我们应该用最快的速度拿起听筒，这样的态度是每个人都应该拥有的，这样的习惯是每个办公室工作人员都应该养成的。如果电话铃响了五声才拿起话筒，应该先向对方道歉，若电话响了许久，接起电话只是 "喂" 了一声，对方会十分不满，会给对方留下恶劣的印象。

4. 有效沟通

我们首先应确认对方身份、了解对方来电的目的，如自己无法处理，也应认真记录下来，委婉地探求对方来电目的，既不误事又能赢得对方的好感。

对对方提出的问题应耐心倾听，表达意见时，应让他能适度地畅所欲言，除非不得已，否则不要插嘴。期间可以通过提问来探究对方的需求与问题。注重倾听与理解，抱有同理心，建立亲和力是有效电话沟通的关键。

接到责难或批评性的电话时，应委婉解释，并向其表示歉意或谢意，不可与对方争辩。

电话交谈重要事项时，应注意准确性，将事项完整地交待清楚，以增加对方认同感，不可敷衍了事。

如遇需要查询数据或另行联系之查催情况，应先估计可能耗用时间之长短。若查询或查催时间较长，最好不要让对方久候，应改用另行回话之方式，并尽早回话。电话记录既要简洁又要完备，可参考"5W1H"方法。

"5W1H"方法即 5 个 W 和 1 个 H：Why——为什么(目的、原因)；What——怎么回事(需求、事件)；Where——来自哪里(地点、地区)；When——什么时间(时间、时限)；Who——是谁(对象、人员)；How——如何操作(方法、方案)。

5. 挂电话前的礼貌

要结束电话交谈时，一般应当由打电话的一方提出，然后彼此客气地道别，应有明确的结束语，说完"谢谢"，"再见"，再轻轻挂上电话，不可自己讲完就挂断电话。

☾ 案例

以貌取人不可取，但"人取衣帽"却必要

某君毕业于美术学院，长得文静、白皙，喜欢另类的装扮，比如，他烫着长卷发，戴着项链、耳环、戒指，更醒目的是，他喜欢穿的衣服都是女孩子喜欢的色彩和样式，说话也是令人"嗞嗞"的那种。他原是一家影视公司的美术总监，这种公司里的人都比较活泼，包容性强，倒也相安无事。后来该君跳槽到了一家网络公司做网站美术编辑，就出问题了，网站的人大多是枯燥乏味的男性，他一幅偏女性化的装扮和作派完全是"自绝于人"，很快就被孤立起来。有关人员和他交涉，被极有个性的他以"不得干涉个人隐私"给顶了回去，员工们纷纷给老板施加压力，说有这样一个变态的"人妖"在身边无法安心工作，老板让该君自己看着办，他为了捍卫个人尊严，只好告别了这份薪水丰厚的工作。

分析：衣帽取人不可取，但人取衣帽却必要。没有好鞍，即使千里马也跑不快；没有漂亮的羽毛，孔雀便成了落汤鸡。大多数公司对服装没有统一和硬性规定，但一个总的原则是要根据行业的特点，尽量穿戴契合自己公司文化服装，既要庄重、大方又要便捷、得体，还要有利于工作。

总结：职场上，服装一般的原则是简捷、庄重、着深色系列。记住，千万不要忘记穿着得体，除非你的公司是时装公司，否则还是把你的好"皮囊"都穿在公司之外吧。

(中国职场生存法则 66 条，道客巴巴网，2009 年 8 月 29 日)

第五章　角色转换与职业生涯规划

✦ 本章导读

　　人的一生，面临着各种不同的社会角色转换。就大学毕业生而言，由学生角色到职业角色的转换，在其一生经历中具有十分重要的意义。在向职业角色转换这个关键的时刻，大学生应当以积极、正确的态度，认知新的角色，接受新的角色，促使角色转换整个过程的顺利进行。毕业生由学生角色转换为职业角色，还要学会职业适应，并对自己整个人生的职业生涯做好规划。

第一节　角色认知与角色转换

一、角色认知

（一）学生角色

　　大学时期，是一个人一生中增长知识、发展智力、求学成才的关键阶段，大学生的中心任务是努力学习以专业知识为主的多方面知识，培养以专业能力为主的各种能力。可见，大学生在校期间是以学习为主，是一个以接受教育、储备知识、培养能力为目的的过程，同时，经济上主要依靠家庭，因此，将其界定为学生角色，即一个人以学生的身份在社会教育环境的保证和家庭经济的资助下学习知识，培养能力，全面提高自身素质，努力使自己成长为社会的合格人才。

（二）职业角色

　　职业角色的个性表现非常具体，但是千差万别的职业角色却有其共性：职业角色扮演者具有自己的社会职位和一定职权；相应的职业规范；一定的基础知识和业务能力；履行一定的义务；经济独立。因此，可以这样定义职业角色：在某一职位上，以特定的身份，依靠自身知识和能力并按照一定的规范具体地开展工作，在行使职权、履行义务为社会做出贡献的同时取得相应的报酬。

　　综上所述，学生角色与职业角色的不同在于：一个是受教育，掌握本领，接受经济供给和资助，从而逐步完善自己；一个是用自己掌握的本领，通过具体的工作为社会付出，以自己的行为承担责任，并取得相应的报酬。

二、学生角色向职业角色的转换

根据社会心理学的角色理论，大学毕业生从学生角色到职业角色的转换，必然伴随着角色冲突、角色学习和角色适应等一系列过程。在这个过程中，只有尽早做好准备，形成职业角色观念，提升职业角色技能，增强职业角色能力，才能使自己的职业生涯有一个良好开端。因此，充分把握好毕业前后的两个阶段至关重要。

（一）毕业前夕的角色转换

在正常情况下，我国大学毕业生在每年 7 月初离校，奔赴工作岗位，但是求职工作一般从前一年的 11 月就开始了，前后共有半年多的时间。可以说，这一时期是毕业生转换角色的重要阶段，主要表现在以下两个方面：

1.“双向选择”的过程即是角色定位的过程

毕业前夕，毕业生通过与用人单位“双向选择”的过程，能够比较全面地了解到用人单位的基本情况，切身体会到社会对自己的认可程度，并依据自身感受调整职业期望值，实事求是地定位自己的职业，进而通过签订就业协议书来确定自己的职业角色。

这是从学生角色向职业角色转换的第一步，为大学生的职业角色确定了一个基调，对角色的转换有重要的作用。

2. 提前奠定良好的心理基础和知识技能基础

一般来说，在校学习期间的学习环境、学习条件、时间和精力对于知识的学习和技能的训练都是最为理想的，而从就业协议书签订到毕业离校这段时间，是针对性地学习知识、培养能力进而转换角色的最佳时期。这段时间内，除了按照学校正常教学计划完成课程的学习、实习实践和毕业论文外，还应该进行如下学习和训练：

(1) 学习与未来工作岗位有密切联系的专业知识和专业技能。大学的课程设置总体上偏重于基础知识的学习和基本技能的培养，而学习和训练特定岗位上所需的专业知识和技能，可以加深对未来职业岗位的认同，培养职业兴趣。

(2) 进行非智力技能的训练。大学毕业生智力上的相差并不太大，而非智力方面的技能却是影响毕业生就业和创业的重要因素。毕业生要敢于表现自己，克服在公众面前“害羞”和“胆怯”等心理方面的不良表现，这是给人留下良好印象的前提和关键。毕业生还要要善于表现自己，同步提高书面表达能力和口头表达能力，在与人交往的过程中要诚恳而不谦卑，自尊而不倨傲，不急不躁，以富含感染力的幽默语言来展示自己的意图和信誉。

(3) 进行必要的心理准备特别是“受挫准备”。大学毕业生都很有才华，但并非都能在自己的工作岗位上一帆风顺。过硬的职业技能对职业成功固然重要，充分的心理准备更是不可缺少的，特别是要有“受挫”的心理准备。如果心理准备不足，就会产生过激情绪，导致能力低下，在愤世嫉俗的言行中使自己的才华泯灭。因此，在校期间要调整心态，充分做好心理准备。在事业顺利的时候不沾沾自喜，以平常心对待工作上的平淡和不被重用，在屡试屡挫的境地中屡挫屡试、不懈追求，在似乎一文不名的地位上奋发向上、一鸣惊人，这是事业成功者的必备素质。

(二) 实习期内的角色转换

大学生参加工作后的一年或半年为实习期，之后转为正式人员，有人形象地称之为"磨合期"。初到工作岗位，生活和学习环境与大学相比，都有很大的区别。从大学学习环境到职业环境的变化，往往会加剧角色冲突，为此，大学毕业生应该加强实习期内的角色学习，使角色转换顺利实现。

一般来说，大学生要在较短的时间内获得同事的认可和领导的肯定，应当从以下三个方面提高和锻炼自己。

1. 要善于展现自己的知识

大学毕业生因为具有新知识而受到同事的青睐和尊敬，但为此也使一些人与同事之间产生一定的距离。因此，大学生在同事面前一定要表现得谦虚、随和，在尊重同事丰富经验的同时，适时适度地展现自己的知识。例如，可以利用工作机会，特别是当同事在工作中遇到麻烦时，以谦虚诚恳的态度从理论上提出自己的见解，共同商讨，共同解决问题。也可以利用业余娱乐机会，发挥自己的知识优势，在交流中让同事了解你的为人和性格，表明自己的世界观、人生观和价值观，缩短与同事间的距离，成为大家的朋友。要切忌以文凭自居自傲，那样只能使得同事对你产生反感，使得自己越来越脱离群众，变得孤立无助。

2. 要树立工作责任意识

大学生对未来都有美好的愿望，都想大干一场，建功立业，但是多数人在走上工作岗位之初，一般不会被委以重任，而是先从最简单的辅助性工作做起，这也符合人才成长的基本规律。有不少人凭着对工作的新鲜感和学识上的优越感，认为自己被大材小用了，对一些工作不愿意干，甚至开始闹情绪，这是缺乏责任意识的表现。当然，干任何一项工作，都要有足够的热情，但更要有丰富的经验和随机应变的能力，这种经验和能力的获得并非一朝一夕之功，它需要在平时的工作中来积累和训练。因此，不管工作的大小，分工的高低，大学生都要以满腔的热情、高度的事业心和责任感认真对待，圆满完成。

3. 要培养实事求是的工作作风

大学毕业生具有较强的自尊心和独立意识，在工作上总想独挡一面，取得成就，尽管很多人对待工作的态度是认真谨慎的，但在很多时候，工作中还是难换免出现失误。工作失误并不可怕，可怕的是不能正确地认识失误，不能实事求是地去承认失误。工作中一旦出现了失误，要敢于向领导和同事承认，开展批评和自我批评，并勇于承担责任，以获得领导和同事的理解，并虚心学习、请教，认真分析原因，总结经验教训，避免类似失误再次发生。

另外，大学毕业生要重视岗前培训这样的重要环节，这对于刚刚走上工作岗位大学生的角色转换是非常重要和必要的。岗前培训是让新员工了解单位的基本情况，熟悉规章制度和工作程序，更重要的是可以帮助新员工树立集体主义观念，培养人际协调能力和奉献精神。从某种意义上讲，岗前培训的效果可以直接反映出新员工的素质高低，因此单位都非常重视，并依此择优录用，分配岗位，因此，毕业生一定要以认真的态度把握好这样一次充实自己、表现自己和提升自己的良机。

三、积极促进角色转换

积极促进角色转换，就是主动地分析问题、寻求方法，并通过实践不断地总结、探索，以积极的心态与行动来获得领导与同事的认可，顺利并迅速地完成职业角色的转换。

所谓"冰冻三尺，非一日之寒"，学生角色向职业角色的转换，往往是一个艰苦而漫长的过程，对此，毕业生应有充分的思想准备，在行动中需要以积极的态度，坚持不懈地努力来实现职业角色的转换和适应。

(一) 摆正心态

步入工作岗位，心态是很重要的，只有摆正心态，才能消除陌生感，充分发挥自己的聪明才智。摆正心态，一是要摆正自己的位置，二是要充满信心。

摆正位置，就是要正确地认识自我和评价自我，既不能目空一切，骄傲自大，眼高手低，又不能自惭形秽，畏缩不前。刚毕业的大学生应该把自己当作社会大学的小学生，树立终生学习的理念，把实践的过程看成是不断充实完善自己、增长才干的过程。

充满信心，就是要相信自己的能力与毅力，树立战胜困难的信念。当遇到困难或挫折时，要冷静地对待问题，分析原因，寻求方法，从而战胜困难。

(二) 善于观察，勤于思考

要进入职业角色，还要开动脑筋，善于观察，勤于思考。只有善于观察，才能发现问题，并运用自己所学得的知识努力实践加以解决问题，从而获得大量的第一手资料，进而掌握职业对象的内部规律。同时，只有勤于思考，才会在工作中有自己的见解，逐步具备独立开展工作的能力，更好地承担角色责任。

(三) 大不惧大，小不厌小

步入工作岗位，需要完成的工作，总是有大有小，既有很重要的大事，也有微不足道，甚至鸡毛蒜皮的小事。

对于重要的工作，不要心存畏惧，而应拿出应有的勇气和工作热情去完成，应该知道，任何人都不会强求一个新手在工作的初始阶段就会有非常出色的表现。如果表现得好，就会脱颖而出，即便表现不好，也不必负担太重，因为你还有机会，只要正确调整，从失败中吸取教训，你就会离成功更近。

对于小事，同样应该重视，不能按照自己的兴趣与意愿去挑剔或选择，而应该遵照领导的要求去做。强迫自己去做自己所不喜欢的或不感兴趣的事情，并做得很好，才是一个人走向成熟的标志，也体现了一个职业人严谨的工作作风。当认真努力地将别人不愿做的琐碎小事做得很好的时候，领导的赏识与发展的机会也会随之悄悄降临。

(四) 学会沟通与尊重

在工作中要学会尊重他人，尊重你的同事，也包括一些地位相对较低的人。别忘了见面打个招呼，离开道声再见。尤其要尊重你的上级，多请示、多请教，学会沟通与汇报，及时反馈你工作的进展情况。

（五）做好第一件事

步入工作岗位，总是从第一件事做起，要想快速地适应工作环境，那么，就必须以积极的态度把交给你的第一件事做好。领导往往会从你所做的第一件事来判断你各方面的能力，包括工作态度与品质，并且会以这种判断作为以后任用你的依据。所以，做好领导交办的第一件事，对于领悟职业角色的内涵，顺利适应工作岗位是至关重要的。

要想做好第一件事，首先要仔细聆听领导指示，并领会其意图，没有听清听懂一定要虚心请教，直到弄清为止。其次，要了解工作对象的情况和特点，多设计几种方案，虚心学习，多求助于他人，这一点尤为重要。最后，一定要以百分之百的热情来做好第一件事，把握机会，才能创造更多的机会。积极地做好第一件事，是完成角色转换的第一步，也是至关重要的第一步，并为职业适应打下坚实的基础。

第二节　职业适应

获取职业是大学生走向社会、全面独立、进一步成熟的唯一道路，而能否适应职业决定了这条道路能走得多稳、多远，进而也决定了大学生未来职业发展的方向和高度，对于其一生来说都显得尤为重要。

一、职业适应的概念

职业适应也称工作适应，是指个体在职业认知和职业实践的基础上，不断调整和改善自己的观念、态度、习惯、行为和智能结构等，以适应职业实践的发展和变化，包括个体对工作环境、工作任务、工作活动的适应，以及对自身行为和新的工作需要的适应。具体地说，就是人在工作生活环境中根据职业工作的性质和要求，对自身的身心系统进行评价，对职业行为进行自我调试，并努力达到自我与经验相互一致的心理过程。职业适应包括人对工作环境和职业行为规范的同化与顺应，对职业工作价值和职业生活意义的评价，以及对自身工作能力、工作状态和工作压力的体验与认知。职业适应不是简单的在工作情境中的反应，而是个人心理发展水平的综合表现。

二、职业适应的影响因素

（一）职业期望

目前，大学毕业生的职业理想在很大程度上受到利益取向的影响，这种趋势是和当下市场经济条件有关，是我国由计划经济向社会主义市场经济转轨的反映，是社会进步的表现。大多数的大学生经过了十几年的寒窗苦读，急欲显露自己的才华，以期待能更好地回报家人和社会，因而他们对未来职业有很高的期望。

（二）职业心态

很多大学生在职业生活中已摒弃了"铁饭碗"的观念，转向对实现自身价值的追求，希望专业对口，在事业上有所作为。大学生在就业时既追求精神上的满足感和事业上的成就感，又希望在物质上有足够的保障，这是职业心态务实化的表现。

（三）职业待遇

随着社会的进步，大学生比较看重经济待遇，关注生存条件，这成为相当一部分大学生职业适应的关键因素。

对于很多大学生而言，他们刚毕业，在物质上几乎一无所有，一旦进入社会就面临着一个生存的问题，生存问题解决之后，才谈得上发展。现在社会是开放的社会，流动的社会，大学生对进入社会后的流动的考虑必不可少，而较高的经济水平即是职业流动间接的物质保障，又是向高一层职业流动的筹码。

（四）人际关系

美国成功学专家卡耐基曾说，人的成功 85% 取决于人际关系。这或许过高评价了人际关系的作用，但在强调团队精神的今天，和谐的人际环境对职业适应的作用举足轻重。有些大学毕业生虽然能力很强，但因为与领导、与同事相处不好而陷入困境，影响了职业适应的顺利进行。

（五）性格

性格外向，相对容易与人相处，工作适应也更快一些。性格好的人，在受到挫折时能积极调整好心态，能很快从逆境中奋起，再创辉煌。

（六）就业准备程度

就业准备越充分，职业定位越准确，在同等条件下，找到的工作相对也越好，从而越符合自身的期望，在步入工作岗位之后，也就适应得越快。

除此之外，大学期间从事的社会实践活动、兴趣爱好、工作单位领导的作风、工作效率等职业要素，也影响着大学毕业生的职业适应。

三、职业适应的内容和方法

一般来说，职业适应包括两方面：一是适应新的工作，主要和"物"打交道；二是适应新的人际关系，主要是同"人"打交道。而对于大学生而言，在做好岗位工作的同时，还要兼顾和规划自身职业的发展，因此，促进和适应自身的职业发展也是职业适应的重要方面。

（一）对工作岗位的适应

1. 做好充分就业准备，以达到人职匹配

在就业之前，对自己的心理品质、个性特点有所明确，对社会提供的职业特性、职业信息有所掌握，经过必要的咨询指导，并且有恰当的机遇，所找到的工作符合自身职业期望，便称得上是最称心的了。这就容易使个体抱有积极的态度和良好的心态走上工作岗位，

而由于对该职业的情况原本就有所知晓，因此在从事该工作时也就更容易适应了。

2. 保持积极的工作心态

对乏味单调的工作能安心适应，获得满足，秘密之一是保持积极的心态，即把那些繁琐的例行事务，看作是通往目标进程中的一些"踏脚石"。国外许多专家信奉良好、积极的心态，认为在同样的环境中，与消极心态相比，积极心态能产生特殊的效果。他们认为，常常真心真意地对自己说："我觉得健康，我觉得快乐，我觉得好得不得了！"这类的激发词，也会增进人的适应性和满意度——这是信念的魔力。

3. 要积极树立岗位意识

作为职场新人，大学毕业生要想较为全面地认识和把握工作岗位，就必须首先树立岗位意识。

(1) 独立意识。尽管大学毕业生对社会不够了解、缺乏工作经验，存在一定的依赖性，但他们在工作后依然需要承担一定的社会责任，做一个独立的社会人。因此，大学毕业生需要在工作中有意识地培养自身的独立意识，学会自己分析和解决问题。

(2) 责任意识。在步入工作岗位后，多数大学毕业生都要参与实践活动，并对所在的部门与单位承担相应的社会责任和义务。大学毕业生只有具有强烈的责任感，才能有得到用人单位的认同和信任。责任意识主要表现在以下两个方面：一是对所选择的工作有着强烈的责任心，自觉地遵守工作纪律，任劳任怨，善始善终；二是对自己的行为和决策负责，在工作前认真考虑，在工作中勇于承担责任。

(3) 团队意识。在当今社会，任何一个生产过程的组织和管理，都需要团体相互配合、相互协作才能够顺利完成。因此，刚刚步入工作岗位的大学毕业生也需要树立团队意识，与同事进行密切配合和协作。

(4) 主人翁意识。大学毕业生要以所在部门和单位的兴衰为荣辱，树立起主人翁意识，自动自发地做好本职工作。

4. 熟悉岗位的工作内容

(1) 熟悉该行业的规范，包括技术规范、纪律规范、道德规范，迅速掌握工作技能，提高工作效率，积极参加职业培训，虚心求教于师傅同事，端正工作态度。这样，有利于自己尽快投入新的工作，也容易得到他人的帮助和认同。

(2) 明确自己所在岗位的工作所需要的基本技能、责任和义务、处理事务的工作权限以及工作的执行程序，并依据程序办事。

(3) 以饱满的热情、认真的态度和最大的努力完成自己所在岗位规定的任务以及领导交办的其他事情，及时将事务的办理和进展情况或是结果汇报至有关部门或人员。

(4) 要对有助于改进本部门工作效率的问题以及单位的生存和发展问题提出自己的合理化建议。

5. 适应岗位的工作要求

大学毕业生实现职业适应，最重要的途径就是对岗位的工作要求进行适应。

(1) 建立工作上的自信心。一个人如果相信自己的能力，认为自己是优秀的，就会使周围的人能够感觉到自己价值的存在，还能更好地在工作中发挥自己的优势。因此，刚刚进入工作岗位的大学毕业生建立工作上的自信心具有非常重要的意义。

(2) 严格遵守所在岗位的规章制度。作为一个职场新手，大学毕业生必须严格遵守并适应新的作息制度，自觉用工作单位的规章制度来约束和规范自己的日常行动，养成良好的习惯。

(3) 提高自身素质。培养广泛的兴趣，能使人摆脱狭隘的职业观念，拓宽职业视野，在人们面临职业或专业转向时，有更大的选择余地，并以此作为必要的心理动力，从情感上给予肯定和支持，有利于人的职业适应。

一定的文化知识、职业知识或专业知识，是一切职业活动的必要基础，是人们能按照客观规律从事职业活动的必要保证。具有广博的知识可以使人们在不同职业中有更多的迁移可能，具有更大的变通性，也可增强人们的职业适应能力。

6. 用工作成就强化职业适应

工作成就与职业适应间是互为条件、相辅相成的关系。真正掌握广泛深厚的职业技术，具有一定广度和深度的基础知识，并在此基础上结合需要，能够较为迅速、及时地掌握从事某种工作所必需的知识，人们就能够做好工作，达成职业目标，取得一定的成就，获得工作满足感。享受成功的快乐，也为职业适应性的提高和增强提供了正能量，而随着职业成就水平的提高，其职业水平也会不断地提高。

首先，人在工作中都有做好本职、有所成就的需要，这种需要的满足会激励人去积极地参加职业活动，会激励人们勇于克服困难并排除干扰，从而提高适应能力。

其次，人的工作成就是职业适应性的外部标志。人在职业中，良好的适应会排除掉许多不必要的内损外耗，更易取得工作中的较高绩效。

另外，在取得了一定的工作成就后，人们会认识到自身的进步，会从来自社会和外部群体的反馈信息中得到赞许，从而正向促进职业适应的完成度和完美度。

(二) 对职场人际关系的适应

人际关系是人与人之间心理上的关系和距离，是以一定的群体为背景，在相互交往的基础上，通过认识调节、感情体验、行为交互等手段形成的，是人们长期交往的结果。人际关系是社会关系的一部分，在交往的过程中，需要得到满足时，则产生友好、亲近的关系，得不到满足时，就会产生疏远、厌恶的关系。

职场中的人际关系比较复杂，对于刚刚走上工作岗位的大学毕业生而言，适应新的人际关系，进而建立和谐的职场人际关系是必须要学会的一项基本技能。

1. 建立和谐职场人际关系的重要意义

对于刚刚步入职场的大学毕业生而言，建立和谐的职场人际关系是积极适应社会、提高合作意识和团结精神，进而为自己创设良好的外部工作环境的需要。建立和谐的职场人际关系，有助于大学毕业生尽快消除陌生感，适应人际环境，从而顺利度过试用期；有助于大学毕业生和其他同事坦诚相待，并全心全意地投入工作；有助于大学毕业生工作愉快，心理健康，提高工作效率。可见，积极建立和谐的职场人际关系，是大学毕业生顺利地完成职业适应，充分发挥个人才华，进一步促进职业生涯发展的重要基础。

2. 建立和谐职场人际关系的内容及方法

建立和谐的职场人际关系，需要大学毕业生主动地去适应环境，遵循主动原则、协作原则、尊重原则、谦虚原则、宽容原则、自我批评原则，端正工作态度，积极主动地做好本职工作，提升自身职业素质，加强个人职业道德修养，并正确地处理与同事、领导之间的关系。

(1) 端正工作态度，做好本职工作。大学毕业生进入工作岗位后，给人留下印象最深的就是工作态度，即是否热爱本职工作、是否认真工作等。工作态度决定着人生态度，要爱岗敬业，做好自己的本职工作。同时，要不断钻研与本职工作相关的业务知识，提高自己的业务能力，以便更快地适应工作环境，做出工作成绩，这是大学毕业生建立和谐的职场人际关系的基本前提。另外，也要注意在自己的工作岗位上保持扎实谦虚的工作作风，从基层做起。

(2) 提升职业素质，加强职业道德修养。在做好本职工作的前提下，大学毕业生还需不断学习，勇于实践，做到活学活用，努力提高自身职业素质。与此同时，要将岗位的职业道德规范与原则内化为自己的坚定信念和内心的要求，逐步养成良好的职业行为习惯，加强自己的职业道德修养。

(3) 正确处理与同事之间的关系。同事是与自己一起工作的人，与同事相处得如何，直接关系到自己的工作、事业的进步和发展。如果同事之间关系融洽、和谐，人们就会感到心情愉悦，有利于工作的顺利进行，从而促进事业的发展，反之，同事关系紧张，相互拆台，经常发生磨擦，就会影响正常的工作和生活，阻碍事业的发展。正确处理与同事之间的关系，应注意以下几点：

① 真诚待人。同事之间应该是相互合作的关系，而不是相互竞争的"敌人"。很多人会把同事当作阻挡自己前途的人，先入为主地开始尔虞我诈，甚至敷衍欺骗，如此将难以在办公室立足，更难以发展。只有互惠互利的关系才可能长久，这是你融入集体也是集体接纳你的一个基本前提。

② 相互尊重。相互尊重是处理好任何一种人际关系的基础，同事关系也不例外。同事关系不同于亲友关系以亲情为纽带，亲友之间一时的失礼，可以用亲情来弥补，而同事之间的关系是以工作为纽带的，一旦失礼，创伤难以愈合。所以，处理好同事之间的关系，最重要的是尊重对方。

③ 保持距离。"距离产生美"，处理好同事关系也需要保持一定的距离。大家来自五湖四海，为了一个共同的目标走到一起来了，心往一处想，劲往一处使，团结互助当然是好的，但是切记同事之间拒绝过于亲密。同事就是同事，不能对同事有过高的期望值，否则容易惹麻烦，容易被误解，适当的距离能让你跟他看起来最好的。当然，不少公司都在实施人性化管理，尽力打造家一样和谐亲密的工作氛围，上司可以和下属谈心，同事之间也能亲如姐妹兄弟，但身处职场，竞争是不可避免的，彼此留点空间，不至于出现问题后不可收拾。

④ 善解人意。你有自己的善恶，对很多事物的看法和观念都带有自己强烈的感情色彩，但是要记住切勿将此带入办公室当中，你的新同事可能有和你喜恶一致的，但也有可能与你观念完全不同的。对于和你看法不一致的，你可以保持沉默，不要妄加评论，更不能以此为界，划分同类和异己。为了工作，最好能多点"兼容"和包容，理解和体谅他人，会

赢得同事们对你的尊重与支持。

⑤ 关心同事。人们有困难，通常首先会选择亲朋帮助，但作为同事，应学会主动问讯和关心。对力所能及的事应尽力帮忙，可以增进双方之间的感情，使关系更加融洽。

⑥ 低调做人。"野心可以有但不可露"。在办公室大谈人生理想显然滑稽，在工作岗位上就安心工作，雄心壮志回去和家人、朋友说。在公司里，要是你没事整天念叨"我要当老板，自己置办产业"，很容易被老板当成敌人，或被同事看作异己；如果你说"在公司我的水平至少可以当副总"或者"35 岁前我必须干到部门经理"此类的话，很容易把自己放在同事的对立面上，因为野心人人都有，但是职位有限。你公开自己的"进取心"，就等于公开向公司里的同僚挑战，僧多粥少，树大招风，何苦被人处处提防，被同事或上司看成威胁。做人要低调一点，是自我保护的好方法。在该表现时表现，不该表现时就韬光养晦，将你的价值体现在做多少事上，而不是大放厥词。

⑦ 积极参加集体活动。在闲暇之时，可以与同事一起参加娱乐活动，借此增进彼此间的了解与亲密。这不仅能让你获得更多的快乐，稀释内心的压力，更有助于促成和谐的人际关系。

(4) 正确处理与领导之间的关系。进入工作岗位后，还要学会与领导相处。从某种意义上说，与领导相处的好坏直接影响着自己的工作环境、奖励和晋升的机会。因此，处理好与领导之间的关系无疑是至关重要的，应注意以下几点：

① 虚心请教。老板找你谈话时，恭恭敬敬地掏出笔记本和钢笔，真心诚意地请他指出你应该如何努力，向他取经，这样做会引起他的好感，使他认为你是一个对他真心钦佩、虚心学习、很有发展前途的人，切忌不懂装懂和大吹大擂。

② 拥护尊重。永远不要忘记老板的时间比你的更宝贵，当他交给你任务时，不管你正在忙什么，都应把老板交代的工作放在第一位。

有些上司能力平平、成绩寥寥，没有引以自豪的地方，但不要认为这样的上司就是不中用的人，他一定有某种优点，所以他的上司才会提拔他。总之，不论他是否值得你敬佩，你都必须尊重他、拥护他，在这种类型的上司心里，也会强烈地希望得到部下的拥护。

③ 要有主见。凡事都向老板请示，不负责任或害怕负责任的人，通常都缺乏创造力，所以他们对于企业的发展没有什么好处，更不可能为老板分担工作，甚至去做一些富有建设性和创造性的事情。而那些在工作中有主见，勇于开拓创新的人，才是有创造潜能的人，他们给老板们带来的收益是高附加值的。

④ 任劳任怨。将"那不是我份内的工作"这句话从你的字典中删掉。当老板要你接手一份额外的工作时，请把它视为一种赞赏，这可能仅仅是一个小小的考验，看看你是否能承担更多的责任。那些不愿做额外工作的雇员，事业将会停滞不前或被那些任劳任怨、热情而勤奋的同事所淘汰。千万不要对你的老板说 "不，我没时间"，那听起来就像你不愿服从他，你应用"我真的很想做这项工作，但是你想让我先完成哪一项工作呢？"来回答。

⑤ 乐观开朗。没有人喜欢满腹牢骚的人，人们更愿意同乐观开朗、生活态度积极的人交往。在你最沮丧的日子里，也要向老板和同事显示你最快乐的一面。

(三) 对自身职业发展的适应

虽然大学毕业生在学校学到的知识和技能，能够使其具备获得职业的基础条件，但进入工作岗位的大学毕业生，还需要依据自己所从事的职业的性质、特点及工作程序等，不断学习新知识，开阔自己的视野。只有这样，才可能获得更大的职业发展空间，适应和促进自身的职业发展。为此，大学毕业生需要做到以下几个方面：

1. 学会科学有效地进行工作

每一份工作的内容都是十分复杂的，大学毕业生要想有条不紊、科学有效地进行工作，首先要制定自己分步发展的工作计划，使工作有计划性；其次，要紧张有序地开展工作，使工作有组织性；最后要掌握一定的工作技巧，缩短工作时间，提高工作效率。

达尔文说过："我一生的主要乐趣和唯一的职务就是科学工作。"每个人的工作都有很多内容，要使工作有条不紊，就必须学会科学地安排工作。

(1) 工作要有计划性。在工作安排上，要按照轻重缓急做周密细致的安排，制定自己长远计划及短期计划，切忌胸中无数。

(2) 工作要有组织性。要合理地安排好自己的工作时间及进度，使其紧张而有序，繁多而不琐碎，张弛有度。

(3) 工作要有技巧性。要通过不断地探索和总结，深入了解工作的特点和规律，并在把握规律的基础上采用一定的方法和技巧，达到事半功倍的效果，切忌蛮干。

2. 保持高度的工作热情，并在工作顺境时避免不良情绪

大学毕业生取得事业成功的基础是全身心投入工作中并保持高度的工作热情，而要做到这一点，需要有信念的支持、情感的投入以及一定的艺术技巧，同时还要做到勤于思考和学习，不断调整工作心境与心态，学会在工作中扬长避短。

另外，大学毕业生在工作进展顺利时，也要认真审视自己仍存在的不足，并以积极的态度去进行改造、提高，切忌沾沾自喜、自以为是、不思进取。

3. 要树立终身学习的理念

学习是伴随整个职业生涯的重要任务，大学毕业生要想在职场中立足，就必须树立终身学习的理念，不断地在工作中接受教育，进行学习，吸收新知识，掌握新技术。

4. 对自己的职业要乐于奉献

对于大学毕业生来说，在实现自身价值的同时，还应具有奉献精神，这有利于所在单位对自身的肯定和赞赏，更有利于促进职业适应，尤其是对于刚步入职场的新人而言，具有重要的意义。要做到这一点，既要有情感的投入，也要有信念的强力支持，还得有艺术技巧等方面的支撑。

(1) 在思想观念上，要视自己的职业为人生的支柱。

(2) 改变职业心态和心境，干一行，爱一行，专一行，把压力变为自己在工作中不断进取的动力。

(3) 培养热爱本职工作的高度热情。

(4) 深入挖掘工作中的问题。学习用辩证的观点观察问题、分析问题、解决问题，并把问题的解决当作一种艺术享受，当作一种乐趣。

(5) 在工作中学会扬长避短，不能因为工作中出现困难而止步不前。

5. 培养良好的职业品质和职业习惯

(1) 职业品质直接影响人们的工作态度、工作热情和行为方式。职业人要想在事业上取得成功，就必须树立正确的职业理想、职业价值观和人生观；要具有忠于职守，献身事业的乐业和敬业精神；坚持实事求是、严肃认真的劳动态度和刻苦钻研、精益求精的工作作风；严守在职业活动中团结协作和全心全意为人民服务的精神。在职业活动中，无私、正直、勤奋、诚实、守信、坚定、勇敢等优秀职业品质，是人们在工作上作出成绩的必要条件。

(2) 良好的职业品质是处理好各种人际关系所不可缺少的。比如，一个对人热情友好、乐于助人的人能得到同事的好感；一个具有强烈事业心和责任感的人能得到领导的赏识；一个谦虚好学、踏实肯干的人能得到师傅的赞扬。反之，很难想象，一个不讲奉献、自私自利、贪图安逸的人，如何能得到领导、同事的青睐。

(3) 职业习惯是影响成功的要素之一，应利用职业习惯来增加工作效率。良好的职业习惯包括：准时——不浪费光阴；恒心——工作始终如一；果断——不坐失良机；主动——不怠慢懒惰；高效——快捷而有力；勤奋——不断加强学习。

6. 充分挖掘个人的潜能和创造力

(1) 潜能即是一种潜在的能力。能力是人适应生活和创造生活的一种手段，是知识的一种转化物，是人们创造财富的源泉。生理学和人类学表明，每个人都有一部分自己并未意识到的潜力，能做一些自己都意想不到的事情。在工作中，应利用自己所学的专业知识和掌握的专业技能，充分挖掘自己的潜能，发挥自己的创造力。只有这样，才能创造性地开展工作，开创工作的新局面，从而实现自己的人生价值。

(2) 创造力就是开拓创新的能力。创造力是一种综合能力，它是各种智力因素和能力品质在新的层面上融为一体而形成的一种合力。人在职场上面对新资源的开发、新技术的发明与应用、生产工具的革新、生产组织的改革和管理水平的提高，这些都要求我们不仅具备更高的科学技术知识和操作技能，而且要打破旧的观念，解放思想，开拓思路，树立时间观念、效率观念和合作观念，适时地调整自己与外界的关系，不断地提高自己的职业素质，创造性地工作，以适应不断发展的职业需求。社会的进步需要创新，市场需要能解决问题的人才，有创造力的人将是未来职场上的热门。

☪ 案例

职场中的"友情"

某大学生通过一个朋友的介绍认识了某公司老板，到该公司做文员。这位大学生工作能力一般，不求上进，却以为朋友的朋友自然也是朋友，就常常在办公室里当着众人的面和老板随随便便、勾肩搭背，还经常在上班的时候跑到老板办公室去扯家常，以至于很多客户的电话被转到老板的电话上。老板终于忍无可忍，还没有满试用期就让他另谋高就了。

分析：中国是很重视人情关系的国度，朋友之间互相关照，这也是很正常的事，但是商场无父子，在以赢利为目的的企业里，顾及友情就难以保证老板的利益，这是一个大忌。如果你的业务做不好，你就算是老板的亲爹或亲儿子，也会被"大义灭亲"的。

总结：基于经历、兴趣、经济实力、社会地位、教育等因素的差异，每个人都有自己固定的朋友圈子，外人很难介入，所以大学生刚走入社会不要急于和你的上司做朋友，而是要埋头苦干，奋发进取，等你和他一样成功了，你们自然而然就成为朋友了。

（资料来源于网络）

第三节　职 业 流 动

一、职业流动的含义

职业流动是劳动者在不同的职业群体之间的流动，是职业角色的变换过程，其结果是对劳动者的职业生涯发生影响。区域(或单位)流动是劳动者在不同地区(或单位)之间的流动，其结果是对不同地区(或单位)劳动者的人数比例发生影响。职业流动往往伴随着劳动者在区域间的流动，区域流动也往往伴随着职业流动。但职业流动并不一定引起区域流动，区域流动也不一定与职业流动相连。

职务变动主要指行政职位层级的变动，职务变动可能带来职业流动，也可能不引起职业流动。职务变动是否带来一次职业流动，主要看其工作性质和工作内容是否发生了质的变化。如果一个营业员被任命为某一个柜台的班组长，因工作性质和内容没有发生变化，就不是职业流动；如果他被任命为部门经理就可以说是一次职务流动，因为从营业员的角色变为管理和经营者的角色。

从人们对职业流动的一般性概念来说，往往把区域流动和职务变动与职业流动等同起来，因而弄清它们之间的区别与联系，有助于人们正确认识职业流动的性质，把握职业流动的行为。

二、职业流动的意义

(一) 职业流动对社会的意义

1. 职业流动是社会发展的需要

随着科技的进步，社会生产力的逐步提高，新的服务领域不断产生，新的产业部门不断出现。与此同时，过去曾经兴旺的一些行业现在却不断萎缩，甚至一些旧有的服务领域逐渐消亡，这就需要大批劳动者不断从一个部门转移到另一个部门。党的十一届三中全会以来，经过四十年的改革开放历程，我国已经实现了全面而深刻的经济体制改革，农村和城市经济结构发生了很大变化，客观上要求人才在地区、单位和部门分布上的变化。可见职业流动是社会生产发展的客观要求。

人力资源是蕴藏在人类肌体中的知识和技能在形成与作用的过程中能力资本化的结果。人力资源作为生产要素，就存在一个配置问题，也就是配置的效益问题，这就需要根据市场、生产情况等因素，在供求总量、空间分布、结构层次等方面进行调配，实现优化，才能发挥人才的作用，提高人才的使用率，实现人力资本效益最大化。

人才从传统产业和部门流向新兴的产业和部门，促进了新的服务领域的开发，促进了社会分工的进一步发展，推动了社会生产力的发展。

2. 职业流动是企业发展的需要

企业是促进社会发展的重要因素，企业的发展对社会的稳定和发展具有重大的意义。

从企业来讲，员工既为企业创造价值，也需要企业付出成本。如果人才过剩，企业就要付出不必要的成本，背上沉重的包袱；如果人力资源短缺，企业的生产经营任务就无法完成。因此无论是人才的过剩，还是人才的短缺，都对企业的发展有相当大的影响。只有通过职业流动使有用的人才流入，使不需要的人离开才能保证企业的兴旺发达。

人才岗位固定化是企业内部人才使用效率低的重要原因。一岗定终身使一些人才不能发挥自己的兴趣、特长，工作积极性不高，工作效率大打折扣。所以，在企业内部人才也需要流动。

3. 职业流动是人才自身发展的需要

人是构成社会的基本元素，个人的发展也是社会发展的重要动力，人才自身的发展，带动了社会的发展。人才自身发展包括两个含义：一方面，是指人才知识技能的不断提高。不同国家、地区、部门的人才相互交流，有助于大家取长补短，相互启迪，从而产生新思想、新认识。另一方面，通过职业流动可以使人才发挥更大的价值。每个人未必能从一开始就知道自己适合干哪类工作，通过职业流动，可以逐渐找到适合自己的岗位。

人的价值除了需要通过自身的努力来实现，也需要社会的发现和利用。除了依靠伯乐，人才自身还需要通过多种途径来展现自我，职业流动为其展现自我提供了可能。当外界环境不佳时，人才表现自己的能力是有限的，通过流动寻找适合自己的舞台不失为一个好办法，俗话说的"树挪死，人挪活"讲的就是这个道理。

(二) 职业流动对企业的重要意义

企业人才的成长之路不可或缺地要经历引进-培育-成长-成熟(发展)的过程，并通过这样的过程，加速人才和企业的共同发展。当企业或人才一方的标准与另一方发生较大的冲突时，人才的合理流动，就成为企业发展的一种必然。否则，就会造成人力资源的不足或浪费，影响企业持续、稳定、健康的发展。

(1) 合理的人才流动，可以促进企业人力资源的优化组合。

由于"人才标准"与其"薪资标准"产生连动关系，使得人与现代企业之间的关系成了一种纯粹的经济关系。在一定时期内，通过这种经济关系，维持着企业和人才双方各自的利益即双方的需求关系。当这种需求关系达到平衡时，就形成了企业人力资源的优化组合，反之，就会出现人才的流动(包括企业内部流动和外部流动)。一般情况下，企业会通过"加薪、晋级"方式，给所需要的人才提供新的发展机遇，但作为企业来讲，还有一个承受力的问题，当企业的承受力不能满足内部人才所要求的加薪、晋级的要求时，就会忍痛割爱的把这样的人才推向市场，然后重新选拔和配置适应该职位的人选，以确保企业人力资源始终达到最佳的组合。

(2) 合理的人才流动，可以对员工产生激励作用。

保持一定的内部职业流动性，使岗位必须通过竞争获得，并且要不断进取、努力奋斗才不至遭到淘汰。在这种压力下，人员的能力提高很快，潜力得以挖掘，企业内部易形成进取、创新、向上的良好风气。同时，我们鼓励员工在工作中找到最符合自己兴趣、最合适的岗位，最大限度用好人力资源这种资产。可以说，这种内部职业流动是自我选择、自我完善机制的直接和良好体现。

(3) 合理的人才流动，是企业发展不可逾越的客观规律。

由于企业与人才相互之间始终面临着"适应"与"不适应"的问题，就必然会产生人才的流动：如果企业不适应的人才长期滞留在某一职位上，而不进行合理的流动(包括在内部提供二次竞争机会或将人员推向市场)，不仅不能促进人才的成长，甚至还会对企业的发展产生阻碍。所以，提倡和推动人才的合理流动，是企业发展过程中必须遵循的客观规律。

(4) 合理的人才流动，关键在于"合理"，否则，就是"流失"。

如果说，人才的流动是正常的、合理的，是企业生存与发展所必须的，那么，人才的流失，就是非正常的、不合理的，是企业生存与发展应该尽量避免的。如果企业的机制不能留住人才，不能最大限度的激活"人"的聪明才智，就会造成企业资源的浪费，就极有可能导致人才的流失，会对企业的发展前景产生不利的影响。

三、职业流动的特点及形式

(一) 职业流动的特点

1. 与人力资本投入成反比

受教育和训练的时间长、人力资本投入大的劳动者，一般从业于职业地位高、声望高、收入高的职业，流动的数量少、频率低；而以体力劳动为主的劳动者，因为投入低、适应工作能力低，所以流动的数量多、频率高。

2. 与年龄成反比

年轻群体大学业流动的数量和频率远远超过中年和老年，这是跟不同年龄层次劳动者的职业需求、期望和能力相关的。

3. 男性多于女性

这一点和年龄因素相似，但略有不同，跟多年来的传统文化、企业的人才侧重点以及其他的一些原因有关。

4. 区域性差别

职业流动具有区域性的特征和差别：一方面从不发达地区流向发达地区；另一方面，不发达地区内职业流动较缓慢，发达地区内的职业流动的频率远远高于不发达地区。

5. 现代社会的职业流动与家庭背景的相关因素较少

现代社会的开放性和公正性，以素质、能力为本位，打破了父业子承的传统，竞争能力成为职业向上流动的资本。

6. 职业流动具有正常与非正常的区别

在职业流动中，凡是促进劳动者全面发展、发挥专长，使最大潜能得到挖掘并施展的流动属正常流动；以某一方面的偏好或由于个别原因使劳动者从适合自己的岗位流动到不能发挥自己特长的岗位属非正常流动。

7. 自由与控制并行

在市场经济条件下，劳动就业契约关系的形成，有利于职业流动，但契约需双方信守合同，解除劳动的契约关系也符合规范，这是职业流动的自由特性。政府和社会在职业流动方面仍然具有宏观调控的约束机制，以防止非正常的结构性流动所带来的社会问题，这是职业流动所必要的控制机制。

（二）职业流动的形式

1. 水平流动和上下流动

以职业地位和职业声望为标准，可以把职业流动分为水平流动和上下流动。劳动者在同一职业地位和同一职业声望的职业体系中的流动就是水平流动；劳动者在不同地位等级和不同职业声望的职业体系中的流动就是上下流动，也称作垂直流动，从一种职业地位等级较低的职业流动到社会地位较高的职业就是向上流动，反之则为向下流动。

2. 代际流动

两代人之间从事的不同职业的变化可称之为代际流动。父亲是农民，儿子是工人；父亲是大学教授，儿子是企业经理，诸如此类状况就形成了代际流动。代际流动的状况和频率表征着一个社会的封闭和开放程度，并且受一定社会形态、人事管理制度和教育水平等多方面因素的影响。现代社会，代际流动显著，而且向上流动的频率明显加快，尤其是农民子女，子承父业的比例降低的速度加快，发达地区尤为突出。

3. 一生流动

以劳动者个人在整个职业生涯过程中，其职业地位的水平流动和垂直流动的总和来看，表现为一生流动。有人认为，在现代社会中，人的职业生涯要经历 6 次左右的职业变动，才能达到职业的成熟和稳定。

4. 结构性流动和个别流动

从职业流动引起社会职业结构性变化的情况来看，职业流动可分为结构性流动和个别流动。凡是职业流动引起和影响社会职业结构发生大规模变动的流动就是结构性流动。例如，英国的圈地运动，使大批农民失去土地进城当雇佣工人，使农工两大职业系统发生结构性变化。再如，科学技术的迅猛发展，新技术的广泛应用，第三产业职业的需求量大增，伴随而来的必然是职业的结构性流动。由劳动者个人自身因素引起而对职业结构的变化无足轻重的职业流动，就是个别流动。

四、职业流动的原因

在市场经济条件下，职业流动作为一种正常的社会现象，也有着深刻的社会背景和个人因素影响。

（一）职业流动的社会背景

1. 社会进步、科学技术水平的提高是促成职业流动的根本原因

"大工业的本质决定了劳动的变换、职能的变动和工人的全面性流动"。在科学技术迅

猛发展的今天，面对信息时代的挑战，为了保证社会再生产的正常进行，就必须承认职业的合理流动，打破"从一而终"的传统就业观念。

2. 就业制度是促成职业流动的保障条件

劳动力市场是市场经济的基本要素，在市场经济条件下，市场机制不仅配置和调节着社会的物质资源，而且也配置和调节着人力资源。双向选择决定了契约性的交换方式和交换过程。一方面，对于劳动者而言，他（她）可以自由地寻找能够发挥自己的能力、专长、志趣的有发展前途的单位（或部门）及劳动岗位；另一方面，对单位（或部门）而言，则可以自由地按职业需要来选择合适的劳动者。如果任何一方，甚至双方在双向选择中有了冲突，经过彼此同意便可以解除契约，或期满后不再续约，从而使冲突得以消除。

3. 就业的社会心理因素对职业流动具有指导和约束的作用

就业主体受其主观意识、情感愿望、价值取向、伦理规范以及社会习俗等因素对就业观念的影响，对职业流动往往做出好与坏的评价，而这种评价具有群体性和普遍性，对于相同就业群体的职业流动会起到指导和参考的作用，同时也具有一定的约束力。

（二）职业流动的个人因素

大学生频繁跳槽已经成为用人单位的心病。毕业后三年跳槽率达到 70%，一场招聘会上四成以上是前一年的毕业生，这是近几年来毕业生就业市场调查的基本情况，社会上更是以此指责大学毕业生缺乏诚信。其实大学毕业生跳槽也很无奈，也有一些直接的社会原因：

1. 心理预期与现实比较，落差大，愤然跳槽

大学毕业生刚工作时，一般都满怀希望、充满信心、锐意进取，然而工作一段时间以后，由于环境不尽人意，工作不能完全胜任，人际关系生疏复杂，工作待遇不够理想，社会舆论抱有偏见，单位领导不够关心等等原因，有些人便会出现心理逆转，这是大学毕业生跳槽的直接诱因。

2. 先就业再择业，形成惯势，顺势跳槽

面对越来越严峻的就业形势，很多毕业生选择了先就业再择业的方式，以解决暂时问题，当然，这也是响应国家的就业政策。但是，在大学毕业生的潜意识中第一次就业只是暂时的，以后要待机而变，条件差不多就动，这成为大学毕业生跳槽高发的主要原因。

3. 适应企业需求，积累经验，主动跳槽

很多用人单位招聘时需要有经验的应聘者，而刚毕业的大学生往往没有多少经验，他们为迎合企业的要求，不得不先到小企业锻炼，积累经验，然后再拿着写有"经验"的履历到大企业去应聘。至于有了经验要跳槽被说成没诚信，那就没办法了。

4. 用人单位缺乏诚信，不履承诺，无奈跳槽

有些用人单位招聘时说得很好，到了单位却并不是那么回事。毕业应聘到公司，当时公司承诺颇具诱惑力，但到公司干了好长时间，公司却不能履行承诺。有的公司是家庭企业，大学毕业生根本就享受不到平等待遇，更别提升迁了，没办法，他们只能选择跳槽。

5. 利益驱动

不可否认，职业流动存在着利益驱动的问题。在当前，职业还是人们谋生的手段，通过职业活动，谋取个人生存、发展以及提高家庭物质文化生活水平所需要的经济条件。由于职业在不同地区和不同部门(单位)给劳动者所支付的劳动报酬的差别，致使劳动者从收入低、待遇低的职业部门(单位)流向能够获取"高薪"的职业部门(单位)，从而导致职业流动。

6. 人际关系冲突

在职业活动中，人际关系的好坏直接影响着人们劳动的积极性、创造性以及工作效率。人际关系不好，有可能直接造成个体的职业流动。根据日本铃木建二的调查，在日本，因为别的公司薪俸丰厚而调动工作的极为罕见，大约仅占调转工作人数的 5%。其多数职业流动是因为人际关系不好，情绪受到影响而辞职或被辞退。根据哈佛大学就业指导小组调查的结果，数千名被解雇的人员中，人际关系不好的比不称职的人职业流动概率高出两倍。

7. 职业能力水平

个人对职业有个适应过程，个人的职业能力展现也需要一定的过程。由于个人不适应或不称职，也会导致职业流动。特别是在当代社会，随着科学技术的迅速发展，职业内容和能力要求越来越高，信息和技术的更新越来越快，每一次更新，都会引起由于不适应或不称职而导致的职业流动。

五、职业流动的原则

(一) 企业在职业流动中应遵循的原则

企业的职业流动，简言之就是吸引适合自己的优秀人才，淘汰不适合或不合格的所谓庸才。企业充分调动人才积极性，保持合理的人才流动率，就必须遵循一些基本的原则。

1. 系统原则

系统原则也叫整体性原则。现代化的人力资源管理，作为整个企业管理大系统的重要组成部分，实行的是系统化、有层次的管理。人才流动作为人力资源管理系统的一个重要方面，也应从整体的、系统的观点出发，纵观全局，使人才流动的方向、结构、层次能够跟上整个系统的变化，并在不断地调节、反馈和方向调整过程中，实现整个系统的优化，达到最佳效果。

2. 激励原则

人才作为人力资源的一种，也需要激励。人才流动的基本原因有时与激励紧密相关，通过激发人才的正确动机，调动其积极性，充分发挥了智能的人才更易产生能级飞跃，从而导致人才在不同领域、部门或岗位间的流动。同时，能否真正地做好激励工作，还关系到人才流失的问题。有资料表明，人才流失产生的最大原因，就在于企业对人才缺乏激励或激励不够。如果企业激励工作做得到位的话，至少有 90%以上的人才流失将不会发生。当然，这里所说的激励问题，并不单单指物质方面的激励，而是多种激励的总和。一般来说，在各种激励方式中，目标激励、奖惩激励和领导激励对人才能产生比较不错的激励效果。

3. 协调原则

协调原则，也称互补原则，即按照人才组合的群体结构原理，对人才的使用和管理，不仅要考虑人才个体的能级对应，还要考虑人才群体能级组合的协调状况。人无完人，人才一般是在某一方面或某些方面有特长，而在其他一些方面能力可能差些。为了发挥人才的整体效益，必须在人才的使用上实行互补。更重要的是，做好人才的协调问题，对于防范人才流失亦是有很大的帮助的。创造一个舒心的、宽松的生活工作环境，从某种角度来说，对人才更具有吸引力。人都是有感情的，如果你给人才提供的人际关系环境相当融洽，无疑将会胜过增加数倍工资。

4. 择优原则

择优原则，也称人尽所长原则，这是基于能级原则的一项原则，也是人才流动的一项基本原则。择优原则是指人才的培养、使用和管理都要有利于人才的成长和发展，有利于选拔和使用优秀人才，有利于发挥优秀人才的作用。所谓择优，就是要正确地做出选择，使每一个人才都能发挥其最大的长处，甚至是其潜在的能力。当前的情况下，很多人才在选择单位时，首要的就是看自己在该单位能否得到成长和发展，其次才是工资待遇。所以，如果能做到人尽所长，亦可对人才流失产生防范的作用。

5. 信任原则

人才是有才干的人，他们富有创造力，具有求实和献身精神，而且自尊、自信，有强烈责任感和成就欲望。对人才寄予信任，以诚相待，可以消除人才精神上的种种疑虑，能使他们解放思想，在良好的氛围中成长，发挥创造力。正所谓疑人不用，用人不疑。只有这样，才能使人才真正地发挥其应有的作用，并且留住人才。

(二) 个人在职业流动中应遵循的原则

职业流动，对于个人来说就是跳槽。正确的跳槽，会将你带入职业成长的快车道，而错误的跳槽，则将你带往职业生涯的停车场。下面是关于个人在职业流动中的 11 条建议。

1. 保持职业发展的连续性

现实中有些人几乎是在不断地跳槽，而且往往跨行业跳槽，或者跨职位跳槽。这次是快速消费品行业，下次是服务业，这次做销售，下次做行政。这种跳法，十有八九到最后一事无成，一把年纪还要跟后辈去人才市场竞争。正确的做法是进入职场几年内，就要选定自己的发展方向，在一个行业内、一种职能岗位上坚持做下去，力争成为专家。跳槽可以，但却绝不轻意换行业。

2. 永远不要单纯为了薪水而换工作

哪怕你面临很大的经济压力，当你想换工作时，也应对两份工作所能提供的总体价值进行比较，除薪酬外，还有企业实力、个人发展机会、工作环境等很多方面的内容需要考虑。对于年轻人来说，个人的发展机会是其中最重要的，它决定着你未来的薪酬高度。

3. 不要单纯因为不满而换工作

有些问题是企业的共性，不管在哪个企业，都有可能碰到相同的问题。人们往往会因为对目前工作不满而巴不得尽快逃离，殊不知，新工作上手以后老问题又会浮现出来。那时你怎么办呢，再换工作吗？仅仅因为一些客观因素的限制而没有慎重思考就换工作其实是一种逃避。所以，对现在工作的某方面不满而决定换工作的朋友，一定要扪心自问 "换一份工作能否真的解决我现在工作中遇到的问题？"成熟的人，会尽力找到目前工作的问题所在，尽力改善，进而逐渐拓展自己的职业生存空间。

4. 不要因为攀比而换工作

职业发展就像跑马拉松，短时间的比较没有意义。年轻人容易和别人去比，总想着找一份更高薪的工作让同学刮目相看。事实上，最初薪水高的人在未来的发展未必比起点低的人更好。重要的是，不同行业，不同职能岗位，没有什么可比性，盲目地与周围同学朋友比较，只会让自己心态失衡，跳槽失误。

5. 换工作要符合自己的职业规划

职业发展过程中，职场人士需要通过个人职业能力、资源、素养等的不断提升来使自己增值，这就意味着，界定一次转换工作是否成功的标准在于，新的岗位是否能够体现自身职业价值的提升，新的平台能否为自身职业价值的增值提供保障。用职场专家赵培勇先生的话讲，"换工作不是'转学'而是'升学'，换工作要符合自己的职业规划，有利于自己的职业增值，要尽可能减少同水平换工作"。所谓同水平换工作就是新的工作和你原来的工作基本处在同一个水平线上，既没有让你增加多少的薪水，也没有让你去承担更大范围的责任，你的职业技能水平也没有本质上的提高。

6. 每次换工作最好间隔三年以上

你至少应该有在某一个还不错的公司里工作 3 年以上的经历，因为只有这样你才能够适当地积累起某一领域里的专业知识、经验和技能，才能获得真正的职业竞争力。同时，三到五年换一次工作，让你的简历也不会难看。

7. 缺少发展空间寻求新的工作

在我们职业发展的过程中，最理想的当然是我们和公司一起成长，公司的规模越来越大，运营越来越健康，我们的责任越来越重，职位越来越高，回报也越来越高。但身处发展比较稳定企业的朋友，如果企业没有新的业务拓展，也就很难有新的晋升机会。还有一些朋友的地位因公司内部变动而边缘化，这时，换工作或许是比较理想的解决手段。

8. 技能上很难有提高时可以换工作

如果你的技能明显超过工作所需，工作没有挑战性，自己也不尽心，甚至感到压抑，根本无法发挥能力时，应该通过内部转岗找到合适的位置，否则，换工作或许是唯一的解决方案。

9. 你的公司落后，而你又无力改变公司时，可以换工作

泰坦尼克号上的每个人都是失败者——你再能干也阻止不了巨轮的沉没，此时逃生是唯一的选择。所以，当你的企业在市场竞争中半死不活，而你个人又无法改变时，最好的选择就是跳槽，换一个更能发挥你作用的平台。

10. 在成功的时候换工作

与一般人不同，成功人士换工作往往不是在职业的低潮期(这时他们往往会咬牙扛过去)，而是在自身职业的春天来临之时，反而会换工作，这样他们就能得到新东家更好的条件，令自己更上层楼。

11. 下定决心就要早做准备，当机立断

职场专家认为，职业发展比较好的模式，是"T"型发展，即在职业生涯初期，先在一个相对狭窄的领域做深，写好那一竖，成为这个领域的专家。然后再写那一横，培养自己广博的知识和全面的技能，使自己具备成为高级管理人员的素质。招聘旺季渐渐地来临，你已经具备足够实力时，换工作要当机立断，不要犹豫不决，宁可冒点风险早作改变，不要踌躇不定错失良机。当你决定换工作时，那就尽快进行相应的准备。成功的跳槽至少需要2～3个月左右的准备时间。不要把跳槽仅仅当成换一个简单的工作，而是要把它当做自己职业生涯中的一个重要环节。利用这样的契机加深对自己的认识和了解，加深对自己职业目标的评估，也是职业生涯发展的必要过程。

☪ **案例**

华为诉前员工案——职业流动纠纷链后的权益之战

"这两天，咨询商业秘密和知识产权保护的电话一下子增多了，今天我一口气受理了五六个。"9月1日，忙碌中的北京岳成律师事务所袁宝清律师告诉记者，"都是大型高科技企业，以国有性质为主的企业居多。"

这跟上周一个案件的最新进展有关——华为公司起诉三名前员工(分别为上海沪科公司、UT斯达康公司员工)涉嫌盗窃商业机密、侵害知识产权。该案件被曝光之后，在各界引起较大争议和反响。目前此案已由深圳市南山区检察院立案调查。

令人深思的是，就在大约两个月之前，美国得克萨斯州Marshall地区法官签署了一份初步禁令，责令华为停止使用部分软件，并禁止华为使用网上求助文档和用户手册，备受瞩目的美国思科公司诉华为侵犯知识产权一案暂告一段落。

看似没有直接关联的两起案件引爆同一个管理上的话题焦点：在竞争日益激烈、员工职业化流动升势明显的大环境下，如何更好地防止企业的知识产权和商业秘密被侵犯或盗用。

案发：案件应追溯到2年前。

2001年7月，华为公司光网络传输研发部的王志骏、刘宁、秦学军离开华为，成立了上海沪科科技有限公司。2002年10月，华为公司向佳木斯公安局报案，称沪科SDH技术的光传输产品与华为产品颇为相似，有涉嫌盗窃华为商业技术的嫌疑，佳木斯警方随后立案展开调查。2002年11月21、22日，王等三人分别被拘留。2002年12月18日，该案被移交到深圳司法机关。2003年6月17日，王等三位涉案人被深圳人民检察院正式批准被捕。

"目前案件调查的焦点在于侵权的取证和鉴定。"深圳兰生区检察院一位工作人员告诉记者。

在华为看来，沪科公司能够在短时间内开发出与华为颇具竞争力的产品，最大的原因在于三位员工从华为公司带走了大量的技术秘密，而这三人在加入公司时就签署了同业竞争禁止协议，在离职时也签署过保密协议。因此，华为认定该行为侵犯华为公司商业机密。

王志骏等三人的代理律师臧炜则质疑道："按照《公安机关办理刑事案件程序规定》第241条，公安机关应当将用作证据的鉴定结论告知犯罪嫌疑人、被害人。"

"如果已经作出鉴定了，当事人肯定会得到告知，但案发已经9个月之久却没有任何消息，说明侵权鉴定缺乏证据。"臧炜称。

"公安部已经委托信息产业部下属的国家鉴定中心组成专家小组进行鉴定，鉴定结果将作为案件定性和判决的重要依据。"深圳检察院的一位工作人员告诉记者。

突变：其实早在深圳市公安局介入之前，华为就曾于 2002 年 10 月初在上海市第一中级人民法院以"不正当竞争纠纷"为由对沪科公司提起民事侵权诉讼，索赔 200 万人民币的经济补偿。

"这 200 万元的估算是根据沪科公司当时的资产和规模确定的。"臧炜认为。

据当时负责此次案件的上海市第一中级人民法院民五庭庭长黎淑兰介绍，该案原本预计在 2003 年 1 月 15 日开庭审理，一中院已经发出传票，但就在案件即将开庭之际，原告华为公司于 2002 年 12 月 4 日申请撤诉，撤诉理由不详。

"按照司法程序，原告有权利在案件正式审理之前提请撤诉，不需要提供详细理由。"黎对记者说。

此间一个不可忽略的事件是 2002 年 10 月 16 日 UT 斯达康公司以 1500 万美元(含期权)的价格收购了沪科光传输技术这部分资产。2002 年 11 月 11 日，王志骏等三人加入ＵＴ斯达康，2002 年 11 月 19 日，收到来自上海第一中级人民法院的传票。

2 天之后，王等三人被拘捕。随后华为将诉讼转移到深圳市当地司法机关，对前三位员工的诉讼也由原来的不正当竞争上升到盗窃商业机密并提请刑事立案。

华为公司发言人傅军对于案件由民事转为刑事的解释是，"在随后的调查中发现了事件的严重性"。

傅军告诉记者，SDH 光传输技术是华为于 1995 年开始投入研发的光网络重点技术之一，每年华为都将该产品销售的 10％返还为研发费用，至 2001 年 10 月累计投入了 2 亿多人民币和 1500 名技术人员。"而沪科在一年不到的时间里，就可以研发出价值 1500 万美元的技术，这不得不令人存疑。"傅称。

"由民事诉讼转为刑事诉讼肯定是有其特别考虑的，"上海浩华律师事务所合伙人徐劲科认为，"因为民事诉讼的侧重点在于经济赔偿，刑事诉讼则侧重以量刑为主要惩罚手段，华为选择后者无疑更看重案件的震慑作用。"

争利："事到如今，案件已经不能被理解为一个单纯的知识产权纠纷，更深层次如商业利益和竞争策略的因素已经表露明显。"袁宝清律师认为。

在涉案的第三方公司ＵＴ斯达康看来，对沪科公司的收购只是一场自愿互惠的商业行为，ＵＴ斯达康希望通过对沪科的收购巩固其光网络业务的竞争力。被认为以小灵通业务起家的ＵＴ斯达康近几年来正加速朝着综合电信服务商的目标快速扩张，与华为之间的业务重合和竞争也越来越严重。

并购无疑成了"多快好省"的业务扩张首选方式。在过去的 2002 年中，ＵＴ斯达康就进行了四五次并购，和ＵＴ斯达康其他的并购一样，沪科并购案也是一个速战速决的过程。"大概 20 天左右就定下来了。"一位曾参与并购的ＵＴ斯达康公司负责人告诉记者。

但让ＵＴ斯达康始料不及的是，原本寄予促进业务发展的收购在现在看来似乎成了棘手的商业陷阱，尽管公司反复强调，沪科的并购案，是完全按照上市公司收购程序进行的，进行了严密的技术鉴定和审核。

在业界，华为的员工出来和老东家抢饭碗已经不是什么新鲜事。"在经营环境一片利好的前提下，从华为出去的创业者似乎并不被视为竞争对手，但当经营环境不够理想而市场竞争更为激烈的情况下，对与华为争食的前员工兵团和竞争对手的姿态可就不一样了。"一名华为公司的中层管理者这样评价。而华为公司一负责人亦坦然对记者说："如果沪科没有被ＵＴ斯达康收购，华为肯定不会提起刑事诉讼，大不了罚点钱算了。"

从 2002 年开始就面临着业绩下滑压力和员工不断流失冲击的华为似乎到了承受的临界点。

华为决心扭转局面，开始海外拓展市场计划，在 2003 年度开局不久就官司缠身，遭遇思科当头一棒，而此时华为与前员工之间的纠纷和官司也似乎没有减弱的势头。

在这种情况下发生的沪科案件似乎被赋予了更多的意义。"华为这样做，主要还是希望起到杀一儆百的作用，想要给那些已经离开和想要离开华为的员工一个警告，更大的意义在于稳定军心，以及让那些大大小小华为下的蛋满足于小打小闹，遏制其与大的竞争对手联盟的欲望。"一业内人士这样认为。

2004 年 12 月 7 日，备受关注的华为诉前员工公司侵权案一审宣判，以 3 位当事人被判侵犯商业秘密罪，分别被判刑 2～3 年不等而暂时告一段落。

★ 记者手记

守住专利和留住人心

不管案件最终的结果如何，对华为，对ＵＴ斯达康乃至所有企业来说，这个问题都是值得反思的，在员工尤其是掌握核心技术和机密的员工的流动管理中，如何更好地保护商业机密和知识产权以降低不必要的损失？

"在员工流动所带来的商业秘密和知识产权问题中，公司往往是受害者，这也就意味着企业在商业秘密和知识产权的保护方面还有很多工作要做，"一知名 IT 类跨国公司负责人力资源管理的副总裁对记者说道，"毕竟，司法诉讼其实是万般无奈的选择。"

大型跨国公司被认为是积累了丰富经验的范本。一般而言，肩负重任的人力资源部门和知识产权部门在保护企业商业机密方面设立了大量程序、规章和可行性方案，诸如员工手册、培训教育、保密协议以及同业竞争禁止协议等。

保密协议和同业竞争禁止条例被认为是主要手段。一般来说，公司会要求员工在一定时间之内，不能以任何方式从事同一行业的工作，作为对这种义务的交换，公司亦要给员工支付一定的补偿。而同理，公司在吸纳来自竞争对手公司的员工时，亦要由员工给出不违反原公司商业秘密的承诺。

涉及核心机密的技术和信息方面的保护，亦要有充分的流程保障，如在企业内部分部门、分人员地给予限制的保密，如不同部门之间的保密、不同阶层管理人员之间的保密等。

在华为，多年来在知识产权领域内的斗争中产生的知识产权部无疑承载着维护华为近 2000 种专利的巨大责任。而在ＵＴ斯达康，一个类似于知识产权部的部门已在构建之中。

"以前ＵＴ斯达康将更多的精力放在业务的发展速度上，知识产权和商业秘密的保护意识并不是很强。"ＵＴ斯达康公司一管理层向记者证实。

而对于很多中国企业来说，商业秘密和知识产权的保护意识和缜密做法还有所欠缺。"这将是中国企业在后 WTO 时代需要赶快补上的一课。"翰威特咨询专家齐思蒙认为。在翰威特 2003 年的亚洲地区最佳雇主调查中，中国地区的技术型和管理型员工流动率高达 21％，远远高出亚洲地区 11％的平均水平。

"最理想的做法是企业能够吸引、开发和留住想要留住的人才，最大限度降低员工的流动率从而将员工流动所带来的一系列问题降至最低。"齐思蒙补充道。

分析与总结

此案之所以备受关注，除了因为华为的影响力，更多的还是由员工离职保守商业秘密所引起的普遍性问题，其中牵扯到个人和企业发展之间的相对关系，包括留住人才与职业流动之间的平衡处理问题。争议很多，牵扯很大，很难去综合评价这个案件。

作为即将毕业的大学生，应以此为警示，在职业流动中全面考虑，坚持职业流动的基本原则，既能维护自己的合法权益，也能顾及到企业的利益。

(李冰、徐洁舫，21 世纪经济，2003 年 9 月 5 日)

第四节　职业生涯规划

人的一生，从开始工作到职业活动结束，大约有 35～50 年的时间，约占人的整个生命历程的 40%～50%(以平均 70 岁寿命为基数)，这一漫长工作历程的全部统称为职业生涯。与职业不同，职业生涯是个发展的概念，是一个动态的过程。它不仅包括一个人一生中那些可以实际观察到的连续从事的职业发展过程，还包括一个人对职业生涯发展的见解和期望。

一、职业生涯理论

（一）霍兰德的类型论

1. 霍兰德类型论的概述

美国职业指导专家霍兰德(Holland)于上个世纪 70 年代初期创立了"人格类型论"。其理论来源包括：(1) 人格心理学概念，认为职业生涯的选择是个人人格的反应与延伸，企图以职业的选择及过程来表达、说明个人的兴趣和价值，事实上，Holland 认为兴趣就是人格，兴趣量表的结果也可以代表一个人的人格特质。(2) Holland 本身的职业咨询经验及研究所形成的职业辅导模式，即由职业与人格类型的分析协助个人选择适合自己的职业。该理论简单易懂，应用相当广泛，美国劳工部最新出版的职业分析就沿用了此理论。

2. 霍兰德类型论的基本原则

霍兰德人格类型理论是一种人格与职业类型匹配的理论，有以下基本原则：(1) 职业选择是个人人格的延伸和表现。(2) 个人的兴趣组型即是人格组型。(3) 同一职业团体内的人有相似的人格，因此他们对很多情境与问题会有相类似的反应方式，从而产生类似的人际环境。(4) 人可以分为六种人格类型：现实型、研究型、艺术型、社会型、企业型和传统型，个人的人格属于其中的一种。人所处的环境也可以分为相应的六种类型。每一特定类型人格的人，便会对相应职业类型中的工作或学习感兴趣，而个人的行为取决于个人和所处的环境特征之间的相互作用。不同类型人格需要不同的生活或工作环境，例如"实际型"的人需要实际型的环境或职业，因为这种环境或职业才能给与其所需的机会与奖励，这种情况即称为"谐和"。类型与环境不谐和，则该环境或职业无法提供个人的能力与兴趣所需的机会与奖励。个人的人格与工作环境之间的适应和匹配，是职业满意度、职业稳定性与职业成就的基础。

（二）舒伯的生涯发展理论

舒伯根据自己"生涯发展型态研究"的结果，参照布勒(Bueller)的分类，将生涯发展阶段划分为成长、试探、决定、保持与衰退五个阶段。

1. 成长阶段(出生～14 岁)

该阶段孩童开始发展自我概念，开始以各种不同的方式来表达自己的需要，且经过对现实世界不断地尝试，修饰自己的角色，这个阶段称之为成长阶段。

成长阶段的任务是，发展自我形象，发展对工作世界的正确态度，并了解工作的意义。这个阶段共包括三个时期：一是幻想期(4～10 岁)，它以"需要"为主要考虑因素，在这个时期幻想中的角色很重要；二是兴趣期(11～12 岁)，它以"喜好"为主要考虑因素，也是个体抱负与活动的主要决定因素；三是能力期(13～14 岁)，它以"能力"为主要考虑因素，能力逐渐具有重要作用。

2. 探索阶段(15～24 岁)

该阶段的青少年通过学校的活动、社团活动、打零工等机会，对自我能力、角色和职业作了一番探索，在选择职业时有较大弹性。

探索阶段的任务是，使职业偏好逐渐具体化、特定化并实现职业偏好。这个阶段共包括三个时期：一是试探期(15～17 岁)，考虑需要、兴趣、能力及机会，做暂时的决定，并在幻想、讨论、课业及工作中加以尝试；二是过度期(18～21 岁)，进入就业市场或进行专业训练，更重视现实，力图实现自我观念，将一般性的选择转换为特定的选择；三是试验并稍作承诺期(22～24 岁)，生涯初步确定并试验其成为长期职业生活的可能性，若不适合则可能再经历上述各时期以确定方向。

3. 建立阶段(25～44 岁)

由于经过上一阶段的尝试，职业角色会谋求变迁或做其他探索，因此该阶段基本能确定在整个职业生涯中属于自己的"位子"，并在 31～40 岁，开始考虑如何保住这个"位子"，并固定下来。

建立阶段的任务是统整、稳固并求上进。这个阶段又可细分为两个时期：一是试验-承诺稳定期(25～30 岁)，个体寻求安定，也可能因生活或工作上若干变动而尚未感到满意；二是建立期(31～44 岁)，个体致力于工作上的稳固，大部分人处于最具创意时期，由于资深往往业绩优良。

4. 维持阶段(45～64 岁)

该阶段个体仍希望继续维持属于他的工作"位子"，同时会面对新人员的挑战。这一阶段的任务是维持既有成就与地位。

5. 衰退阶段(65 岁以上)

在该阶段，由于生理及心理机能日渐衰退，个体不得不面对现实从积极参与到隐退。

这一阶段任务一般是注重发展新的角色，寻求不同方式以替代和满足需求。

在上述舒伯的生涯发展阶段中，每一阶段都有一些特定的发展任务需要完成，每一阶段需达到一定的发展水准或成就水准，而且前一阶段发展任务的达成与否关系到后一阶段的发展。

(三) 帕森斯的特质—因素理论

特质因素论认为，每个人都具有稳定的特质(即个人的人格特征，包括个人的价值取向、态度和行为表现等特有的思想和行为模式)，而职业也具有稳定的因素(即客观工作要求人必需具备的知识结构、能力等条件)。一个人在选择职业的过程中，首先应当清楚地认识个人的主客观条件，即对自我的认知，如个人兴趣、能力、资源、局限及其他特征；其次，还应当清楚地了解职业世界，如各种职业岗位所需技能要求、工作环境、薪酬福利、发展前景等；最后，在掌握上述两类信息的基础上，将主客观条件与各种可能的职业岗位相对照，最后选择一个与个人相匹配的职业。这就是帕森斯"职业指导的三大原则"。

(四) 克朗伯兹的社会学习理论

社会学习理论由班杜拉于 20 世纪 70 年代提出，它以经典行为主义、强化理论和认知信息加工理论为基础，克朗伯兹(John D. Krumboltz)将之引入生涯辅导领域。克朗伯兹认为，个人的社会成熟度在很大程度上依赖于对他人行为的学习和模仿，并由此决定他们的职业导向，提出了影响职业决策的四种因素。

1. 遗传因素

包括种族、性别、外表特征、智力、动作协调能力等。个人由于遗传的一些特质，在某种程度上决定了个人的职业表现或影响到个人所获得的经验。

2. 环境因素

通常在个人控制之外，来自于人类活动(如社会、文化、政治、经济、家庭、教育等)或自然力量(如自然资源的分布或自然灾害等)对职业决策的影响。

3. 学习经验

克朗伯兹认为，每个人都有独特的学习经验，这对于个人的生涯决策具有重要的影响。他提出了两种类型的学习经验：(1) 工具式学习经验。个人为了得到好的结果，在特定的环境中采取一定的行为，其后果对个人会有重要的影响作用。克朗伯兹认为，生涯规划和职业所需的技能，可以通过工具式学习经验而获得。(2) 联结式学习经验。个人通过观察真实和虚构的模型，通过对人、事之间的比较来学习对外部刺激做出反应。某些环境刺激会引起个人情绪上积极或消极的反应，如果原来属于中性的刺激与使个人产生积极或消极情绪反应的刺激同时出现，这种伴随在一起的联结关系就会使中性的刺激也具有积极或消极的情绪作用。

4. 处理任务的技能

包括解决问题的能力、工作习惯、心理状态、情绪反应和认知的历程等。

克朗伯兹认为，在个人发展的历程中，上述四种因素相互作用，从而形成了个人对自我和世界的推论，一般所谓的个人兴趣、价值观等实际上都是学习的结果。个人学习经验的不足或不当，可能会导致形成错误的推论、单一的比较标准、夸大式的灾难情绪等种种问题，从而有碍于生涯的正常发展。因此，克朗伯兹特别强调丰富而适当的学习经验的重要性。

（五）心理动力论

美国心理学家鲍亭、纳奇曼、施加等人以弗洛伊德个性心理分析理论为基础，吸取了特性-因素论和心理咨询理论的一些概念和技术，对职业团体进行了大量的研究，于 20 世纪 60 年代后期提出了一种强调个人内在动力和需要等动机因素在个人职业选择过程中的重要性的职业选择和职业指导理论，称之为"心理动力论"。

心理动力论者认为职业选择是个人综合快乐原则与现实原则作用的结果。个人在人格与冲动的引导下，通过升华作用，选择可以满足其需要与冲动的职业。职业指导的重点应着重放在"自我功能"的增强上。若心理问题获得解决，则包括职业选择在内的日常生活问题将可顺利完成而不需再加指导。

鲍亭等人依据传统精神分析学派的观点，探讨职业发展的过程，视工作为一种升华作用，而影响个体职业选择的动力则是来源于个人早期经验所形成的适应体系、需要等人格结构。它们影响个人的能力、兴趣及态度的发展，进而左右其日后的职业选择与行为有效性。个人生命的前六年决定着他未来的需要模式，而这种需要模式的发展受制于家庭环境，成年后的职业选择就取决于早期形成的需要。如果缺少职业信息，职业期望可能会因此受到挫折，在工作中会表现出一种婴儿期冲动的升华。若个人有自由选择的机会，则必将选择能以自我喜欢的方式寻求满足其需要而又可免于焦虑的职业。

心理动力论者认为，社会上所有职业都能归入代表心理分析需要的、分属以下范围的职业群：养育的、操作的、感觉的、探究的、流动的、抑制的、显示的、有节奏的运动等，并认为这一理论除了对那些由于文化水平和经济因素而无法自由选择的人之外，可以适用于其他所有的人。

二、职业生涯的主要发展阶段

根据职业生涯理论，一个人的职业生涯通常分为七个发展阶段。

（一）探查阶段

这个阶段包括了一个人最早期的关于将来要成为什么样的人的想法，以及在一段时间后对这个想法的修订。这个阶段人们常常受到家庭或一些重要人物的看法的影响，尤其是来自其长辈的影响。这些影响往往包含对个人生活道路或生活规划的期望，通常来源于口头信息和非口头信息，主要包括他们认为这个人应该从事什么样的工作类型，应该选择什么样的居住环境以及生活方式等。

当一个人正式开始他的职业生涯时，他往往已经尝试了多种职业或是生活角色，并已经为自己的职业生涯确定了领域。也有一些人可能在这个阶段还没有任何确定的想法，但是他们已经能够采取一些正式的行动，如阅读报刊、上网搜索等或采取一些非正式的行动，如与亲戚朋友交流以决定其职业生涯发展的最初选择。

（二）个人评价阶段

在这个阶段，人们通过完成正式的或非正式的评价、审核、模拟等环节接收到的各种信息，给自己做出一个综合的评价，评价的结果可以帮助人们修正其在探查阶段做出的选择，列出一个可供选择的生活和工作的清单。这个阶段有助于人们评价和明确他们的素质和个人特点，有助于他们更清楚地了解自身的兴趣和喜好，同时进一步明确个人的、人际的、工作和文化的价值观。

（三）分析阶段

这个阶段是指对个人评价阶段所获得的信息进行分析的过程。当人们完成了第二阶段即个人评价阶段，他就可以更好地理解这个职业生涯阶段的有关信息，包括个人以及重要相关人物的生活情况。在分析阶段，人们对信息进行分解，追踪更小部分的信息以发现对过去、当前或未来的可以引发效用的联系。

从这个阶段开始，个人、人际、工作和文化价值观体系的重要性再次在设置生活和工作目标上变得明显，这个价值观体系将会影响个人的生活以及职业生涯内容的选择，会帮助人们决定什么是生活中的重要部分。人们通过分析和理解的过程来理清自身价值观，而结果就成了职业生涯目标设置的驱动因素。

（四）做出决定阶段

这一阶段需要对分析阶段确定的职业生涯的备选目标进行复查。一个人在决定什么时期追求什么目标的同时，还要对每个目标的重要性和实现目标的大致时间做出评估。一旦做出决定，个人就能够对可能性目标进行选择。这个阶段获得的结果必须建立在最大可能的现实情况的基础之上。如果信息没有现实性，接下来很可能会遭遇挫折或失望，最终导致人们丧失信心，放弃进一步的努力。

（五）计划阶段

在这个阶段，个人需要对如何实现目标做出计划。他需要先拟定一个详尽的计划，针对每个目标设计出对应的方案，从而使个人确认目标的任务、实现的大致时间、完成任务的顺序、目标达成的预期结果以及可能对完成任务有相关关系的人员。

当设计出一个系统的计划之后，我们就会发现，这些目标可能并不一致，存在着偏差。因此为了使目标一致，我们还需要修改某些目标，明确如何获取必要的资源。与后续阶段相比，在此阶段做出的调整更为重要。

（六）实施或开发阶段

在这个阶段，个人需要运行实施前面所设计的计划。实施计划的顺序取决于目标的复杂程度和目标之间的内在联系。有的目标可以同时完成，但有的目标需要按照一定顺序依次完成，有时可能会需要运用运筹学的知识。

（七）生活-工作管理阶段

在这个阶段，人们收获对已实现的目标的奖励，已实现的目标就成为其生活-工作管理阶段的一部分，并要求人们保持目标达成所带来成功时的工作绩效。有的时候，当人们追求更高目标或是处理难以预料的难题或挑战时，必须采取某种手段来保持生活中的所有部分的平衡。这种情况在职业生涯的任何阶段都有可能发生，也是这个阶段所面临的最大挑战。

当然，由于各种因素在这些阶段的不可预见性，一个人职业生涯在这些阶段的发展是很少呈直线的，因此，不能机械地看待或者应用这个阶段模型，要随时随地进行修正，做到从实际出发。

三、规划职业生涯的注意事项

1. 与期望值相当

大学生由于没有职业经历，把一切都想象得非常美好，在制定职业目标时往往期望值很高，超过现实可能和自身的条件，好高骛远，眼高手低，找不到工作的情况时有发生。在这种情况下，需要毕业生对自己有一个正确的评价，也就是说，在一个恰当的期望值的前提下，自觉地适应国家的需要，并找到能充分发挥自己才能且健康成长的岗位。

2. 多元选择

大学生在就业中总是会本能地瞄准最好的岗位，但是实际生活中，大部分大学生最后还是不得不从事大众化的职业。如果把社会提供的就业岗位按高低画一个三角形，现在大学生正在从三角形靠近顶端的层面向下移动，大部分大学毕业生都在"非精英"岗位层面就业，仅有一小部分大学毕业生在"精英"岗位层面就业。这种就业层次的下移和位移数量的加大，必然使大学毕业生的就业由"精英"走向"大众"，引发"质"的变化。所以，大学生千万不能只瞄准数量甚少的"精英"岗位，而应该与时俱进地去寻找真正适合自己的位置。

大学生应该根据自己实际情况，主动申请到西部去建设祖国的大好河山，主动要求到民营企业工作，主动要求到基层去锻炼自己，主动改行从事新的职业等等，实现就业流向多元化。

3. 减少盲目流动

就业指导专家认为，社会流动机制将在就业体制中表现得越来越突出，但由于大学毕业生对社会现实情况了解不多，往往使得他们在劳动力市场缺乏竞争力。在这种情况下，就需要步入社会大门的大学生审时度势，对自己将从事的第一份工作深入了解，千万不要盲目流动，以免次数过于频繁，最终丧失自信心。

四、职业生涯的规划与实施

1. 目标分解

职业目标分解即是根据个人的观念、知识、能力差距，将职业生涯长期的远大目标分解为有时间规定的长、中、短期分目标，直至将目标分解为某个确定日期可以采取行动的具体步骤。目标分解是将目标清晰化、具体化的过程，是将目标量化成可操作的实施方案的有效手段。目标分解帮助我们在现实环境和美好愿望之间建立起可以拾阶而上的途径。

2. 目标组合

目标组合是处理不同目标相互关系的有效方法。如果只看到目标之间的排斥性，就只能在不同目标之间做出排他性选择，而如果能看到目标之间的因果关系与互补性，就会积极地进行不同目标的组合。

3. 设定职业生涯发展路线

我们制定的总的目标往往是宏大而遥远的，不可能立即实现，这就要求我们设计一个具体的职业生涯发展路线，即依据前面所讲的目标分解、目标组合的方法，按照时间的顺序，制定好各个目标的短期阶段性目标、中期目标以及长期目标，并将其进行组合，设定出一个具体的职业生涯发展路线。

4. 职业规划的实施

职业生涯目标确立后，必须严格按照自己所设定的计划，每日、每周、每月、每年一步步地去落实。但是生活中由于种种原因，在许多情况下，可能会出现许多紧急的工作，让人无法一一应对，这时就应该按照轻重缓急的原则予以解决。不能埋头干活，而忘记了努力的方向。为了保证自己的行动与努力的目标一致，就需要最大限度地根据个人职业生涯发展规划，约束自己的行为。

下面提出了几项帮助个人实施职业生涯规划的措施：

第一，保证经常回顾你的构想和行动规划。

第二，根据各个不同阶段的客观情况对计划加以灵活调整。

第三，把你的构想和任务方案放在可经常看见的地方。

第四，根据你的计划来做出重大决策。

第五，与好朋友讨论你的构想和行动方案，并询问实现目标的途径。

第六，注意抓住机遇以实现你的目标。

第七，保证至少每三个月检查一次你的工作进度。

第八，要有毅力，坚持不懈。

☪ 案例

职业生涯规划示例一

小 Z，女，22 岁，学历本科，上海某财经类名牌大学国际会计系应届毕业生。

同学评价：刻苦，有上进心，性格坚强，学习能力强。

个人职业目标：高级财务经理。

一、面临问题

收到英国某大学的 offer，学行政管理专业；同时收到四大会计师事务所之一的普华永道的 offer，做审计师，小 Z 必须做出选择。先留学还是先就业？

二、职业设计意见

先就业，去普华作审计师，然后再选择合适的机会出国深造。

三、设计理由

小 Z 原本希望出国进修工商管理类课程，但国外大学对申请工商管理类专业的学生都有工作经验要求，所以最后只收到了行政管理专业的 offer。小 Z 学会计，喜欢商务，对行政组织兴趣不大，若一时为能出国而放弃原有兴趣并不明智。专家认为：先工作或先出国其目的都应该是为了将来有更好的职业发展前景，违背个人兴趣和职业理想而求得一时出国，为出国而出国，从个人职业发展看并不可取。

从职业发展考虑，普华位列国际四大会计师事务所之一，有完善的培训计划，良好的工作氛围，规范的工作机制，对职业技能发展大有好处，出国学习行政管理硕士一年课程之所获专业资质资历和在普华工作一年之经历技能积累相比，前者在职业市场上之价值未必比后者高。

普华是专业的国际性会计师事务所，审计工作与小Z大学所学基本对口，且小Z性格特点勤奋刻苦，事业心强，意志坚定，加上名牌大学毕业生的综合素质，保证了小Z在工作中必会有优秀表现。

从小Z职业目标定位于高级财务经理一点看，小Z具备会计专业学历资质和专业技能，但缺乏作为高级财务经理所必须具备的专业管理知识，小Z希望学工商管理类课程的想法是正确的，为一时出国而放弃原本计划并不合乎长远的职业发展。

国外工商管理类硕士课程要求申请者具备一定工作经历，小Z先工作后出国，正合乎要求。且高级财务经理必须具备的另一大重要要素就是丰富的专业工作经历，所以，先工作，积累工作经历，也是在为职业理想作铺垫。

四、专家点评

小Z在先就业与先出国之间面临选择，无论是先就业，还是先出国，最终的目的都应该是为了更好的职业发展前景，到底是先出国更有利于将来职场发展，还是先就业更有利于职业发展，应该是每一个面临类似情况的毕业生都应该仔细考虑的问题。

五、案例总结

作为刚刚毕业的大学生，选择合适的职业发展方向尤为重要，人生精力有限，必须选准方向，强化发展。职业方向的确定必须结合个人特长、兴趣所在并综合考察行业前景来确定。在这一点上，大学生有疑问时，可以求助学校的就业指导老师或者专业的职业顾问。

应届毕业生选择适合自己的职业发展方向的就业机会，集中目标，强化发展，通过若干年的工作，实现从无工作经历者到行业人才的提升。同理，应届毕业生选择出国深造，也要以职业发展为指标，选择合适的深造途径，在学历资质上提高自己的含金量，为"职场前途"做好准备！

职业生涯规划示例二

小S，女，23岁，本科，师范类中文专业毕业，中学语文教师，两年工作经验。

朋友评价：性格文静，善文字不善口头表达，不善于人沟通

希望职业方向：能够发挥自己文字特长的工作

一、面临问题

在两年的教学过程中发现自己并不适合做老师，虽具备相应的学历，但不具备老师应有的管理学生的能力，课堂上调动学生积极性的能力亦不够，所带班级成绩并不理想，学校对其工作表现不是很满意，小S自己也很苦恼。但学校工作环境稳定，福利优厚，再者转其他行业的可行性有多大？应该转其他什么行业合适？

二、设计意见

重新择业，建议尝试广告公司文案，多媒体行业文字编辑，传统媒体行业文字工作。

三、设计理由

从小 S 的性格特点分析，小 S 的确不适合教师行业，教师不仅需要相应所教学科的学科知识，更需要懂得如何管理学生，调动学生的积极性。文静、不善表达的小 S 虽具备专业的学历资质，但显然不具备教师应有的教学技巧。

从小 S 的职业兴趣分析，小 S 希望能够发挥自己的文字特长，而中学语文教师一职缺少创意性，显然不是小 S 兴趣所在。作为教师的不成功更导致小 S 心中很是苦恼，很沮丧。教师一职不仅没有满足小 S 的兴趣，反而由于工作不顺利严重打击了小 S 的自信心。

小 S 应该转行，但应该转什么行业？转行的成功几率有多少？通过分析，我们认为：小 S 虽然不善与管理学生，口头表达差，但小 S 文笔优美，文字能力强，其内心职业倾向也是希望发挥自身的文字能力，故我们推荐小 S 从事广告行业文案职务或媒体文字编辑类工作。这些岗位对工作人员管理能力，口头表达能力要求不高，相对重视个人的文字创作能力，无须与过多人打交道，对于小 S 正好扬长避短，发挥优势，转行的成功几率也较大。

四、专家点评

从师范类大学生到中学教师似乎是理所应当、顺理成章的事，然而实践中有太多例子表明，一个师范类毕业生并不一定就是一个称职的教师。资深咨询公司研究成果表明，职业成功必须全面具备专业技能、学历资质和良好综合素质这三方面因素。根据这个标准，小 S 在教师岗位上可以说很难成功。眼前教师工作的确能给小 S 带来稳定的收入和不错的福利，但凭小 S 的表现，这个"稳定"还能维持多久？所以，小 S 必须果断做出选择，重新择业，找一份真正适合自己发展的工作。

五、案例总结

工作经验在 2-3 年阶段的职业者，往往会发现自己当初刚刚走出校门时懵懵懂懂选择的工作并不适合自己，于是就面临一个重新择业的问题。专家认为：这一问题表面上看是"择业"的问题，实质是"发展"的问题。正是因为当初选择的工作不适合自己，不能满足职业生涯发展的需求，所以才需重新择业，寻找适合自己的发展点所在。所以，此时的职业者必须果断转行，不能犹豫。而且，重新择业也不再是简单地再找一份工作，而是必须按照自身个性能力特点、个人价值倾向结合职场情况，准确定位适合自己长远发展的出发点。

（人才网，2017 年 7 月 3 日）

第六章　职业能力与职业素质

✦ 本章导读

　　大学生拥有了丰富的科学文化知识，构建了合理的知识结构，为就业打下了良好的基础，但知识不能和能力划等号，大学生应更多地培养适应社会需要的实际能力。从某种意义上讲，能力比知识更重要。大学毕业生只有把积累知识、建立合理的知识结构和培养能力结合起来，并不断强化自身的职业素质，才能在就业、从业过程中立于不败之地，同时还应注意提高自身职业道德水平，以保证自己全面发展。

第一节　培养职业能力

一、大学毕业生所需要的职业能力

　　现代社会中，社会上各类职业岗位，对从事本行业岗位的工作人员，除对其有一定的知识结构要求外，还要求有从事本行业岗位的某些专业能力，同时还须具备一些共同的基本能力。

（一）自我决策能力

　　决策是人类社会活动的一个重要环节，涉及到社会中的所有人，决策涉及各个领域，大到国家的政治、经济、军事、文化等，小到家庭、个人的打算。从日常生活到改造自然、改造社会都与决策有关。所谓决策能力，就是对未来实现目标的决断和选择的能力。良好的决策能力可以对实现目标和手段作出最佳选择，人们的决策过程，是一种思维过程，其中心环节是选择，要对各种方案作出优劣判断，进行取舍。对于即将毕业的大学生来说，选择何种职业走向社会，是人生的一个转折点，面临求职就业，何去何从，是对自己决策能力的一个检验。因此，平时训练和培养自己的决策能力是十分重要的，培养决策能力要从小事做起，要养成多谋善断的习惯，这样才能不断地提高自己的决策能力。

（二）环境适应能力

　　适应社会和改造社会是对立统一的两个方面。现实生活常常不尽如人意，五彩纷呈的现实生活使即将步入社会的大学毕业生眼花缭乱，很不适应。大学毕业生在面对现实生活中的消极现象时，经常产生不安、不满的情绪，以改造社会为己任的大学生千万不要忽视适应社会这个前提。人类文明总是在继承与创新的矛盾运动中发展的。适应社会，正是为了担当社会赋予我们的职责和使命的前提。适者生存，生存正是为了发展。对社会、对环境的适应，是主动的积极的适应，不是消极的等待和对困难的反映，更不是对消极现象的认同，大学生只有具备较强的社会适应能力，走向社会后才能够尽可能地缩短自己的适应期，充分地发挥自己的聪明才智。

（三）创新创造能力

创新创造能力是指人们在改造自然和改造社会的活动中所具有的发现、发明、创造的能力。能力人人皆有，只是水平高低、作用大小不同而已。只有那些思维敏捷有创新精神，能在自然和社会发展过程中，面对难题、新问题充分地发挥其自己的才能，创造性地去解决问题的人，才称得上创造性人才。

培养创新创造能力必须做到：一是要有近期和远期的职业规划和奋斗目标，有理想、有抱负，有强烈的创造欲望，有胜不骄败不馁的韧劲；二是要有敏锐的观察力和准确的判断力；三是要有批判糟粕、传承精华、开创新事物的开拓精神。任何发明创造都是继承和创新相结合的产物，人们要有效地创新，就要继承和汲取前人的经验和教训。继承性和思维独立性的统一，是创造能力必备的思维方法。四是要有坚定的意志和顽强的毅力，以及吃苦耐劳的精神。

（四）人际交往能力

所谓人际交往能力，就是人通过语言和非语言符号与他人传递思想和情感与信息的能力。在现代社会，培养良好的社交能力是一个人事业成功的重要条件。古人曾把个人与众人的关系比作"船和水"，这个比喻是恰当的，不论在何种社会里，你能力强，就得人心。在社会上从事各项工作都要有一定的交际能力，许多事业成功者都是借助于良好的人际关系，促使自己的事业成功的。通过交往，可以使自己的设想和创造得到实践的检验和认可。积极参加社会活动，是提高交际能力的基本途径。

（五）实际操作能力

实际操作能力，是专业工作者必须具备的一种社会实践能力。在一切社会活动中，尤其是教学、科研和生产第一线，没有熟练的实际操作能力，都是很难胜任的。

操作能力包括四个方面：一是迅速性，这是提高效率的重要条件；二是准确性；三是协调性；四是灵活性。大学生为了提高自己的操作能力，应该多看、多练。看得多、接触得多，才有可能提高自己动手操作的技巧和能力。

（六）组织管理能力

组织管理能力是指能成功地运用管理者的知识和能力影响机构的活动，并达到最佳的工作目标。组织管理水平的高低，已经成为一项工作、一个部门、一个单位工作好坏的重要因素。尽管不是每个大学毕业生走上社会后，一定都从事组织管理工作，但是每个人将会在工作中程度不同地需要运用组织管理能力。现代社会表明，组织管理能力不仅领导干部、管理人员要有，其他专业技术人员也应当具备。现代科学技术已经综合化、社会化，科研规模日益扩大，协作趋势日益加强，这就有一个组织协调问题。同时，现代社会的科学技术高度发展，每一项工作完全依靠一个人去完成，是不可能的，都有一个相互协调、相互配合的问题。如果没有一定的组织协调能力，专业技术工作也是不能完成的。在校期间多参加社团或社会活动，参与策划组织一些校园活动有助于提高个人的组织管理能力。

（七）语言表达能力

语言表达能力是指运用语言阐明自己的观点、意见或抒发感情的能力，主要包括口头表达能力和书面表达能力。一个人要想让别人了解你，重视你，更好地发挥你自己的才能，其前提就是要有表现自己的能力。要准确展现自己，就离不开出色的表达能力。不仅在参加工作走向社会后会立即强烈地意识到这一点，而且在求职就业的时候就会有深切的感受。比如撰写求职信、自荐信、个人材料，回答招聘人员提问，接受用人单位的面试等，每一个环节都需要较强的表达能力。锻炼语言表达能力，重在平时的努力，多参加一些社交活动，多读书，养成写日记的习惯等都有益于提高自身的表达能力。

二、职业能力的培养和锻炼

大学是职业能力培养的关键时期，而工作后则是对职业能力的逐步完善和补充。在校期间，大学生应及时把握机会，在以下几方面做出努力：

（一）努力学好理论知识

理论是指导实践的指针，是完成实践活动的基础，不掌握一定的理论知识，能力培养就无从谈起。大学生应根据自己专业的需要，加强理论知识积累，建立起适应工作需要的合理的知识结构。在积累知识的同时，还要注重灵活运用知识，提高自己分析问题、解决问题的能力。

（二）积极参加实践活动

一个人有了知识，会增添无穷的智慧，如果再具有很强的能力，便如同插上翅膀，可以在天空翱翔。大学生在掌握基础理论的同时，不能忽视自己能力的培养，只有把理论和实践结合起来，把知识和能力结合起来，才能有所成就。大学生在校期间的实践锻炼应从以下四个方面做起：

1. 积极参与各项社会活动

有计划有针对性地进行社会调查，广泛接触社会，从而增进对社会的了解，正确评价自我，摆正自己在社会活动中的位置，以此提高自己的社会活动能力和交往能力，提高自己分析问题和解决问题的能力。近年来，大学生积极参加社会实践、勤工助学等活动。在社会实践中学生们开展形式多样的社会调查、科学研究、科技服务、生产劳动、支农支教、帮困助学、文艺下乡等智力性较强的活动，在广阔的社会舞台上锻炼了自我，受益匪浅。

2. 抓住有限的实习时间，向有经验的人直接学习实践经验，提高实践能力

大学生在校学习期间，按教学计划安排，都有一定时间的生产实习和毕业实习。学生们一定要充分利用好这些机会，向有工作经验的人员学习，汲取他们多年的实践经验，来充实自己。特别是毕业前的实习阶段，是学生从校门走向社会，理论联系实际的第一步，是对社会、未来从事的职业一次直接接触，是大学教学活动的最后一个但又十分重要的环节，它是对学生智力和能力的一次总检验和总训练。重视这一环节，可以学到很多书本上学不到的知识，既能培养和锻炼自学能力、综合运用知识的能力和实际动手能力，又能使

自己的创造思维能力、工作学习的独立性和主动性得以提高，同时，通过实习，还可以增加对未来工作环境、工作性质、工作要求以及自己所学专业的应用范围的全面了解，从而发现自己的长处与不足，明确自己为适应未来工作学习和努力的方向。

3. 积极参加课外科技文化活动

现在越来越多的高校开始重视学生的课外科技文化活动。比如有全国性的"挑战杯"全国大学生科技学术作品比赛，全国大学生数学建模大赛，各种计算机网络大赛、市场营销模拟大赛、金融投资模拟交易大赛、广告设计大赛等，不少品学兼优的大学生在参加活动的过程中，学到了知识，提高了能力，尤其提高了科研能力、动手能力和协作能力。实践证明，参加过课外科技文化活动的大学生走向工作岗位后，往往能很快适应环境，独挡一面地开展工作，表现出较高的素质。所以，在校期间积极参加课外科技文化活动，是锻炼提高实践能力的重要途径。

（三）培养兴趣和爱好

爱因斯坦说过，"热爱是最好的老师"，可见，兴趣和爱好是提高能力的内在动力。实践证明，当人们对某个问题感兴趣时，兴趣就会促使他经常和主动感知、思索这方面的事物或现象，并努力进行观察和研究，排除一切困难去积极从事这方面的活动。兴趣能够使人思想活跃、观察敏锐，注意力恒定持久，从而促进创造性思维。大学生要围绕自己所学专业发展自己的兴趣爱好，并以这种兴趣爱好为契机，加强相关知识的学习和积累，全面锻炼和发展各种实践能力。

第二节　提升职业素质

一、职业素质的内涵

职业素质是建立在职业理想与职业道德规范的基础上，根据劳动者的生理条件，通过专业教育、职业实践及自我完善等途径形成和发展起来的，在职业活动中起着重要作用的内在基本品质。

劳动者的职业素质具有五个方面的特性，即专业性、稳定性、内在性、整体性和发展性。专业性是指劳动者一般都具有一定的专门的业务能力。稳定性是指职业素质一经形成，便会在劳动者的个性品质中稳定地表现出来。内在性是指一个人对所从事的职业要求和专业知识的内化，它一经形成就以潜能的形式存在，在职业活动中展现出来。整体性是指劳动者的知识、能力和其他个性品质在职业活动中的综合表现。发展性是指随着社会发展和科技进步，劳动者必须从时代发展的需要出发，不断地提升和完善自身的职业素质。

二、职业素质的构成

（一）思想道德素质

思想道德素质是指人在一定的社会环境和教育的影响下，通过个体自身的认识和社会实践，在政治倾向、理想信仰、思想观念、道德情操等方面养成的比较稳定的品质，它决定着人的行动目的和方向。人的思想道德素质主要是通过后天教育，通过知识的"内化"养成并不断提高的。坚定正确的政治方向在思想道德素质中是第一位的。正确的政治方向是将来从事多种职业，为国家和集体多作贡献的重要动力。职业道德是社会道德的有机组成部分，是社会道德原则和道德规范在职业生活中的具体表现。它包括职业态度、职业道德修养水平等。社会主义职业道德是每个劳动者在职业活动中必须遵循的行为规范，其核心是为人民服务。一个人只有具备一定的道德修养，才能在职业活动中，刻苦钻研业务，提高技能，讲究信誉，忠实地履行岗位职责。

（二）科学文化素质

科学文化素质是指人们对自然、社会、思维、科学知识等人类文化成果的认识和掌握的程度。它包括科学精神、求知欲望和创新意识。科学文化素质是职业素质的基础。如果不掌握一定的科学文化知识和构建合理的专业知识结构，就不可能拥有过硬的职业素质。21世纪是一个信息技术、生物技术、新材料、新能源技术、空间技术和海洋开发技术发展的全新时代，这是迄今为止科技发展和社会发展史上规模最大、发展最快、影响最深的科技革命。由于时代的快速发展，知识更新加快，大学生工作后在学校所学的部分知识可能已不能适应社会、经济发展的需要。因此，大学生应在工作实践中不断学习先进的文化专业知识，拓宽知识面，提高自己的文化专业知识素养，以适应形势发展的需要。

（三）技术技能素质

技术技能素质是指任职者从事某种专门职业所必须具备的智力技能和操作技能。智力技能，是指借助于言语在头脑中进行的智力活动的方式，如阅读、心算、解题、作文等方面的技能。操作技能，又叫动作技能，指书写、打字、演奏乐器、使用生产工具等，当这些动作以完善合理的方式组织起来，并近于自动化时，就成为动作技能。动作技能与智力技能统一存在于人的实践活动中，二者既有区别，又有联系，并可相互转化。掌握技术技能，是就业的基本条件。掌握技术技能，也是开发智力，培养能力，在本职岗位上作出贡献的需要。专业技术技能的形成不仅是领会、巩固和应用知识的重要条件，而且对于学生智能的发展，特别是职业活动中所需的独立工作能力和创造力的发展，具有极大的促进作用。技术技能在一定程度上决定了就业者在本职岗位作出贡献的程度。因此，为使自己能在职业活动中为社会作出更大的贡献，就必须掌握一定的技术技能。

（四）身心素质

身心素质是身体素质与心理素质的合称。身体素质是指大学生应具备的健康的体格，全面发展的身体耐力与适应性，合理的卫生习惯与生活规律等。心理素质是指大学生应具备稳定向上的情感力量、坚强恒久的意志力量和鲜明独特的人格力量。身心素质是从事职业活动的重要条件，是成就事业的基础。身体素质是从事职业、成就事业的基本条件，健康的体魄和坚韧不拔的忍耐力为才能的充分发挥提供了动力。积极健康的情感使人思路开阔，思维敏捷，有利于大学生适应社会。

另外，意志是人类所特有的心理现象，坚强的意志有助于战胜挫折，是成就事业的柱石。大学生在校期间积极参加各项有益身心健康发展的体育锻炼和社会活动，有助于自己的身心素质的不断提高。

总之，在市场经济体制和高新技术飞速发展的新形势下，大学生不仅要学好基础知识，掌握特定的专业技能，还要有良好的思想品德素质、强壮的体魄和健康的心理，只有这样才有可能在竞争激烈的市场中脱颖而出，在未来的工作岗位上取得辉煌的成就。

三、大学生职业素质的提升

职业素质是人才选用的第一标准，是职场制胜、事业成功的法宝。大学生需要通过大学生涯的学习努力提升自己的职业素质，为将来的职业生涯打下坚实的基础。

（一）大学生品德修养的提升

职业的种类虽然很多，但是，就从事职业最基础素质而言，一个人的"品性"是进入职业界的前提。好的品性修养包括：

1. 忠实

忠实不仅是对别人交代的事情尽心尽力，而且对自己从事的工作要竭尽全力，不浮躁应付。忠于自己的事业是一种美德，本着忠实的态度应对工作和学习，很有可能取得成功。

2. 诚信

诚信是待人接物的要素，也是职业上不可缺少的品性。"诚信"二字所涵盖的内容，需要经过长时间的笃行才能实现。

3. 敬谨

"敬"是敬重所做的事。"敬"包含认真、精细、努力、忠实等意思，忠是敬的纲领，敬是忠的实施。"敬事"，才能有所作为。孔子说："敬而信。""居处恭，执事敬，与人忠，虽之夷狄不可废也。""谨"，意指小心翼翼。人对于事业必须注重，对于所做的事也要谨小慎微，小心应对。

4. 勤劳

无论公事大小、事情简繁，做事要勤勤恳恳，踏踏实实，一丝不苟。能吃苦，善做事，不偷懒，不躲避，不推诿。

5. 谦卑

在与他人相处中，成功来自谦卑和悦。无论在社会生活中，还是在日常工作中，必须做到富贵不骄，贫寒不贱，用心做事，谦卑待人。

6. 和悦

有良好的精神状态，精力充沛。在工作中，要始终有一种饱满的工作状态。对人对事，只有打消为难心态，方能应对自如。

7. 戒贪欲

古人云："利令智昏。"孔子说："见小利则大事不成。"初入职场的大学生，必须牢记"不义之财不可取"和"君子爱财，取之有道"的古训。

（二）大学生知识技能修养的提升

大学生在选定职业之后，就要为从事这一职业做好充分的准备，特别是专业知识和技能的准备。要实现具有充足的理论知识和实践知识，需要在三方面加强自身知能修养。

1. 课内外结合，博览群书

大学生的学习不仅限于课堂内所学，还要多方面学习，广泛涉猎，以便触类旁通。

2. 慎交友，交良友

大学时期，结交什么样的朋友非常重要。好的同学和朋友，可以改善个人的德性，增长知识和经验。孔子说："益者三友，损者三友，友直，友谅，友多闻，益矣；友便辟，友善柔，友便佞，损矣。"正直、机敏、乐业的朋友是一笔很可观的无形资产，会给予我们潜移默化的影响。

3. 抓住机会，强化实践

大学期间，虽然不会存在很复杂、影响力极强的大事，但是，多参与社团等活动，直接或间接参与一些事情的组织工作，可以了解和掌握解决问题的方法，树立应对事情的态度，可以增长胆量、见识、经验、思考力、判断力，有效地提高个人办事能力。

"冰冻三尺，非一日之寒"，大学生知能的修养的提升，不可能一蹴而就，必须靠日常的勤学力行，向他人学，向书本学，向社会学，潜心修学，才能实现知能的丰裕，满足工作的需求。

（三）大学生身体素质的提升

身体状态是完成职业工作必需的载体。人们在谈及人的素质时，往往忽略了"身体"这一关键因素。青年大学生在身体素质的提升方面要注意的问题很多，如生活习惯、生活节奏，包括清洁、饮食、服饰、起居、运动等。青年大学生，即便是满腹经纶、才华横溢，如果身体状况欠佳，也将只能是心有余而力不足。

（四）大学生职业修养的提升

1. 敬业

树立"职业神圣"观念。庄子说："用志不分，乃凝于神。"意思就是运用心志不分散，高度凝聚精神，将自己从事的职业加以研究，勤勉从事。

2. 乐业

只有乐业，人才能从职业工作中得到精神享受。孔子说："知之者不如好之者，好知者不如乐之者。"人生能从自己职业中领略出趣味，生活才有价值和意义。

3. 责任心

古人云："一息尚存，此志不容稍懈。""鞠躬尽瘁，死而后已。"无论什么职业，责任心、责任意识是做好工作的内在动力。

4. 进取心

有了职业，还必须有进取心，才能使事业发展起来。如果没有进取心，固步自封，工作上不想精益求精，事业就没有发展的希望。

5. 职业平等

"七十二行，各有差别"，不论从事什么行业，做哪方面具体工作，都是社会成员的一份子，都是在用自己的聪明才智为他人服务，为社会服务。因此必须摒弃职业贵贱观念，树立"职业平等"的意识。

☾★ 案例

例 1　问题团队 A

D 公司是个发展壮大中的贸易公司，由于业务发展员工从刚开始的 10 人两年内增加到 150 多人，管理上出现了沟通效率低、对员工工作难以监控的现象。公司近期想上 OA 系统，以加强公司的工作效率，支持快速增长的业务。经过几次与 F 开发公司的沟通后，双方确定了合作意向。安排有两年开发经验的开发工程师苏成，作为项目经理带领三个开发人员，开始了 D 公司的 OA 项目。

因项目不大，没有特别安排需求工程师，而由项目经理与客户确认需求后进行开发，初当项目经理的苏成信心爆棚：对外，他想当然地按照合同后附的简单需求说明草率开发；对内，他认为项目经理拥有绝对权力，任何关于开发的不同意见都听不进去。在第一期快结束时，苏成已与项目组成员发生了 N 次争吵，大家纷纷要求调离项目组，团队面临崩溃。

在两个月未与客户沟通的状态下，苏成项目组向 D 提供了 OA 系统一期产品，按合同规定包括了：员工管理一项功能和其中四个子项。看完基本功能演示后，D 公司的 HR 经理 Helen 几乎崩溃——OA 系统中员工管理没与考勤部分联系起来，而且在系统中增加一个新用户需要五步，十分繁琐，很多功能也与公司需求相差极大。

但是苏成却认为这些都是小问题，更让 Helen 气结的是要求增加一个小的统计功能时，他居然说做不了。后来才了解到，原来在开发时，项目组并没有留下文档，加之团队其它几个成员均已准备离开项目组，任何在此模块中的小小变化都会面临所有代码重新开发的局面，更不用说要新增什么功能了。

最终苏成辛苦开发了几个月却没有得到相应的回报，客户不满意，项目组成员不满意，研发部总监更是对他的能力产生了怀疑，在几经努力拿到 D 公司的第二期项目开发合同之后，果断更换了项目经理。

点评：

(一) 程序员如何以明确需求为基础与客户沟通？

如果有专门掌握需求编写技术和有经验的需求工程师作为客户与程序员之间的桥梁是最理想的状态。但以国内目前的国情，每个项目组都配有需求工程师的并不多。因此，正确地帮客户表达需求，正确地理解需求就成了程序员的基本素质之一。在此次调查中 66.67% 的被访者认为"能帮助客户正确提出需求"是程序员最起码的职业素养，可见在程序员内部已就此达成了共识。认为"能使客户需求更完善"是程序员看重的又一职业素养，占到此次调查的 55.13%，这说明超过一半的程序员认识到，帮助客户完善需求会节省双方的时间和精力以及成本。

(二) 那么如何才能提高自己的需求分析能力呢？

以下分享几个有关需求的小技巧：

1. 尽量提高自己的表达和沟通能力

良好的表达和沟通能力能在客户不能清楚表达需求时，融入到客户组织内部，了解客户的工作流程，与客户共同更好地、更准确地定义和分析需求。此次调查中 60.90%的被访者认为沟通能力是程序员应具备的基本能力，但只有 28.85%的程序员认为"表达能力"是程序员必备的基本能力。沟通固然很重要，但我们更应该认识到准确表达自己的观点和意见也是成功沟通的因素之一。如果只"沟"而不"通"仍然是在浪费双方宝贵的时间。

2. 应用多种方式了解需求

常用的方法有，问题分析法和建模分析法以及几种方法的结合。比如在问题分析法中应用面向对象的思想，与客户的员工谈话，访谈首先要面向工作流程，面向任务，面向角色，也就是用面向对象的思想帮助客户理清思路。之后再使用建模分析法验证，进而全面了解客户需求。

3. 不臆测需求

如果有专门的需求工程师，有一点要特别强调，就是在编码过程中当需求不明确时，必须与项目经理或需求工程师及时沟通，程序员不能自作主张地猜测客户的需求。

4. 不过度承诺

很多销售人员拿到项目，向客户大包大揽，甚至完全不顾公司现有的开发能力向客户承诺很多功能。在定义需求阶段，一定要向客户说明"什么是我们能做的，什么是我们应该做的，什么是我们不能做的"。很多时候过度承诺导致了新功能无法实现的同时，原有功能也受到影响。在此次调查中，有 59.62%(近六成)的被访者正确地认识到对客户提出的不合理需求拒绝得当也是程序员职业素养的一个重要方面，这是非常难得的。

例 2　严格开发流程的团队 B

国资委某下属集团公司要上 OA 系统，C 公司在研发能力、价格两个方面以综合分第一的成绩竞标成功。拥有 10 年项目管理经验的李石被任命为项目经理，并由他组建团队。李石对团队成员只有三个要求：分析能力、产品意识、较强的团队意识。

(一) 初选方案

需求确定后，项目有两个方案：更流行的 BS 模式和传统的 CS 模式。李石安排两个程序员前期负责选方案，分别基于两种模式开发用户权限管理系统的原型，给大家做演示，并结合客户特别评估每一个架构的优劣。

分析了 BS/CS 的特点，结合客户的需求，他们发现：

(1) 从流程的定制来看 CS 结构更加利于客户方便地进行"可视化"定制；

(2) 从公文的"不可修改、保密性"以及电子图章的"不可诋毁性"需求来看，CS 框架更加利于实现 DRM 技术和数字指纹技术；

(3) 从公文的打印需求与一般 WEB 报表的差异性来看，CS 框架更加适合对打印格式的定制与控制；

(4) 从客户提出的内部电子会议的实时性来看，CS 框架明显优于 BS 框架的非状态性，能够做到更顺畅、更及时的沟通；

(5) 从系统的安全性来讲，CS 框架更加适合硬加密系统(如加密狗、U 盘 Key)与系统的对接。

(二) 产品开发

在开发过程中李石强化了每个程序员的产品意识，取得了不错的效果。比如客户要求一个能上传文件的功能时，并没有提出 UI 需求，团队的 B 程序员并没有简单完成任务了事，而是做出一次能同时选取上传 5 个文件的程序。这种产品意识为客户使用带来方便，弥补了需求的不足。

(三) 团队配合

在团队 B 中，每个程序员都做到了做完一个功能后与项目经理沟通进度、结果，并与负责测试的同事沟通，及时检测 Bug，及时修改并回归，每个功能的实现都相对完善。及时地沟通与相互学习，还促进了团队磨合。

经过 8 个月的开发，OA 项目第一期完成，基本功能顺利上线。C 公司已成功拿到了客户第二期的开发合同。

点评：成功的开发需要这样的程序员：

1. 学习和分析能力

每个团队都在成长，作为程序员这个群体就更需要"与时俱进"，尤其是在开发这个知识日新月异的行业里。同时，分析能力也是必不要少的。在调查中 71.15% 的程序员认为，学习能力非常重要，还有有 57.69% 的程序员认为，在技术方面有不同的意见时，妥当处理是程序员应该具有的职业素养。相信这个案例为我们提供了新的思路。

2. 与内外保持良好的沟通，永远是成功的保证

及时汇报、沟通进展也可以在第一时间发现自己的偏差。数据证明 59.62% 的程序员认为"汇报项目进展时明确、及时"是重要的职业素养。

3. 产品意识

良好的产品意识可以大幅度提高开发效率，也能有效地弥补需求不足。例如，在案例二中，在做文件上传功能时，充分考虑了客户使用的方便性，弥补了需求中被忽略的细节。

4. 团队意识

强烈的团队意识能帮助自己和整个团队更快成长，因为知识的分享是知识学习中一个最有效的方法，尤其是在程序员这个行业里。

5. 编码规范和文档规范

据调查显示分别有 80.77% 和 68.59% 的程序员认为编码规范和文档规范是程序员的必备职业素养。

(百度文库/专业资料，2011 年 3 月 11 日)

第三节　提高职业道德修养水平

一、职业道德的基本特征

(一) 职业道德的概念

所谓职业道德，就是同人们的职业活动紧密联系的，体现职业特征的道德活动现象、道德意识现象和道德规范现象，是社会道德在职业生活中的具体体现，是在职业生活中处理和协调人与人、个人与社会、人与自然的关系的道德准则。职业道德由三个部分组成，即职业道德活动、职业道德意识和职业道德规范。这三个方面既相互区别又相互联系，职业道德行为与活动是在一定职业道德意识指导下产生的，而职业道德意识的产生正是人们通过一定的职业道德活动而形成的，职业道德规范则是职业道德活动和职业道德意识的统一。

（二）职业道德的基本特征

1. 行业性

这是职业道德最显著的特征。职业道德是与人们的职业生活、职业活动联系在一起的，各种职业的从业内容和从业方式、从业要求不尽相同，它所规范的是每一种行业的从业人员的职业行为，不具有全社会普通适用性，只适用于本行业。例如商业职业道德强调公平交易、诚实守信，而医务人员职业道德强调救死扶伤、治病救人，这些都体现了行业特点。在某些情况下，一个行业适用的职业道德规范对其他行业的从业人员和本行业人员在职业活动之外的行为活动可能是不适应的。例如教师为了因材施教，对学生施行"成功教育法"，对某些后进学生强化他们的优点、弱化他们的缺点，适当降低要求，让这些学生获得成功感，激发他们的自信心，积极性，最后取得进步。这种做法是符合教师的职业道德的，但却不适用于其他行业的人，也不适用于教师在职业活动之外的行为活动。当然，各行各业也有共同的职业道德规范要求。

2. 多样性

既然职业道德是与具体职业相联系的，而社会上的职业又是丰富多样的，有一种职业就有一种职业道德。经商有"商德"，行医有"医德"，执教有"师德"，从艺有"艺德"，等等，同一行业的不同部门、不同岗位又有更具体的职业道德规范。我国现有职业约为1800多种，随着经济与社会的发展，新兴的行业不断产生，分工越来越细，也使职业道德规范不断发展，越来越丰富多样。

3. 明确性

各种职业道德规范是人们在长期职业活动中总结、概括、提炼出来的，一般采用一些简洁明了的形式，如公约、条例、守则、规程、须知等具体的规章制度，用来教育、规范本行业从业人员，并公布于众，接受社会监督检查。因此，它具有很强的针对性，要求非常明确，容易让从业人员理解和操作，保证了职业活动的顺利开展。

4. 群众性

职业道德既包括个人的职业道德，又包括群众的职业道德。群众的职业道德即行风，不仅对社会风气有很大影响，而且对该行业中每位职工的职业道德都产生很大的影响，因此我们要正确认识和处理好群体职业道德和个体职业道德的关系，前者是后者的体现，而后者是前者的基础，就像经线和纬线织成一匹布一样，相辅相成。每个从业者都要正确处理好个人与集体的关系，树立"一荣俱荣，一损俱损"的观念。

5. 继承性

职业道德是在特定的职业实践中形成的，而人们的职业生活总是有连续性和继承性。每个时代的职业都是在继承前代的基础上发展起来的，所以每个时代的职业道德也具有明显的继承性，继承前代职业道德精华。例如，商业职业道德，从古代的买卖公平，童叟无欺，到现代的"顾客是上帝"、"诚信服务"；教师职业道德从《师说》中的"师者，所以传道、授业、解惑也。"到今天的"教书育人，为人师表"，其中的精华是一脉相承的。

6. 实践性

职业道德是在长期的职业活动中形成的，渗透在职业活动的方方面面。职业道德行为的养成，离不开职业实践，只有在实践中才能熟悉职业体验职业，明确社会对从业人员职业道德的要求，才能把内心形成的职业道德情感、意志和信念变为自己个人的职业道德行为。职业道德的体现和检验都离不开职业实践，只有在实践中才能不断调整和丰富职业道德的内容。

二、职业道德的主要内容

职业道德的内容是非常丰富的，主要包括职业理想、职业态度、职业义务、职业技能、职业纪律、职业良心、职业荣誉和职业作风等。

（一）职业理想

职业理想是指一定的职业道德原则和职业道德规范在一定的职业和从业者人格上的实现，是从业者对符合自己意愿的职业工作的种类以及所达到的成就的追求和向往。职业理想是人类特有的一种精神现象，是同职业奋斗目标联系的、有实现可能性的设想和构想，是人们的职业信念和追求。它包括三个基本要素：一是社会生活发展的现实可能性；二是人们的职业愿望和要求；三是人们对社会生活发展前景的形象化构想或设想。

职业理想是伴随人生观的确立而逐渐形成的，一般来说，个人对职业的要求可以概括为三要素：维持生活、发展人性和承担社会义务。人的职业理想受诸多因素的影响，既包括时代、社会、家庭等外在条件，也包括个性、爱好、特长、能力等内在条件。职业理想是在客观决定和主观选择的辩证权衡中确定的，因此我们必须处理好"职业理想"与"理想职业"的关系。当个人的职业理想在"理想职业"中实现的时候，当然皆大欢喜，春风得意，能够有效地激发工作积极性和创造性。但是，当个人的"自我设计"在现实中不能如愿以偿时，就会出现一些思想波动，产生一些负面效应。比如一个喜欢富有挑战性工作的人却从事着相对稳定的文秘工作，一个想从事写作的人却成了市场营销人员，反差是很大的，如何对待这种情况？就是让理想与现实对接，让自己努力去适应目前的职业，转移兴趣，工作中逐渐体会成就感，大多数成功者都是经过了这样一个磨合的过程。所以，职业理想的确定既要考虑个人的发展，又要注重社会的需要。马克思在《青年在选择职业时的考虑》中曾写道："在选择职业时，我们应该遵循的主要指针是人类的幸福和我们自身的完美，不应认为，这两种利益是敌对的，互相冲突的，一种利益必须消灭另一种，人类的天性本来就是这样的：人们只有为同时代人的完美，为他们的幸福而工作，才能使自己也达到完美。"也就是说，只有广大从业者都从社会的整体利益出发，分别从事社会所需要的各种职业，社会才能顺利发展，而广大社会成员，包括从业者本人才能获得个性的全面发展，这是社会主义职业道德对职业理想的总的立场和要求。

（二）职业态度

职业态度是指从业者对所从事的职业的评价和表现出的行为倾向，是从业者对其他职业和广大社会成员履行职业义务的基础。职业态度的形成要受主观和客观两方面因素的影响，其中从业者的价值观念对职业态度产生特别的影响。能满足个人的需要和爱好，和个人的价值观念相符的职业，人们就会产生积极的态度，反之则产生消极的态度。在社会主义国家，从业者是国家的主人，每个从业者都要尽自己的努力对从事的职业培养积极的情感，以认真负责的态度去做好本职工作。社会主义职业道德态度最基本的要求是树立主人翁的劳动态度，能够在平凡的工作岗位上做出不平凡的贡献。

(三) 职业义务

职业义务就是职业团体和从业者被赋予的职权、职责及对社会、对人民所承担的责任和义务要求。职业义务的特点是它的客观性及在一定程度上的强制性，即无论从业者是否意识到，职业义务都是客观存在的，并要求从业者必须履行的。例如，医务工作者的职业义务是救死扶伤，警务工作者的职业义务是维护社会秩序，教育工作者的职业义务是教书育人。社会的健康发展是建立在各种职业团体和从业者必须履行职业责任的基础上的，职业义务作为一种责任是"应该做的"，但只有变为从业者的内心要求时，才能自觉地得到履行，而这种内心要求就是职业道德义务，是在高度的道德觉悟和高尚的道德境界的驱动下形成的。

(四) 职业技能

职业技能是指从业者完成本职工作，承担职业责任所必须具备的科学文化知识、专业技术能力。只有具备高超的职业技能，才能出色地履行职业责任，反之则会给国家和社会带来负面影响。从这个意义上来讲，职业技能便有了道德意义，技能称职便是德。良好的职业技能是广大从业者对社会应尽的职业道德义务。因此每个从业者都应该努力学习科学知识和职业技能，刻苦训练以提升专业技能。提升大学生职业技能还要大力加强科学技术的普及工作。科学技术是第一生产力，世界范围的新技术革命推动全球经济，社会发展、人们的生活方式发生日新月异的变化，许多国家都把提升国民的科学文化素质看成是21世纪竞争成功的关键。我国的科学技术的普及工作做得还不够，当前和今后科普工作的重点是引导干部、群众掌握科学知识，应用科学方法学会科学思想，培养科学精神，始终高举科学旗帜，净化社会环境，战胜迷信、愚昧，搞好社会主义精神文明建设，为职业技能的提升奠定科学的基础。

(五) 职业纪律

职业纪律是一种行为规范，它要求从业者在职业生活中遵守秩序、执行命令和履行责任，它是调整从业者与职业、与社会以及职业生活中局部与全局关系的重要方式。职业纪律要求从业者自觉服从服务单位的管理具体要求标准，遵守工作秩序，使职业活动正常进行，使社会机器正常运转。现代社会分工越来越细，职业要求的纪律也越来越严格和完善，每个从业者都必须严格遵守职业纪律，才能使个人事业健康发展，使国家、集体、个人利益得到充分保障。职业纪律是社会的法规性和道德性的统一，是从业者根本利益的保障。如果没有职业纪律，从业者的职业行为就会没有约束，我行我素，为所欲为。例如，一位出租车司机不遵守交通规则，引发交通事故，会造成交通阻塞；一个生产流水线上的工人擅自离岗会引起生产停顿，那么正常的职业活动就不能维持，就会给国家、集体、人民带来不同程度的损失，而从业者的根本利益也就会受到损害。

（六）职业良心

职业良心是人们在履行职业义务过程中形成的道德责任感、向善的意念和自我评价能力，是一定道德观念、道德情感、道德意志和道德信念的统一。

职业良心在职业生活中有着重要的作用。首先，从业人员在做出行为选择之际会对自己的行为动机进行审查，符合道德要求的予以肯定，不符合道德要求的予以否定。其次，在职业行为进行过程中，职业良心能够起到监督的作用，对符合道德要求的情感、意志和信念予以坚持和激励，对不符合道德要求的予以克服，在职业行为整体发展过程中保持正直的人格。最后，在职业行为之后，职业良心能对自己行为的后果和影响作以评价，对符合道德的良好后果和影响，内心感到满足和欣慰；反之，则感到内疚和悔恨，努力去改正错误，挽回影响。职业良心不仅具有调整职业行为的作用，而且有着广泛的社会意义，可以监督并保证从业者及企事业有效地完成职业任务，同时也从根本上维护国家、集体和个人利益，对全社会的物质文明建设和精神文明建设具有良好的促进作用。麦当劳的创始人雷克罗克在《苦心经营》一书中曾经写道：有一次，麦当劳的一个经营者来找我说，他想出把肉饼做成一个圈，再用调味品把中间的洞填满，再用泡菜盖上，顾客就不会发现这个洞，我告诉他，我们想让顾客吃饱，而不是诈骗他们的钱。我们决定麦当劳的肉饼应该是10个重1磅，不久这个重量就成了食品工业的标准。

（七）职业荣誉

职业荣誉是对职业行为的社会价值所做的公认的客观评价和正确的主观认识，也就是对职业社会的赞扬和自尊自爱的自我意识。职业荣誉包括主客观两个方面，且这两方面互相联系和影响。从主观方面看，职业荣誉是自尊自爱的表现，要求从业者，敬业爱岗，努力奉献，保持尊严、荣誉和人格；从客观上看，职业荣誉要求从业者刻苦掌握职业技能，严格遵守职业纪律，认真履行职业义务，这样才能赢得良好的职业荣誉。在社会主义条件下，个人荣誉和集体荣誉是一致的，从业人员在事业上的成就是同集体的支持和培养分不开的，所以我们既要充分发挥每个从业者的积极性、创造性，对个人荣誉予以肯定和鼓励，保护和尊重。同时又要倡导每个从业者热爱集体，珍惜集体荣誉，充分发挥自己才能，为集体增光添彩，形成"我以企业为荣，企业以我为荣"的观念。

（八）职业作风

职业作风是指从业者在其职业活动中表现出来的，体现其职业特点的态度和风格，是社会对职业特定的共同要求。职业作风在内容上具有较强的稳定性和连续性，各行各业都有各自不同的职业作风。例如，营业员的工作作风应该是热情、周到、耐心；警察的职业作风应该是勇敢善战、雷厉风行；教师的职业作风则是和风细雨、诲人不倦。为了使从业人员养成良好的职业作风，各行业、各部门都根据自己的实际情况制定出了服务公约、员工守则等并向社会公开，接受监督。职业作风具有潜移默化的教育作用，在一个行业中可以互相教育，互相影响，互相监督，像一个大熔炉，能使新的从业者养成良好职业道德，能使老的从业者继续保持良好的职业道德。职业作风体现了职业道德要求的精髓，甚至从某种程度上说，职业作风就是职业道德。

三、职业道德的基本规范

社会主义职业道德除了它的基本原则之外，还有一些各行各业都必须遵守的行为规范。根据《公民道德建设实施纲要》，这些基本的行为规范包括：爱岗敬业，诚实守信，办事公道，服务群众，奉献社会。

（一）爱岗敬业

爱岗敬业是职业道德的基础和核心，是社会主义职业道德所倡导的首要规范，是对从业人员工作态度的一种普遍要求。爱岗和敬业，二者相互联系、相互促进。

爱岗是职业工作者做好本职工作的基础。爱岗就是热爱自己本职工作，是指从业人员能以正确的态度对待自己所从事的职业活动，对自己的工作认识明确、感情真挚，在实际工作过程中，能最大限度地发挥自己的聪明才智，表现出热情积极、勇于探索的创造精神。爱岗，是职业工作者作好本职工作诸多因素中必不可少的重要前提条件。

敬业是职业工作者做好本职工作的必要条件。敬业是指从业人员在特定的社会形态中，认真履行所从事的社会事务，尽职尽责、一丝不苟的行为，以及在职业生活中表现出来的兢兢业业、埋头苦干、任劳任怨的强烈事业心和忘我精神。敬业是职业工作者对社会和他人履行职业义务的道德责任的自觉行为和基本要求。

爱岗敬业是职业道德中最基本、最主要的道德规范。二者是互为前提、辨证统一的。没有从业人员对自己所从事的工作的热爱，就不可能自觉做到忠于职守。但是，只有对工作的热爱之情，没有勤奋踏实的忠于职守的实际工作行为，就不可能做出任何成绩来，热爱本职也就成为一句空话。作为职业工作者，必需把对本职工作的热爱之情体现在忘我的劳动创造及为取得劳动成果而进行的努力奋斗过程中，以对本职工作全身心的爱推动自己在职业活动中做出优异成绩。

（二）诚实守信

诚实守信是从业人员职业道德的基础。诚实，就是忠实于事物的本来面貌，不歪曲和篡改事实，不隐瞒自己的真实思想，不掩饰自己的真实感情，不说谎，不作假，不为不可告人的目的而欺骗他人。守信，就是讲信用，讲信誉，信守诺言，忠实于自己承担的义务，答应了别人的事一定要去做。其中"信"字也就是诚实无欺的意思。

讲信誉，重信用，忠诚地履行自己承担的义务，诚实守信是职业道德的根本，是从业人员不可缺少的道德品质。作为从业人员必须诚实劳动，遵守契约，言而有信。只有如此，才能在市场经济的大潮中立于不败之地。否则，就不可能生存和发展。只有诚实守信，才能办事公道。办事公道要求从业者遵守本职工作的行为准则，做到公正、公开、公平。不以权谋私，不以私害公，不出卖原则。而做到这些要求，就必须诚实守信。否则，就会凡事采取表面应付的态度，能欺则欺，能骗则骗，根本就不可能真正做到办事公道。只有诚实守信，才能服务群众。服务群众要求从业者尊重群众，方便群众，全心全意地为群众服务，为群众办好事、办实事。要做到这些，没有诚实守信的品质是不行的。如果花言巧语，对群众说一套，干的是另一套；当面一套，背后又是另一套，就会失信于群众。只有诚实守信，才能奉献社会。奉献社会要求从业者全心全意地为人民服务，不图名不图利，以为人民谋福利、为社会做贡献为快乐。而做到这些的关键，也是要有诚实守信的道德品质。否则，就会表面上说是为人民服务，实际上是"为人民币服务"；表面上说不图名不图利，实际上是沽名钓誉；表面上说是为人民谋福利、为社会做贡献，实际上是为一己私利。

诚实守信在职业道德行为中的首要表现就是诚实劳动。诚实劳动是从业人员获得报酬的先决条件。社会主义社会实行"各尽所能，按劳取酬"的消费资料分配制度。每一个从业人员，只要为社会多工作、多创造物质或精神财富，付出了卓有成效的劳动，社会所给予的回报也就越多，这就是"多劳多得"。倘若付出的有效劳动少，工作出力少，那么社会所给予的收入回报也就少，这就是"少劳少得"。如果是游手好闲、好吃懒做，没有有益的劳动付出，只想做"官"，不做事，在其位而不谋其政，那么社会就不会给他回报，这就是"不劳不得"。提倡诚实劳动这一职业道德，是与社会主义的"按劳分配"原则一致的。诚实劳动还体现在商品交易、金融交易、产品服务等经济活动中。在这些经济活动中，职业道德要求严格履行经济合同，不做假账，不偷税漏税，不偷工减料，不以假充真，不以次充好。

(三) 办事公道

办事公道是指从业人员在办事情、处理问题时，站在公正的立场上，对当事双方公平合理、不偏不倚，不论对谁都按同一标准办事。人们所说的秉公执法、公正无私、处于公心，一视同仁等所指的就是办事公道。

在日常生活中，办事公道是树立个人的威信和调动群众积极性的前提。在社会主义市场经济条件下，每一个市场主体不仅在法律上是平等的，而且在人的尊严与社会权益上都是平等的。人与人之间只有能力和社会分工不同，没有高低贵贱之分，大家应当相互尊重，平等互惠。对于从业人员来说，对待服务对象，不论职位高低，不论民族阶层，都要一视同仁，热情服务。相反，办事不公道，实际上是把那些应服务于全社会全人民的职业变成只服务于社会的某一部分人的职业，甚至变为牟取私利的工具，使这些职业的社会性质发生根本的扭曲和改变。如此一来，社会就没有正常的秩序，拜金主义、享乐主义、极端个人主义就会滋长，见利忘义、损公肥私的行为就会发生，以权谋私、腐化堕落的现象就会蔓延。因此，办事公道，是各行各业努力实行的一条基本原则和道德准则。

(四) 服务群众

服务群众就是为人民群众服务，它是每个职业劳动者职业道德的基本规范。服务群众揭示了职业与人民群众关系，指出了职业劳动者的主要服务对象是人民群众。服务群众的具体要求就是每个职业劳动者心里应当时时刻刻为群众着想，急群众之所急，忧群众之所忧，乐群众之所乐，即就是要全心全意为人民群众服务。一个普通职业劳动者，作为群众的一员，既是他人服务的对象，又是为他人服务的主体。在社会主义社会，每个人都有权力享受他人的职业服务，每个人也承担着为他人做出职业服务的职责。

一切依靠人民群众，一切服务于人民群众，是我们党的一贯宗旨，是党的群众路线在社会主义职业道德中的具体体现。在现实生活中，在生产、科研、产品分配、交换、消费过程中，人们逐渐意识到：如果有谁不尽心尽力、尽职尽责地对待自己所从事的工作，不尽最大努力为社会、为他人服务，就不能很好地发挥本职业岗位所具有的社会功能，国家、集体以及个人的实际利益就会受到损害和损失。每个职业劳动者，在进行职业劳动时，应自觉地将尽心尽力、尽职尽责地服务于群众，看作是社会有序化运转的良好社会条件，认真遵守服务群众的职业道德规范，做到心中有群众、真情待群众、尊重群众、方便群众、尽心尽责地为社会公众服务，为社会主义事业献计出力。

(五) 奉献社会

奉献社会的实质就是全心全意为人民服务，为社会服务，为他人服务，一心为社会作贡献，丝毫不考虑个人恩怨与得失。一切从有益于他人，有益于社会公众，有益于民族与国家出发，只要对人民的利益有好处，就是再苦再累也心甘情愿，必要的时候甚至献出宝贵的生命。奉献社会是一种人生境界，它表现为助人、无私、奉献和牺牲精神，是一种融在一件一件具体事情中的高尚人格。其突出特征包括：一是自觉自愿地为他人、为社会贡献力量，完全为了增进公共福利而积极劳动；二是有热心为社会服务的责任感，充分发挥主动性、创造性、竭尽全力；三是不计报酬，完全出于自觉精神和奉献意识。在社会主义道德建设中，我们要大力提倡和发扬奉献社会的职业道德。

爱岗敬业、诚实守信、办事公道、服务群众、奉献社会，这是社会主义职业道德的基本规范，奉献社会则是这五项要求的最高道德境界，也是做人的最高境界，是集体主义思想在人生观、价值观、伦理观上的升华，是一个超越市场经济，为整个社会生活服务的最高道德层面。一个能够奉献社会的人，同时也是一个高尚的人、有道德的人。在发展社会主义市场经济的今天，一些人接受功利主义价值观，再加上受拜金主义、极端个人主义、享乐主义的影响，认为无私奉献是疯子，为人民服务是傻子，提倡这些思想在实践中已行不通了，过时了，并肆意进行诋毁和诬蔑，这是极其错误和有害的观点。集体主义、无私主义、全心全意为人民服务的思想不仅没有过时，而且是现代社会道德思想体系中的主流，不仅为调节整个社会生活服务，还是市场经济负面效应的清洗剂，是抵制极端个人主义、拜金主义、享乐主义泛滥的有力武器，是社会主义市场经济体制健康发展的保证。

第七章 就业心理指导

✦ 本章导读

现代市场经济极大地改变了人才资源的配置，主要表现为社会不再直接从高校接收人才，而是根据社会各部门自身的客观需要在社会中广泛吸收人才，并通过劳动力市场实现双向选择。在这种社会背景下，大学生的就业竞争势必愈发激烈。这不仅需要大学生及时树立正确的择业观，还要充分关注自身的就业心理问题，积极地进行自我调适或接受心理指导。

第一节　大学生就业心理概述

诺曼·文森特·皮尔说过"逆境要么使人变得更加伟大，要么使人变得非常渺小。困难从来不会让人保持原样。世上只有一个人可以开创快乐、富有、健康的人生——那就是你自己。"可见，良好的心态可以让一个人变得快乐、富有和健康，尤其在逆境拥有良好心态让人更容易进步甚至成功。而保持良好的就业心理状态，则有助于大学生就业，也会在之后的职场上起到积极的作用。

一、大学生就业心理的含义

大学生就业心理指的是大学生在获得职业或就业过程中所产生的各种心理现象。大学生就业心理是以就业为中心，贯穿于整个大学的学习和生活之中，并受其他心理共同作用而形成的，包括三个方面：就业心态、就业心理素质和就业心理倾向。

1. 就业心态

就业心态是指大学生在面对就业相关问题时所形成的具体的心理状态，如失落、焦虑、犹豫不决等。就业心态受个性、个人能力、择业观等因素影响，同时，就业环境与情景也会对就业心态起到一定的作用。当前大学生就业心态多种多样，无论哪些心理类型，总是"人往高处走"，只不过每个人心中"高"的标准不同，"走"的方式也不同。就业心态的各异，使得就业也变成一个心理充满矛盾的、复杂的过程。

2. 就业心理素质

就业心理素质是指大学生就业或就业准备中形成的具有一定稳定性的心理活动能力和水平，是大学生学习、社会实践、就业准备等活动的影响下形成的比较稳定的心理特点。就业心理素质是大学生应对就业挫折、顺利就业并实现职业适应的心理基础，是大学生就业能力的重要组成部分。

3. 就业心理倾向

就业心理倾向是指大学生就业中具有指向和推动作用的心理因素所表现出的心理动力性。就业心理倾向决定大学生对就业的认知、评价和心理态度，同时影响大学生的就业行为，主要包括就业动机、就业期望、就业兴趣和择业观等。

二、大学生就业心理的特点

（一）影响大学生就业心理的因素

1. 客观因素

首先，大学生就业面临激烈的就业形势，很多大学生不能正确地认识自我，克服压力。多年来，我国大力推进就业制度改革，在改革的实践和探索中，取得了巨大成绩，就业工作水平得到了全面提高，但随着招生规模和毕业人数的增加，大学生就业又开始面临新的情况和新的挑战。在新的就业形势下，就业竞争激烈，大学生难免遇到曲折和艰辛，此时如果不能及时有效地调整心理状态，就会对就业产生很大的影响。

其次，毕业生政策有着严肃性和权威性，就业分配政策的执行也有严格的工作程序和规范的步骤，如果高校就业主管部门就业指导或政策宣传不到位，毕业生对政策缺乏了解，我行我素，就难免在就业过程中遇到困难和挫折。

再次，在毕业生就业过程中，不正之风还有一定的市场，往往出现好学生和差学生分配上的"错位"现象，使得相当一部分学生自信心动摇，导致价值观、择业观上出现了变化，进而而不能正确地对待就业以及就业过程中的挫折。

2. 主观因素

首先，一个人就业的成功，起决定作用的固然是自身的知识、能力、素质，但在就业过程中材料准备不充分、就业技能和技巧运用不得当也会遇到各种各样的状况。而如果自身知识储备量少，能力不突出，综合素质不高，造成自身条件的限制和需求之间发生冲突，就更容易出现这样那样的问题。

其次，不少大学生在就业问题上存在认识偏差，就业观念陈旧，就业期望值偏高，当理想与现实发生矛盾时，心里充满困惑，就会产生消极情绪。

再次，就业动机冲突也容易造成就业挫折。大学生就业时有时面临两个或两个以上的用人单位之间的选择，出现了难以取舍的冲突，即双趋冲突。"鱼与熊掌不可兼得"，两个都是自己向往的单位，一时之间不知如何选择，造成困扰。而有时又面临两个不大满意的用人单位，自己又无法回避，出现"二者必居其一"的冲突，即双避冲突。不甘心却没有更好的办法，很容易产生心理问题。况且，大学生在就业中遇到的心理冲突不止如此，还有更复杂的趋避冲突，双趋避冲突，等等，这些都对大学生的顺利就业造成了巨大影响。

（二）当前大学生就业心理的特点

1. 理性化

即将毕业的大学生文化素质较高，知识储备较大，逻辑思维能力较强，思维理性化色彩较浓，有一定的社会经验，所以大学生在应对就业过程中问题还是有一定的理性成分。

2. 多样性

大学生应对就业心理问题的方式往往不局限于某一种，而具有多样性特征，应对方式方法以自我控制、认知超脱、补偿、转移、潜抑、奋进等较为多见，这正是大学生特殊群体综合素质的体现。

3. 封闭化

大学生在应对就业问题时存在较为明显的封闭性，往往重于自身的力量而忽视社会的支持作用。

三、大学生就业心理指导的基本方法

（一）正确认识自我

正确认识自我可谓大学生就业心理调适的第一步。古人云，人贵有自知之明，"贵"字表明一个人要有自知之明不是意见轻而易举的事。这不仅因为"当局者迷"，而且还因为人的确难以客观地观察和把握自己。衡量他人是比较容易的，但面对自己，会因为自尊心使然而忽略资深很多缺点。所以只有正确认识自我，客观评价自我，明确自身的优缺点，才能扬长避短，正确的待人处事，树立客观的就业目标。

1. 合理定位自我

合理定位自我主要是指大学生要全面评估自己的专业特点和能力特点。

（1）全面评估自己的专业特点。要评估专业一般可以从两个方面来进行：一是专业的性质；而是社会的需求。例如，如果你学的是中文专业，你的长处应该是运用汉语言文学遣词造句和写作，那么久比较适合做文秘、宣传、策划、编辑、语文教学工作；如果你学的是国际贸易专业，可能之前社会需求较大，但后阿里需求量一般，那么就要重新看待就业，适当降低自己的期望值，或者是根据自己的其他能力拓展就业空间。总之，要抓住专业的性质和社会需求这两个方面，对自己所学的专业进行正确的评估，从而摆正心态，寻找适合自己的职业。

（2）全面评估自己的能力特点。大学生全面评估自己的能力，可通过两种有效方法：一是进行心理学的能力测试；二是充分结合自我评价与他人评价。其中，第二种方法更为常见和有效。这种方法具体是指，先通过自我反省对自己进行客观的评价，并把自己的长处和短处列出来；然后请别人对自我评价和列出的结果进行评价，以得到核实或修正；最后确定自己的能力倾向。

自己的能力倾向是确定就业目标的一个重要依据。一般情况下，如果你具有较好的组织能力和交际能力，善于与人相处和沟通，那么你适合选择一些企事业单位的管理工作，就可以把就业方向确定在诸如公关、秘书、行政人员、人力资源管理者等职位上；如果你具有较好的逻辑思维能力和创新能力，专业基础又扎实，那么可以选择科学研究，研究新课题，开发新产品；如果你具有较好的语言能力，性格活泼外向，外语水平高，那么可以选择翻译或从事旅游业工作等。总之，要对自己的能力进行充分评估，明确自己所适合的行业。

2. 充分了解自己的个性特点

个性就是一个人总体的心理面貌。它主要由个体的气质、性格、能力、兴趣、自我意识等构成。要避免出现就业心理问题，就需要对自己的个性特点有充分的了解，从而针对自己的个性特点选择职业。通常，一个人的气质、性格和兴趣不同所适合的职业也不同。因此，大学生一定要对自己的气质特点、性格特点和兴趣特点有充分的了解。

(1) 气质特点。气质是指个体在心理活动动力方面表现出来特有的、具有一定稳定性的特征。它与遗传素质密切相关。心理学家把气质分为胆汁质、多血质、粘液质、抑郁质四种类型。这四种不同的气质类型表现出不同的特征。

具有胆汁质气质类型的人，热情大胆，冲动直率，性情急躁，反应迅速，果断勇敢，但准确性差，情绪体验强烈、外露，缺乏耐心，心理活动常指向外部世界。

具有多血质气质类型的人，活泼好动，灵活机智，行动敏捷，交际能力强，适应能力强，心理活动维持的时间不长久，情绪体验明显但不够深刻，心理活动也指向外部世界。

具有粘液质气质类型的人，稳重冷淡，沉静缓慢，情绪内向，善于自制，注意稳定、持久，心理活动维持时间比较长久，情绪体验深刻。

具有抑郁质气质类型的人，性情孤僻，优柔寡断，行动迟缓，不善交往，注重细节，情感发生慢但维持时间长，体验深刻，心理活动具有内倾性。

不同气质类型的人会表现出不容的特征，相应地，他们适合从事的职业也就会有差异。因此，气质和就业有着非常密切的关系。不过，一个人的社会价值和成就大小并不只取决于气质这一种因素。因此，大学生不要把气质的作用扩大化、绝对化。况且，在现实生活中，单纯具有某一种典型气质类型的人很少，多数人是几种气质兼而有之的混合型。所以，大学生在就业时需适当考虑自己的气质特征，以便于选择适合自己的工作，并能够在未来的岗位上充分发挥自己所长，求得更大发展。

(2) 性格特点。性格是指一个人对客观现实稳定态度和习惯化的行为方式。它是个性的重要组成部分，也是最具核心意义的心理特征。由于一个人所处的环境不同，生活经历也不一样，因而人的性格也是千差万别的。根据个体是倾向外部世界还是倾向内部世界，可以将个体的性格分为外倾型性格和内倾型性格。

外倾型性格的人，具有大胆、果断、直爽、好胜、急躁、大方、激动、活泼、乐于与人交往、灵活、炫耀、随和、自信、冒失、摇摆等特点。

内倾型性格的人，具有慎重、腼腆、冷静、拘谨、自我克制、乐于独处、固执、深思、细致、孤独、自尊心强、不喜欢与人交往、沉默寡语、富有责任感、有耐心、较稳重等特点。

在现实生活中，大多数人都是偏向于某种类型或属于中间类型，而并非单纯是某一性格类型的人。大学生在就业过程中，要对自己的性格特点有所了解，并将自己的性格特点与职业特点结合起来考虑，以便于发挥个人的性格优势和潜能，在未来的工作岗位上取得较好的业绩。

(3) 兴趣特点。兴趣表现为人对某件事物、某项活动的选择性态度和积极的情绪反应。它也是体现一个人个性特征的重要因素。稳定的兴趣对职业选择和职业成就会有较为重要的影响。如果大学生按照自己稳定的兴趣选择了某职业，兴趣就会成为巨大的行为推动力，大学生在工作中就会具有高度的自觉性和积极性，就容易出成绩；如果大学生对所从事的职业不感兴趣，其工作积极性往往不高，也就难以做出大的成绩。走自己的路，做自己喜欢的事情，选择自己感兴趣的职业，是当今社会最具有典型性的就业观念。

当然，兴趣也是可以培养起来的。大学生完全可以先选择一个职业，然后通过职业活动发现自己工作的意义、价值和某些吸引人之处，使自己对所从事的工作产生兴趣。

（二）正确运用心理调适方法

所谓心理调适，就是指个体为了达到某种目的，在思想上或行动上进行自我调整，从而保持自身与环境之间关系和谐的过程。每个就业者的就业目标不同，就业心理倾向就不同，当这种倾向经过不断强化，就会形成心理定势。在心理定势的作用下，就业目标更加既定化、模式化，一旦自我选择与社会期望相矛盾、主体与客体相冲突，原先设计的就业目标难以实现，就会引起就业心理冲突，产生不良心理。因此，大学生一定要掌握正确的心理调适方法，根据实际情况，积极主动地进行自我调适，从而培养自己良好的心理素质，以正确的心态来面对就业。常见的心理调适方法如下：

1. 自我激励法

大学生在就业过程中需要进行面试，而面试往往容易使其出现胆怯、信心不足等现象。遇到这种现象时，大学生可以通过自我激励法进行调节。自我激励法主要有以下两种：

第一，积极的自我暗示。这主要是指运用内部语言或书面语言来调节自己的情绪，增强子自己的自信心，如在心里默念"我能行""我会发挥的很好""我一定能成功"等语句，或写在纸上，或找个视野开阔的地方大声喊出来。

第二，大胆实践。这主要是指大学生可以通过主动出击，做一些自己笨不敢做的行动来激励自己，如要求自己主动与用人单位的代表打招呼、握手问好，把心里的想法响亮地说出来等。

2. 自我安慰法

大学生在就业过程中遇到困难和挫折时，首先应当想办法努力解决困难，改变状况，但是如果仍旧无法改变现状，就可以通过自我安慰法来缓解内心的矛盾冲突，消除一系列的不良情绪。具体来说，可以说服自己适当做出让步，将不成功归因于客观条件和客观现实，同时要勇敢地接受现实；也可以用"失败乃成功之母"这样的句子来安慰自己。

3. 注意力转移法

注意力转移法，是指把注意力从消极的情绪转移到积极的情绪上。一般情况下，大学生都能够对自己的不良情绪进行有效地控制。然而，在就业的过程中，很容易滋生一种难以控制的不良情绪。这个时候，大学生就应该采取注意力转移法，把自己的情感和精力转移到其他活动中去。例如，可以参加一些自己感兴趣的活动，可以学习一些新的知识和技能，使自己没有时间和可能长期沉浸在不良情绪中，以求心理平衡，保护自己。

4. 松弛练习法

松弛练习法，是指一种通过联系学会在心理和躯体放松的方法。大学生在就业面试时遇到紧张、恐惧、焦虑、失眠等状况，可以通过松弛练习进行消除。常见的松弛练习法有肌肉松弛练习和意念松弛练习两种。

第一，肌肉松弛练习。肌肉松弛练习的具体方法是：先紧张某些肌肉群，然后放松。

例如，用力握紧拳头，坚持 10 秒左右，然后彻底放松双手，体验放松的感觉；将脚尖使劲向上翘，脚跟向下向后紧压地面，绷紧小腿肌肉，坚持 10 秒钟，然后彻底放松，体会小腿放松的感觉。

第二，意念松弛练习。意念松弛练习的具体方法是：先稳定情绪，静下心来，闭上眼睛，排除杂念，把注意力集中到腹部，用腹式呼吸法慢慢呼吸。腹式呼吸法是一种非常安全而有效的呼吸方法。吸气时，感觉气沉在肺底，并一直把空气吸向腹部，感觉横膈下沉，并带动腹内的各种脏器一起下沉。肋骨向外和向上扩张。呼气时，横膈渐渐复位，小腹回落，要想象这股气从头顶向后顺着脖子、脊柱直回腹部。一般反复几次就能消除紧张状态。

5. 合理宣泄法

大学生在就业过程中遇到失败和挫折，处于焦虑、抑郁等消极状态时，可以进行合理宣泄。合理宣泄的方法有很多，常见的有三种。

第一，哭泣。可以找个适当的场合大哭一场，使紧张的情绪得以缓解和消除。

第二，倾诉。可以向朋友、同学、家人、老师倾诉心中的烦恼和忧虑，也可以用写日记的办法倾诉不快。

第三，剧烈运动。可以进行打球、爬山、长跑等运动项目。

当然，宣泄情绪要注意场合、身份、气氛；宣泄要适度，不能伤害他人或破坏他人或集体财物。

6. 理性情绪法

"任何人都不可避免地具有或多或少的不合理的思维，但经常用不合理的思维去面对问题、去行动，就会使这些不合理的思维转化为内化语言，会造成无法排解的情绪困扰。"因此，我们需要接受自己的情绪，并用理性的思维去消除不良的情绪。这种认识实际上来源于美国临床心理学家艾里斯提出的"合理情绪疗法"。他认为，情绪困扰经常是由个体对事件的非理性解释和评价导致的，如果改变个体的非理性想法，使其重新认识和评价诱发事件，领悟到理性观念，就能使情绪困扰得以消除。

大学生在就业过程中，一遇到挫折和失败，就会出现各种不良情绪，主要是因为其总是认为就业不会很难，这种想法对其摆脱不良情绪极为不利。因此，要学会利用理性情绪法，通过纠正不合理的想法来排除不良情绪的干扰，做情绪的主人。

(三) 积极寻求必要的社会辅助

当大学生靠自己一个人的力量不能独立应对就业过程中所遭遇的心理困境时，应当寻求社会辅助。

1. 向就业主管部门咨询

当前阶段，我国高校大学生的就业不再是过去的"统包统分"，而是大学生与用人单位的双向选择，主管部门与学校上下结合来制订就业计划。因此，大学生在就业时，可先认真阅读相关就业文件，了解就业政策，并及时向学校负责就业的部门和老师咨询，以便帮助自己顺利找到工作。不了解就业政策，盲目地去寻找就业单位，就很容易受到挫败，打击自己的自信心，从而出现诸多心理问题。

2. 寻求家人朋友的帮助

大学生可以将自己的基本情况和愿望告诉亲戚、朋友、同学和熟人，请他们留意有关就业的信息并帮助推荐，形成一个广阔的信息网，从而使自己及早了解社会需求和用人单位的情况，选择较好的职业。当找到满意的工作，那些就业心理问题自然就会得到解决。

3. 寻求心理咨询机构的帮助

当前，很多高校都已经建立了心理咨询机构，社会上的心理辅导机构也纷纷建立起来。因此，当大学生在就业过程中，因就业挫折而产生焦虑、烦恼、抑郁等不良情绪时，可寻求心理咨询与辅导机构的帮助。通常情况下，心理辅导老师或者心理医生能帮助大学生迅速有效地消除就业挫折带来的不良情绪，帮助大学生更加客观正确的认识自我，同时，还能够使大学生通过心理训练，提高就业面试的技巧。

第二节　常见大学生就业心理问题

一、就业心理障碍

（一）焦虑和恐惧心理

许多人在就业时的寻觅与等待中，形成了焦虑心理。高强度的焦虑，表现为心急如焚，顾虑重重，没精打采，坐立不安，注意力难以集中；思维紊乱，容易发怒，甚至出现攻击他人、损坏公物等问题行为；生理机制失调，如呼吸和脉搏加快，四肢发凉，出虚汗，心前区产生压迫感或放射性疼痛等。从担忧到焦虑的缘由很多，诸如：毕业后找不到合适的单位怎么办？没有单位要我怎么办？与恋人不能在一起怎么办？不能留大城市怎么办？有了机会不签约，以后找不到更好的怎么办？匆忙签约，以后有了更好的单位怎么办？

焦虑和恐惧是由心理冲突或挫折而引起的，是一种复杂的情绪反应。主要表现为忧虑、焦急不安、恐慌、烦躁及某些生理反应。轻度的焦虑和恐慌，人皆有之，是正常的事情。适度的焦虑可以使人产生一种压力，促使人积极努力；过度的焦虑和恐惧，则会干扰人的正常行动，容易导致人的心理疾病或生理疾病。

毕业生在就业的时候，许多人会感到焦虑和恐惧。他们体会到就业形势的严峻，考虑自己发展的前途，担心能否找到适合发挥特长，利于自己成长的单位和工作环境，唯恐出现差错，影响一生的发展。而现实中每个人都会遇到一些问题和矛盾。一方面，社会的选择要求越来越高；另一方面，自己感到知识和能力储备不足，唯恐自己的理想愿望不能实现。因此他们对就业的前景忧心忡忡，害怕就业竞争，表现为思想负担重，紧张焦躁、心神不宁、萎靡不振；生活中意志消沉，长吁短叹、寝食不安，有的同学整天愁眉苦脸，闷闷不乐，低沉消极。性格内向的学生表现得更为焦虑，而且持续时间较长，影响到正常生活。他们在就业过程中，遇到一点困难就打退堂鼓，多跑几回怕辛苦，多问几次就怕受气，本来通过努力就可以解决的问题，由于恐惧畏难心理的影响，就放弃了机会。这些心理都不利于毕业生完成最后学业和顺利就业。

(二) 自卑和自负心理

由于不能客观地进行自我评价，一些毕业生在就业时会产生过于自负或过于自卑的心理。前一种人对自己就业的条件评价过高，因而对就业自负挑剔。这种情况往往是一些学习成绩比较好、工作能力和社会交往能力比较强，或者是名牌大学的学生，自以为不怕找不到工作，所以对就业的要求比较高，对就业的地区、单位、职务、报酬、工作条件、发展前途、出国机会等都进行挑剔。如此挑选，有时就会造成失误，失去了有利于自己就业的机会。这部分大学生往往对自己估价过高，自认为高人一等，所以容易好高骛远，期望值过高，脱离实际。另一种人对自己评估不高或过低，因而就业信心不足，表现为自卑。这种情况往往是一些学习成绩平平或过低，缺乏实际工作能力和社会活动能力的学生。他们在就业过程中缺乏自信，缺乏勇气，不敢竞争，不敢主动向用人单位推荐自己，而是被动地等用人单位来选，或者去依靠社会关系来谋求就业。这种自卑的态度往往失去了本来可以得到的机会。在竞争日益激烈的社会，缺乏自信、自卑畏缩已经被视为一种人格缺陷，它影响大学生个人发展和理想的实现。

(三) 怯懦心理

怯懦是一种胆小、脆弱的性格特征。怯懦的人害怕冲突，害怕别人不高兴、害怕伤害别人、害怕丢面子。这里所说的怯懦心理，主要是指一些大学生在就业过程中过于怯懦，总是紧张、害怕的心理。

怯懦心理在毕业生面试中表现尤为明显。面试前，一些人如临大敌、紧张不安、手脚忙乱，大有"丑媳妇见公婆"之态；面试中，面红耳赤、语无伦次、支支吾吾、答非所问、手足无措，辛辛苦苦准备的"台词""腹稿"，一急之下，都抛到九霄云外，忘得一干二净；有的谨小慎微，生怕说错一句话，一个问题答不好，影响自己的"第一印象"，以致束手束脚，影响正常水平的发挥。

一些女大学生和性格内向或抑郁气质类型的大学生容易出现这种怯懦心理。他们常常渴望公平，盼望竞争，但因畏怯而不能充分发挥自己的才能。这非常不利于就业，容易在竞争中失败。

(四) 消极等待心理

消极等待心理更多表现为幻想心理，是由心理冲突或害怕挫折引起的。在就业中，有些大学生渴望竞争，希望能找到理想的单位、职业，但由于害怕屡受挫折后严酷的竞争结果，而采取的一种逃避态度。有些大学生往往幻想不参与竞争，就能如愿以偿找到理想工作单位。

怀有这种心理的求职者在就业过程中往往表现出消极、等待、观望甚至拖延的态度。有的不思进取、听天由命，等待命运的安排，不去主动求职；有的整日处于幻想状态中，恍恍惚惚，脱离现实，更有甚者，陷入自我欣赏、自我陶醉中，幻想用人单位"慧眼识金"能主动找上门来录用自己；还有的自恃自身条件好，对单位挑挑拣拣，这山望着那山高，等等。

某大学德语系一名女大学生，早在二年级就通过了英语六级，并辅修了广告学，自学了全套办公室自动操作系统，也有过在上海大众公司实习口译的经历，加上楚楚动人的容貌，被一家德资企业看中。但她并不想马上签约，还想找更好的单位。一段时间过后，一无所获。等到她想回去签约时，却被该公司拒绝了。原来，在她因"奇货可居"迟迟不肯签约的第二天，她的同学捷足先登了。而公司虽然要招好几名大学生，却因讲究杂交"优势"，以避免"近亲繁殖"带来的负面效应，不愿再选择同一所大学的毕业生。这名女学生听了此番解释，就如哑巴吃了黄连。由此可知，消极等待的结果只能是错失良机，严重者还可能导致失业。

（五）固执狭隘心理

导致大学生就业心理冲突的一个重要原因是缺少变通性，有一种狭隘的"专业对口"心理。他们不顾社会需要，不顾社会分工与专业分工的辩证关系，只看到专业的独特性，无视专业的伸缩性；只看到专业的惟一性，无视专业的适应性。在改革人事制度和大学毕业生就业制度后，毕业生想用其所学，发挥专业特长，成为职业能手，这是"专业对口"心理产生的个体现实需要。但是，如果一味按自己所学专业去就业，就太限制自己了。专业不等于职业，即使专业与职业完全对口，为了在这个职业中充分发挥自己的作用，仅靠在校学到的专业知识是很不够的。实际上，在很多用人单位，不仅看专业，更看专长，还要看创造性和协调性能力。日本中型以上公司在招聘时，从来不管你是哪个专业，只要他认为你适合这个岗位，什么专业都行。目前，职业和专业呈现了相关性、边缘性、交叉性和通用性的趋势，个体在就业求职时，不能只拘泥于自己的专业，应该学会变通，灵活地自我调节，以扩大自己的就业面，增加成功就业的机会。

（六）怀才不遇心理

有一些人自视能力超群，但在就业时却处处碰壁，于是抱怨自己生不逢时，抱怨"世上无伯乐"，自己没有施展才能的机会。于是整天怨天尤人、闷闷不乐，而且带着这种心理状态继续就业，结果依然找不到可供自己大显身手的舞台，怀才不遇的心理更加严重……如此恶性循环，只能身心疲惫，最终败下阵来。王某的经历就是一个很好的例子。王某是某大学中文系的学生，平时自视清高，认为自己有"管鲍之才"。在第一次与用人单位——某家有名望的报社接触时，夸夸其谈，把自己发表的小说、诗歌吹得前无古人、后无来者，留下了一个华而不实的印象。最终王某没有被报社聘用。事后报社的副社长坦率地说："我们宁愿录取一个'肯干'而欠'能干'的人，也不愿网络一批'能干'而不'肯干'的人"。王某哀叹怀才不遇。其实，成功是一种在各种条件都准备好的基础上又遇上了机会。"怀才"者自然作好了准备，具备了一定的条件，但是，这种"才"是否一定是社会需要的"才"呢？或者说，是不是有用之"才"，是不是真"才"？如果是否定的话，那么，即使"怀"了"才"，有"遇"也无用。如果确是真"才"，可以肯定，只要学会推销自己，"怀才"必遇。

以上这些心理障碍是大学生就业过程中普遍存在的，还有一些如从众心理、攀比心理、嫉妒心理等都是不健康的心理状态。心理障碍不能及时消除，会影响大学生顺利就业，甚至会引发一些问题行为和躯体化症状。

问题行为是指由于心理问题引起的违背社会行为规范的不良行为，通常表现为损坏物品、报复、对抗、拒绝交往、过度消费、嗜烟、嗜酒等等。问题行为的出现，不仅会影响毕业生的就业，同时可能会造成违法乱纪，影响自己的前途和发展。

躯体化症状是指由于心理压力和生活方式而导致的异常生理反应，如头痛、脑昏、消化功能紊乱、血压不正常、肌肉酸痛、心慌、口干、尿频、睡眠障碍、饮食障碍等等。这些症状必须及时排除，时间久了会影响毕业生的身体健康，甚至会加剧心理障碍而形成恶性循环。

二、就业心理矛盾

所谓心理矛盾，即心理冲突，就是指两种或两种以上不同方向的动机、欲望、目标和反应同时出现时所引起的紧张心理状态。当代大学生在就业过程中主要存在以下几个方面的心理矛盾。

(一) 多重选择的矛盾

在就业市场化的社会背景下，许多大学生在就业过程中遇到多重选择的情况。多重选择有利有弊，有的大学生能果断选择适合自己的工作，而有的大学生则经常犹豫不决，举棋不定，以致失去良机。大学生出现的多重选择矛盾主要有以下几种。

第一，在本地工作，有熟悉的环境，且有通达的人际关系网，但缺乏新鲜感和挑战性；在外地工作，有新鲜感又有挑战性，但却人地两生。

第二，有的工作稳定，但收入不高；有的工作输入丰厚，但风险较大。

第三，有的专业对口，但地域不理想；有的很实惠，却不符合自己的兴趣；有的单位可以立即签约，但也失去了别的选择机会。

第四，有的单位态度诚恳急切，却不一定是自己想去的地方；有的单位态度不冷不热，反而恰恰是自己的理想追求。

(二) 理想与现实的矛盾

大学生往往希望有一个理想的求职环境，能顺利地实现自己的愿望。然而，由于他们才正式进入社会，涉世不深，还不善于从客观的角度来认识和面对现实，心中的理想与现实状况存在很大差距，因而理想与现实严重脱离，甚至出现了理想自我膨胀与现实自我萎缩的矛盾。

相关研究表明，大学生的理想职业与现实职业是有一定落差的，而且近年来，高等教育大众化，全社会就业竞争加剧，而大学生的就业期望值居高不下，但是现实的就业市场常常不能提供大学生所要求的工作，因此大学生在就业过程中经常会感受到现实的残酷。

(三) 渴望竞争与害怕竞争的矛盾

以市场为导向的自主择业就业政策为大学生就业提供了更为公正、公平的竞争环境。这就满足了他们渴望凭借自己的实力去撞击机遇大门，寻找属于自己的那片天空，施展抱负和才华，实现自我价值和社会价值的心理。不过，当他们真正面对激烈的市场竞争时，许多大学生有没有足够的信心，出现诸多顾虑，害怕竞争。这主要表现为：一些大学生在遇到压力与挫折时，不善于对自身的心理及目标进行合理的调整，不进行积极的主观努力，而是消极应对，试图逃避，拱手让出自己的竞争权利；一些大学生怕丢面子，怕伤了和气；一些大学生认为社会因素干扰太大，竞争肯定会失败，丧失了参与竞争的积极性。

（四）就业与深造的矛盾

当前阶段下，大学生毕业主要有两条道路：一是就业；二是深造。大学生在就业过程中，当看到严峻的就业形势时，往往会产生就业与深造之间的矛盾。他们不知道自己到底是工作好，还是继续深造好。

通常而言，深造是为了满足自身内部的认知需要。一些平时就喜欢自己所学专业的学生，他们对所学知识所表现出极大地兴趣，并且有了一定的收获和见解，在学习过程中不断产生新的问题，渴望通过深造继续探讨钻研。此外，深造能够获得更高的学历，二学历也是用人单位选择人才的一个标准，这也就促使一些学生选择继续深造，获得更高的学历。

对于未能准备好就业的大学毕业生而言，可以通过深造逃避或推迟就业。但一定要明确，当前高学历不再是大学生参与就业竞争的唯一优势。用人单位并不欢迎高学历、低能力的毕业生，更何况就业市场变化大，现在深造，几年后的就业情况又难以预料。

就业与深造的矛盾往往容易出现在一些贫困家庭又是普通院校的大学生身上。因为他们一方面需要及早就业减缓家庭经济压力；另一方面又需要提高学历增强就业竞争力，但深造读研又会加重家庭经济负担，而且还要承担一定的风险。

（五）成才立业与贪图享受的矛盾

在就业过程中，很多大学生都希望从自己的专业出发来选择职业，从而用所学的专业知识干一番事业，有所作为，对国家、对社会有所贡献。但同时，他们又缺乏艰苦奋斗的心理准备，怕吃苦，贪图轻松舒适，把成才立业摆在了追求舒适的工作生活条件之后，一心向往条件优越的大城市，不愿到艰苦的地方去，不愿从基层工作干起，因此常常高不成、低不就，左顾右盼，失去了很多良机，也浪费了自己宝贵的青春。

三、就业心理挫折

在当前严峻的就业形势下，任何一名大学生的就业都不可能是一帆风顺的，都有可能遇到不同程度的挫折，不时见诸报端的大学生在求职过程中因遭遇挫折而出现的极端事例，令人扼腕叹息。如何引导大学生正确地认识和应对就业挫折，克服挑战，从而使其成功就业，显得尤为重要。

（一）就业挫折的含义

就业挫折是大学生在就业过程中，遇到无法克服或自以为无法克服的障碍或干扰，使其需要或动机不能得到满足而产生的一种紧张的情绪反应、情绪体验。它是一种消极的心理状态。

就业挫折同其他挫折一样，包括就业挫折情境、就业挫折反应、就业挫折认知三个方面的涵义，其中，就业挫折认知，即对就业挫折情境的知觉、认识和评价，是最为重要的部分。对于同样的就业挫折情境，不同的认知会产生不同的反应。一般来说，就业挫折情境越严重，所引起的就业挫折反应也越强烈，但是，他们并不总是成正比，有时就业挫折反应会大于实际的就业挫折情境，有时即便没有就业挫折情境的发生，而仅仅由于就业挫折认知的作用，也可能产生就业挫折反应。

就业挫折一般有两种类型：一是就业时由于知识缺乏、能力、经验、物资的缺乏而产生的缺乏挫折；二是由于在就业过程中所遇到的阻碍而产生的阻碍挫折，这种阻碍可能是物质性的，也可能是观念性的、社会性的。

大学生在就业时都有可能遇到不同程度的挫折。如果就业挫折太大，太频繁，或者超过大学生的耐受能力且不能正确对待，则有可能会引起就业心理困惑或障碍。就业挫折属于正常现象，从某种意义上讲，它也有有利的方面，能引导大学生对就业的认知产生创造性的变迁，提高解决问题的能力，寻求正确的方法和途径，从而合理就业。

（二）就业挫折的心理表现

1. 内心强烈的相对剥夺感

内心相对剥夺感是一种很矛盾的心理状态，此种心态的产生是由于人们将自己的命运与那些既和自己的地位相近，又不完全等同于自己的人或群体作出相反的比较。例如，在原有的班级中，有的大学生学习成绩优异表现突出，但就业却屡屡受挫，而有的大学生平时各方面的表现都很一般，却找到了比较满意的工作，这种现实的巨大反差使一些人产生了强烈的相对剥夺感，这往往会使大学生处于一种焦虑和急躁的状态之中，有的甚至会因嫉妒而做出过激的行为。

2. 极度不自信

有些大学生在就业受挫后，轻易看低自己，开始过分注意自己的缺陷或不足，表现为极度的不自信，如身高不够理想、相貌不佳、人际交往不擅长，有的毕业生对自己所学专业抱有悲观看法等等，从而造成对自我能力评价过低，不能充分认识自身特长和优势，严重缺乏自信，过分降低自己的职业期望值，不敢应聘自己完全能够胜任的挑战性职位，这种情绪严重地影响了大学生的学习和生活，不仅不利于正常就业，还可能导致大学生产生极端自责、自卑、自伤等自我攻击行为。

3. 不满和宣泄的偏激心理

一些学生在遭受就业挫折后，往往把原因简单的归结为客观因素，他们较为片面地认为，自己今天之所以就业受挫，主要是学校没有给他们提供更多的就业岗位，学校、社会和政府给予他们的机会不公平，教师的工作没有做到位等等，习惯于把一切责任推给教师、学校、社会和政府，对学校、社会和政府的不满情绪油然而生，并可能不断加剧。当他们的失落情绪一旦与对某些具体的现实问题的不满结合起来，达到一定程度时，必然需要通过发牢骚、喧闹甚至破坏性行为来加以宣泄。这种消极的社会心理容易造成大学生对其他群体的不满和对立的偏激情绪，以至最终导致其对现实社会的种种不满指向学校和政府，再通过发牢骚、喧闹甚至破坏性行为宣泄出来时必然危机整个社会。

4. 不自立的依赖心理和侥幸心理

大学毕业生多希望通过自身的努力解决就业问题，依靠自己的能力获得一份理想的工作。但是，大学毕业生毕竟处在进入社会生活的边缘，还不能完全融入就业市场中去，而且多数大学生本身自立意识较为淡薄，对学校、教师及父母仍然存在较重的依赖，在经历了数次挫折之后，他们失去了斗志和信心，产生了靠家长、靠关系找工作的念头。有的学生认为国家既然重视就业工作，就一定有人管事，指望学校提供更多的就业信息，有些大学生在经历就业挫折之后，显得茫然失措，他们不知道自己的方向，竭力想随大流，追求安全稳定，采取消极等待、观望的态度，希望找到一个稳定的工作。

☪ **案例**

大学毕业拾荒治"心病"

徐迎辉，江西宜春人，2002 年毕业于华北工学院(中北大学)自动控制系。毕业后有过一段工作经历，他说："我几乎每件事都给弄砸了，后来感觉实在对不起要我的那位老师，就离开了，再没找过工作。""我一直在努力，甚至我的努力已达到极限，10 年来我和崩溃只有一步之遥，希望过上'正常人'的生活。"说话时眼睛里透着无助与焦虑，握手也无力而且冰凉。现在，他在北京以拾荒为生。

一、案例分析

对于徐迎辉的状况，首都医科大学医学心理教研室的张曼华教授说，"他的问题并非最严重的那一类""查清心理障碍的成因很重要，只有查清病因，才能对症下药"。靠拾荒治心病，似乎有点不正常。但知道心病必须治，想要摆脱心理煎熬，就再正常不过了。遗憾的是，现在有很多人认为，心理治疗与自己很远。心理治疗必须成为社会常态，就像看感冒发烧一样。

二、总结

作为即将毕业进入职场的大学生而言，也应该重视起心理问题。职场环境复杂多变，面对不同的人或事，可能有很多困难或挑战，只有"心"强大，才能负载自己一路披荆斩棘、无往不利，最终达到职业的新高点。

(搜狐教育，2004 年 10 月 25 日)

第三节 常见就业心理问题的指导方案

前面讲到了大学生在就业过程中常见的心理问题，可采用第一节就业心理指导的基本方法进行调试，但重在预防和避免这些心理问题。

一、就业心理障碍的预防和调试

(一) 焦虑和恐惧心理的预防与心理调适

1. 扎实学好文化知识，充分做好考试与就业准备

很多人产生焦虑和恐惧心理，在于没有学好相关文化知识，面对考试无所适从或者在就业双向选择中没有专业知识方面的优势，因此，从一开始踏踏实实学习，打好知识基础，以考试和就业作为压力，并以此督促自己努力搞好学业，做好考试和就业准备才是大学生预防焦虑和恐惧心理的有效方法。

2. 培养自信心，坦然面对，不逃避

大学生应该多做一些力所能及的事，体验完成后的成就感，一点一滴树立和培养自己的自信心。遇到困难时应该迎难而上，坚决不逃避，否则，次数多了就会丧失自信心，严重时就会形成恐惧心理。

3. 正视焦虑与恐惧心理，通过心理暗示调试和消除

每个人心理素质不同，对待心理问题的态度和解决方法不同，心理暗示作为心理调适方法之一，可有效消除心理问题。

当产生焦虑和恐惧心理时，应正确面对，首先可以深呼吸几次，舒缓压力。其次通过回想自己所做过的最有成就的事，来强化自信心。最后进行心理暗示，"我可以""我不怕""我是最棒的"这些话语可以做成纸片粘贴在自己能轻易看到的地方，一定时间后，可有效缓解焦虑与恐惧心理甚至彻底消除。

(二) 自卑和自负心理的调整和调试

1. 合理定位评价自我，确定合理期望

自卑心理形成的原因很多，比如家境、长相、考试成绩不理想等，消除自卑心理在于分析自我，搞清楚自卑的原因，重新评价和定位自我，确定可达到或可实现的期望与目标。同理，给自己设定一些挑战性的目标，拉高期望值，可有效调整自负心理，同时，在调整过程中可以一定程度提高自身的相关能力。

2. 不攀比，不歧视

平等对待周围的人或事，当自己不如人时，不攀比，努力提高自己；当自己比别人优越时，不歧视，应将目光放长远，提升自己的格局。

3. 脚踏实地，不好高骛远、眼高手低

对于自卑的人来说，不知道自己原来这么厉害，脚踏实地做一些事情，通过成就感来强化自信，摆脱自卑心理。而对于自负的人来说，不知道自己原来也没想象的那么厉害，因此不要好高骛远、眼高手低，踏踏实实做事，检验自己真实能力，真正做到我是"我"。

4. 有效的心理暗示

有效的心理暗示可以调整自卑或者自负心理，参考如前所述方法，写一些相对应的话语，不断提醒和暗示自己，调试心理问题。

(三) 克服怯懦心理的调整

怯懦心理的形成一般是由于视野、见识、知识不够、能力欠缺（一般是木讷，不善表达）或者因为一些事情受过刺激等原因，克服怯懦心理，应从以下几点着手。

1. 多参加社团、社交活动

有怯懦心理的大学生平时可积极参加集体和社团活动，尝试主动交朋友，培养自己的语言表达能力。

2. 多读书、多看报，拓展和丰富自己的视野

所谓"见多识广，才能见怪不怪"，就是要多看、多长见识，才不会怯懦、胆小，因此

可根据自己的情况多看书、看报，或者可以多旅游，拓展和丰富自己的视野。

3. 不逃避，正确对待，勇敢面对

所谓"一朝被蛇咬十年怕井绳"，有些人因为受过一些过激的刺激，留下了心理阴影，会形成怯懦心理，不要逃避，勇敢面对，必要时可求助于朋友或老师。

4. 心理强化

怯懦心理可以通过心理强化来调试，越是害怕的事物越要告诉自己不害怕，同时可以通过一些实际的行动来强化。

（四）消极等待心理的调试和消除

1. 善于计划，并付诸实施

一个合理的计划，应该考虑自身的条件和心理状况，并督促自己付诸实施，必要时可以设置奖励，可有效避免和消除消极等待心理。

2. 做相应训练，学会自动自发

可以主动给自己布置一些简单的任务，力所能及为宜，享受完成后的成就感，逐渐培养自动自发的行为习惯。

3. 脚踏实地，不奢望、不幻想

有些大学生追求过高的目标或有对自己过高的期望值，一旦实现不了就会出现消极等待心理，应给自己设定符合自己期望的目标，脚踏实地，认认真真去完成。

（五）固执狭隘心理的调整

1. 理性看待问题，学会变通

对于很多人，认死理、固执都是因为过于太感性化，应辩证看待问题，一分为二地分析，学会理性的思维方式，"树挪死，人挪活"，一条道走不通可以换个方向，需要通过日常对待具体问题时慢慢培养变通性。

2. 开阔眼界、拓宽视野

狭隘的症结在于见识过少，对于事物没有宏观全面的认识，因此，需要开阔自己眼界，扩宽视野，平时多看书，多看看电影也好。

3. 培养自己多元化的能力

对于就业的固执狭隘心理，主要因为自己所学过专，能追求的目标过于单调。在大学学习过程中，应注重专业知识与非智力能力并重，如多参加社团活动培养自己组织管理能力，多写写画画，培养自己特长等等。

（六）怀才不遇心理的避免和调试

1. 调整期望值，消除自负心理

很多人出现怀才不遇的心理就是因为太过于自负，不能正视自己的能力，眼高手低，很容易处处碰壁。调整自己的期望值，有效消除自负心理，可避免出现怀才不遇的心理障碍。

2. 提高自己的能力

李白说"天生我材必有用"，应明白当时李白作《将进酒》的背景，是被排挤出长安，

失意时所作，可以认为是李白给自己进行心理调适，是真正有用无处、无法展示。而我们大学生就业遭遇挫折时，也用这句话来给自己打气，不同的是，是企业没发现你的才能或者不需要此类人才。求职失败，应该问问自己"企业需要什么样的人才""我是否在面试的时候充分展示出了自己的能力"，进而针对性地分析自己的问题，调整状态，寻找适合自己的招聘企业。

在大学阶段，大学生应全面学习各种科学文化知识，全面锻炼自己各方面能力，可参照前面职业能力章节针对性开展，全方位的"千里马"，总会让"伯乐"疯抢的。

二、就业心理矛盾的避免和解决

（一）多重选择矛盾的避免和解决方法

1. 正视自我，合理定位

大学生在就业准备时，应着重分析自身能力、优缺点、特长与不足，以便对自己有正确的认识，自己能干什么，适合干什么，擅长干什么，以此为基础确定自己的就业目标，理性而客观。

2. 强化就业目标，明确选择标准

确定就业目标以后，应该尝试强化目标。自己最看重什么，最想要什么，都要有一个清楚的认识，从而量化选择标准。

3. 学会取舍

在就业过程中，机会很多，但不一定都完美，因此，鱼与熊掌不可兼得，要学会取舍，对于大学生而言，在众多条件中，良好的成长空间、较多的成长机会是优先要考虑的。

（二）理想与现实矛盾的避免和解决方法

1. 重视积累，提高能力

所谓"养兵千日，用兵一时"，就业就像打仗，要想胜利，平时"养兵"即学习尤其重要。理想与现实的矛盾很多来源于职能不匹配，学习不好，能力不佳，面对好的就业机会很眼红，但人家不要。因此，在一开始，就要为了就业的目标，重视学习，重视积累，努力提高自身各方面能力。

2. 知己知彼，调整就业期望

在就业过程中，可以多比较几家招聘单位，了解他们的用人要求，对比自己的能力和素质，能匹配最好，不匹配就要调整自己的期望，重新确定目标。当然，广撒网也不是不可以，但从自身职业生涯的角度来看，适合自己的才利于自身发展。

（三）渴望竞争与害怕竞争矛盾的解决方法

1. 正视竞争

在四十年的改革开放历程当中，我国高等教育蓬勃发展，已经处于大众化教育阶段，在这样的背景下，竞争是不可避免的。择优录用是每个企业对于人事问题的处理原则，想

要获得理想的工作，就要去拼，去竞争，才可能有机会。

2. 勇于竞争

竞争是一种积极的态度和生存方式，也是当前社会的常态，存在于多个层面，很多机会、名额都需要靠竞争获取。勇于竞争，就是为了有更好的发展条件、发展机会，是对自己负责，是对自己几年学习成果的展示和检验。

3. 合理竞争

竞争没有对错，是一种必然，合理的竞争也是社会和学校所鼓励的。通过向企业展示自己的优势、特长获得就业机会，就是合理竞争。反之，通过一些不正当手段甚至非法手段排挤、诋毁他人就不合理甚至不合法，是要被处罚或者制裁的。

（四）就业与深造矛盾的解决方法

1. 规划自身职业生涯

通过规划职业生涯，可以明确自己在特定时间做特定的事，可有效避免选择时的矛盾。毕业后深造还是直接就业，应根据自己的实际情况早早做出规划。

2. 明确需要，做出选择

大学生临毕业就面临就业和深造的选择，大部分人会直接就业，而少部分选择深造，这些选择大都基于自身需要。当前就业压力较大，从市场反馈回来的信息表明，高学历普遍待遇高一些，对于一些没有经济压力，对自己目标期望值较高的学生可以选择继续深造，起点高一些，也是利于自身发展的。而对于大部分人来说，大学学习的知识已经够用，更愿意在大浪淘沙的职场竞争中磨炼自己，可以直接就业。

（五）成才立业与贪图享受矛盾的解决方法

1. 克制欲望，提高自己

职场上流行一句话"工作的快乐不在于工作本身，而在于工作获得的回报可以使自己快乐"，很有道理，工作可以改善生存环境，提高生活品质，也是工作的最本质意义。对于大学生而言，获得一份好的工作，意味着可以有更高的生活品质，经过的层层筛选，大浪淘沙，真正有能力的人总会脱颖而出，因此，大学生应该把更多的时间和精力放在学习知识和各方面技能上，克制一时的欲望，提高自己综合素质，将会获得更好的机会和更高的生活品质。

2. 响应国家政策，乐于支援西部，从基层做起

四十年的改革开放表明，真正紧跟国家政策的人大部分都发展很好，积极响应国家政策，把政策用活、用够，紧跟国家发展大趋势，有利于自己的成长和成功。不怕苦，不怕累，从基层做起，是大部分人都要经历的过程，不抵触、不逃避，磨炼和提升自己，也是有利于今后发展的。

三、就业心理挫折的调适方法

战胜就业挫折，社会、学校等外界环境是重要的。社会要努力为大学生提供良好的就

业环境，尽快完善就业市场和就业制度，建立公正、公平、合理的竞争机制，学校要大力加强就业指导和心理咨询工作。但要想真正战胜挫折，主要是依靠自己，这里重点谈一谈就业受挫的自我应对。

（一）正确认识就业挫折

大学生初次就业，难免遇到一些挫折，这是正常的。就业过程中的挫折本身并不可怕，它并不是导致情绪障碍的直接原因，大学生对就业挫折所持的看法、解释，才是引起情绪和行为反应的直接原因。有的大学生怕就业怕失败，对挫折不理解，认为不应该发生；有的大学生在挫折面前以偏概全，一叶障目，过分片面化；有的大学生对挫折过分夸大，想象得非常可怕，无法挽回等等，这些都是不合理的观念。大学生就业受挫后，要保持冷静、理智，树立自信心，找出挫折源，分析原因、性质及严重程度，然后考虑解决问题的办法及可行性，最后付诸实施。

（二）积极运用心理防御机制，提高挫折承受力

挫折承受力如何，直接关系到个体是否能经得起挫折打击。挫折承受力较强者，往往挫折反应较轻，受挫折的消极影响少，而挫折承受力较弱者，则容易受挫折的消极影响，甚至意志消沉、一蹶不振。在就业过程中，大学生都或多或少地运用自我防御机制，心理防御机制运用得当，可以减轻情绪上的痛苦，从而提高就业中的挫折承受力，为寻找战胜挫折的办法提供时机。防御机制有积极和消极之分，我们提倡运用积极的心理防御机制，如升华、认同、补偿、幽默等。当然，不论何种方式都要看大学生在就业过程中如何来准确把握，适时适度地运用。

（三）强化社会支持意识，克服封闭性应对

大学生应对就业挫折多采用封闭式应对方式，而较少寻找社会支持，这可能与大学生自尊心较强有关，这可能与不少大学生认为就业具有不可公开性有关。社会支持是一种特定的人际关系，包括师生关系、同学关系、朋友关系、家庭关系、亲戚关系等等。在同样的就业挫折情景下，社会支持较多的大学生，受到的挫折伤害小，解决问题的策略多、速度快。社会支持是就业过程中有效增强挫折承受力的又一有力武器。当然，社会支持不是"拉关系"，搞"不正之风"，而是在就业受挫过程中的关怀、爱护、帮助、信任、安全和指导，不能因为现实生活中存在的"不正之风"而因此忽视甚至完全否定社会支持。

（四）正确评价自我，合理调整就业期望值

大学生是一个容易幻想的青年群体，大学伊始就有优越感，对未来充满美好的追求和向往，毕业时，对自己的能力估价过高，定位的就业期望值就过高，脱离了实际，超越了现实的就业条件，所以容易产生或加重挫折感。大学生之所以有时应对效率不佳，与他们建立的就业期望值不合理不无关系。毕业大学生，应当全面地评价自己，既要看到自己的长处，又要正视自己的差距，冷静地总结经验教训，分析面临的就业形势，合理地调整就业期望值，同时提出下一步的行动方案。大学生就业期望值应立足现实的社会需要，抵制功利主义、享乐主义的影响，充分体现发展事业，服务社会，奉献社会的精神风貌，使自

己的就业观和就业期望值做到自身条件与社会现实、个人要求与社会需要相一致。

☪ 案例

工作之初，为什么我无所适从

我是一个刚刚走上社会的青年，分配去了一所中学任教，由于自身性格较为内向，在同事面前总是无所适从，特别是在领导面前更加不知所措。我生怕这样会坏了我在同事和领导心目中的形象而遭遇下岗，于是我整天忧心忡忡，唉声叹气，感到每一天都危在旦夕，我就在这样的感觉中痛苦地挣扎。我曾经对生活有美好的憧憬，但在面临真正的生活时，我感到有很大距离，于是，我怕，我恐惧！我周围的同事们其实都很好，把我当"小弟弟"一样地看待，但是我总觉得进入不了他们的圈子。有时我想，我是不是应该离开校园，到外面去闯一番，但又想，校园这么大的人际关系都处理不好，何况社会？我也想使自己坚强起来，但是天生的忧郁和内向，使我陷入自卑的泥淖而不能自拔。不在沉默中爆发，就在沉默中死亡。现在的我感到好像不久的未来我便会消逝于这个世界！我曾经阅读一些有关的书籍，可没有多大作用。谁能告诉我，一个初涉世事的青年怎样才能拜托这种无所适从的困境？

一、分析

本来年青人刚刚参加工作，这是一种正常的情况，是他"自作多情"地自己编织了苦恼。其实是其处在社会适应期，心理陷入了误区。

首先是其角色心理出现了问题。就社会的角色期望来看，人们对于年轻人的一些幼稚，能力较差，不够干练，适应不好，是不以为怪的，也是倾向于理解和接纳的。但是其自我角色期望过高，感到和同事们比起来在能力、水平、经验以及人际关系交往等方面都有一定的差距，很多问题处理起来都有点力不从心，于是对自己的角色产生了怀疑，出现了自我认知的矛盾和混乱。一方面自己觉得有了自主能力，应该主宰自己生活了，另一方面，又对自己产生了怀疑。青年的自我认知常常陷于这样的矛盾，一面是自我扩大，觉得自己了不起，一切都好，一面是自我萎缩，觉得自己很差劲，什么都不好。于是出现了如下的心态：本来我可以干得更出色，但是我的能力不强，性格不好，这样我就可以心安理得地来接受自我免于痛苦。这是在运用一种心理自我防卫机制。但是这样的防卫机制并不能使现实的自我角色有满意的定位。于是他就对自己更加的怀疑，而且，通过心理投射的作用，觉得好象别人真的瞧不起你，当然会感到自己无所适从了。

第二，与其性格有关，自己认为自己性格内向、自卑，其实自卑的背后是变相的、极端的自尊，对生活的"美好的憧憬"透露出来的是一种极端完美主义倾向，在其潜意识里期望自己处处很出色、很优秀、很完美，可是刚刚参加工作的人哪里会有那么多的优势，那么多的完美呢？于是他越发感到了一种劣势，那种极端的自尊就更加剧了自卑心理。

第三，人际关系交往出了问题。由于性格内向，很可能一直都存在人关系交往障碍，而面对一个新的环境，体验更深刻，感到面对一个新的人际圈子，一时很难找到"我们感"，而存在明显的"他们感"。其实这是一种正常的情况，只是他选择了一个人自我封闭。人际交往是一个互动的过程，一旦封闭自我，你的交流需要就没有办法满足，而他不是一个以孤独为乐的人，自然而然地会感到无所适从了。

二、处方

一是让自己保持平常心，调整对自己的角色期望，接受自己对工作之初这样那样的不适应的表现，摒弃完美主义。一个新来的小弟弟，不论是从哪个方面看，我不幼稚谁幼稚，我不差劲，谁差劲？自我认知就有了现实性，不要扩大，也不要萎缩，对现实的自我就有了更多的满意感。

二是理解和接受别人对你的角色期望。就一般来说，很少有人会和小弟弟在什么事情上都较真的，大家不会因为你不适应而排斥你，特别是当你先"让人三分"了时，人们更会接纳你的诸多不如意。

三是去发现和挖掘自己的优点。其实，我们可以看到他有许多的优点，如字写得不错，语言很有文气，同时可以看到其还是很爱读书的人。如果从生活中再多找出自己的优点，就会通过积极的自我心理暗示作用，找回自信。

四是专心于工作。一个年轻人无论你如何在意自己的形象，也不会多么得完美。一旦你专心工作，本身就是一个"小弟弟"最好的形象。就是真正下起岗了，有了专心工作这一条，作为青年人也就有了最大的资本。

五是每天和同事们多说一句话，一旦这样做了，就会感觉到融入你生活的人际圈子原来并不难，自然就感觉找到了"我们感"。

总之，你只要进行认知和行为的调适，你就会在新的生活中找准了自己的位置和感觉，也就不再无所适从了。

三、延伸

通过这样的案例，再看看大学生进入社会产生的障碍。

1. 思想认识障碍

大学生在社会上被视为"天之骄子"，这个"光环"使他们产生了强烈的优越感，这种优越感被带入工作之中，就会表现出目中无人、自以为是、高高在上，常常以文凭、学位或者毕业于名校自居，很难给自己的工作做出一个恰当的定位。经常表现为：工作中挑三拣四、挑肥拣瘦，只想做高层次工作，看不起基层工作和基层工作人员，甚至认为堂堂的大学生干那不起眼的小事是大材小用、有失身份，对领导的工作安排不满意就不服从，在处理与同事的关系上目空一切、自命不凡，不能虚心地向有经验的同事学习。这种情况的出现，往往会导致光说不做，小事不愿做，大事做不了，产生与实际工作不相符合的思想认识障碍。

2. 心理障碍

一是社会心理障碍，二是职业心理障碍。

3. 社交障碍

参加社会工作之后，毕业生发觉面对的是复杂且有利益冲突的微妙的人际关系，以往教师的谆谆教诲，同学的互相帮助，与现时同事间的"各自为政"，说话"点到为止"完全不同，使初涉职场的毕业生感到难以把握、无所适从。以致有的把自己封闭起来，产生了社交恐惧感，影响了与同事的正常交往。如果毕业生长期处于极不和谐的人际关系之中，必然难以正常开展工作和学习，生活也将受到影响。

4. 其它障碍

依恋学生角色，易产生怀旧心态，常常自觉或者不自觉地将自己置于学生的角色来要求自己和对待工作，以学生角色的习惯方式观察和思考事物，分析事物，面对复杂的人际关系和职业责任压力，十分留恋相对单纯的学生时代。

工作消极被动，缺乏自觉性和独立性，工作中全靠领导安排，对自己的工作性质、范围、责任、相互关系还没有足够的认识，在履行角色义务、掌握支配角色权利的尺度，遵守角色规范方面存在着一定的差距，不能独立承担职业义务。

自卑退缩、不思进取，面对新的工作环境和生疏的人际关系，缺乏应该有的自信。工作中放不开手脚，产生不求有功、但求无过的消极心理。

心态浮躁，缺乏敬业精神，在角色的转换过程中表现出不踏实、不稳定性特征。一些时间想干一项工作，另一些时间又想干另一项工作，对本职工作坚持不下去，缺乏敬业精神。

[《新青年(朋友)》, 2002 年第 05 期]

第八章　就业权益保护

✦ 本章导读

　　随着就业形势日趋严峻，大学生的就业问题逐渐成为困扰社会的一大难题，在就业过程中，大学生就业权益遭受侵犯的现象越来越普遍，已经成为社会中一种不和谐的因素，引起了社会各界的广泛关注。本章针对大学生就业的权益现状，分析其原因，提出了相应的解决对策，以便有效地保护好大学生的就业权益。

第一节　毕业生在就业过程中的基本权利与义务

一、毕业生就业的基本权利

　　毕业生作为就业过程中的一个重要主体，享有多方面的权利。毕业生权利主要包括两大方面：一方面是在整个毕业就业过程中的权利；另一方面是毕业生针对被录用单位的权利。

（一）毕业生在整个毕业就业过程中的权利

1. 接受就业指导权

　　大学生有权从学校接受就业指导。学校应成立专门的就业机构，安排专门人员对毕业生进行就业指导，包括向毕业生宣传国家关于毕业生就业的有关方针、政策；对毕业生进行就业技巧的指导；引导毕业生根据国家、社会需要，结合个人实际情况进行就业，使毕业生通过接受就业指导，准确定位、理性分析、合理就业。

2. 获得信息权

　　就业信息是毕业生就业成功的前提和关键，只有在充分占有信息的基础上，才能结合自身情况选择适合自身发展的用人单位。毕业生获取信息权包括两个方面：① 信息公开，即所有用人信息向全体毕业生公开。凡需录用毕业生的用人单位，须到学校毕业生就业主管部门登记用人需求信息，并由学校毕业生就业主管部门通过各种渠道向全校毕业生发布，任何人不得隐瞒、截留需求信息。② 信息全面及时，也就是毕业生获取的信息必须是及时、有效的，而不能将过时、无价值的信息传递给毕业生。毕业生有权获得准确、全面的就业信息，以便对用人单位有全面的了解，从而做出符合自身需求的选择。

3. 被推荐权

高等学校在就业工作中的一个重要职责就是向用人单位推荐毕业生。历年就业工作经验证明，学校的推荐在很大程度上影响到用人单位对毕业生的取舍。学校在对毕业生进行推荐时，应实事求是，根据毕业生本人的实际情况向用人单位进行介绍、推荐；学校对毕业生进行推荐还应做到公平、公正，给每一位毕业生就业推荐的机会；同时还应在公正、公开的基础上，择优推荐，用人单位录用毕业生也应坚持择优标准，真正体现优生优用、人尽其才。这样才能调动广大毕业生和在校生学习的积极性。毕业生在就业过程中只有凭借自身综合素质的提高，才能处于有利地位。

4. 选择权

根据国家有关规定，毕业生只要符合国家的就业方针、政策，可以自主地选择用人单位；学校、单位和个人均不得干涉。任何将个人意志强加给毕业生，强令毕业生到或不到某用人单位是侵犯毕业生选择权的行为。毕业生可结合自身情况自主与用人单位协商，要求学校予以推荐，直至签订就业协议。

5. 公平待遇权

用人单位在录用毕业生的过程中，也应公正、公平、一视同仁。但在当前，毕业生的公平待遇权受到很大的冲击，也最为毕业生所担忧。由于配套措施相对滞后，完全开放的公平的就业市场尚未真正形成，用人单位录用毕业生还不同程度地存在着不公平、不公正的现象，如性别歧视仍然是困扰女性毕业生就业的一大问题。公平受录用权是毕业生最为迫切需要得到维护的权益。

6. 违约求偿权

毕业生、用人单位签订协议后，任何一方不得擅自毁约。若用人单位无故要求解约，毕业生有权要求对方严格履行就业协议，否则用人单位应对毕业生承担违约责任，支付违约金。

（二）毕业生针对被录用单位的主要权利

1. 有要求用人单位履行协议接收毕业生的权利

协议书是国家专门用于毕业生就业的正式文本，具有法律效力。双方一旦签约，就有义务严格履行协议，不得无故进行更改。用人单位必须依照协议接收毕业生，并妥善安排毕业生的工作，提供相应的工作和生活条件，以保证毕业生的正常工作。

2. 有要求用人单位按照《中华人民共和国劳动法》规定提供各种劳动保障的权利

毕业生到用人单位报到后应签订劳动合同。《中华人民共和国劳动法》第三条规定：劳动者享有取得劳动报酬的权利、休息休假的权利、获得劳动安全和卫生保护的权利、接受职业技能培训的权利、享受社会保险和福利的权利、提请劳动争议处理的权利以及福利规定的洽谈劳动权利。

3. 有追究用人单位违约责任的权利

毕业生与用人单位签订就业协议，是双方遵循平等自愿、协商一致原则而达成的协议，双方均有遵守的义务。如果用人单位一方不能按照协议的内容履行，或者打折扣，毕业生有追究用人单位违约责任的权利。

二、毕业生就业的基本义务

毕业生在享有法律、法规和有关政策规定的权利的同时，也应当履行自己的义务。这些义务主要包括：

1. 回报国家、服务社会的义务

国家宪法规定，劳动对于公民来说，既是权利也是义务，是权利和义务的结合和统一。对于毕业生而言，国家和社会乃至家庭为其成才和发展提供了相当优厚的条件和待遇，这是其他青年群体所无法比拟的。按照"得之于社会、还之于社会、报之于社会"的原则，毕业生理应积极地、有责任地依托自己的职业行为，发挥自己的专业优势，回报国家、社会和家庭，承担起自己应尽的义务。

2. 如实介绍自己情况的义务

毕业生在求职就业过程中应如实向用人单位介绍自己的情况，这既是基本的就业道德要求，也是自己应尽的义务。毕业生在填写推荐表、自荐信，与用人单位洽谈介绍自己时，必须实事求是，不得弄虚作假，讲优点不要夸张，谈缺点不能回避，有过失不可隐瞒，说成绩不能虚假，以诚相见。只有如实介绍自己的情况，才能让人觉得可信、可靠，获得用人单位的信任。

3. 遵守和履行就业协议的义务

毕业生与用人单位通过双向选择签订协议以约束双方的行为。遵守协议是就业工作顺利进行的保证。慎待诺言、表里如一、言行一致是做人的基本准则，讲信誉是毕业生应尽的义务。一经签订协议就不能随便违约，一旦违约，不仅影响学校正常的就业秩序，而且会损害用人单位、学校、其他同学等各方面的利益。因此，毕业生必须增强信用意识。

4. 按时到工作单位报到的义务

毕业生办理完离校手续后，应按时到用人单位报到。不去就业单位报到的，学校不再负责其就业问题。

5. 依照职责要求完成工作任务的义务

毕业生是接受了高等教育的人才，用人单位往往寄予厚望，赋予重要职责。因此，毕业生有义务遵守单位的工作纪律，积极努力，将自己的知识和才能充分发挥出来，切实履行工作职责，认真完成所承担的工作任务，为单位的发展做出应有的贡献。

6. 不断提高自身技能的义务

现代社会，科学技术日新月异，飞速发展，新的知识、技术层出不穷。一方面，毕业生在校期间，本身在技能掌握上不一定能完全适应工作实践的需要；另一方面，工作以后，日益更新的知识与技术，需要毕业生在实践中继续抓紧学习，积极参加单位安排的技术培训，努力钻研业务，掌握更多、更新的技能。这样才能不断适应工作的要求，在工作中有所作为，有所成就。

第二节　就业者的权益保护

一、用人单位常见的侵权表现

为了满足本单位的利益需要，不少用人单位在招聘过程中，总是利用自己在就业市场中的强势地位，对毕业生提出过于苛刻的条件和要求，甚至使用各种手段侵犯毕业生的就业权益。近年来比较典型的侵权现象主要有以下几种。

（一）就业歧视

在实际就业过程中，应聘单位的"就业歧视"严重侵害了劳动者的平等就业权益。对于毕业生群体来说，比较常见的就业歧视主要有：

1. 性别歧视

这是女大学生最常遭遇的一种就业歧视。有的用人单位在一些原本更适合女生从事的财务、秘书等岗位也提出"只限男性"的招聘条件；还有的用人单位提高同一岗位对女生学历、技能等方面的要求，变相对女大学生设置就业障碍。

2. 生理歧视

许多单位在没有任何正当理由的前提下，对毕业生的身高、相貌甚至身体部位等提出过分要求。像天津的张姓女青年因为长相不佳，求职千次均以失败告终；湖南公务员招考体检标准(试行)要求"双乳对称"而招致广泛非议等等。

3. 健康歧视

有的用人单位在既无法律规定、又无相关行业规定的条件下，将符合其他招聘条件、身体有微疾或体检呈某病毒携带者(不会传染和影响工作)的毕业生拒之门外。如上海市有一家外企竟以血型不好为由淘汰了数名应聘者。

4. 经验歧视

大学生在参加一些应届毕业生专场招聘会时也会发现，很多单位在招聘条件中一味强调对工作经验的要求，显见这类用人单位并无招聘应届毕业生的诚意，同时也是借此以逃避《劳动法》为其规定的对劳动者进行培训的义务。

5. 学历歧视

随着接受高等教育人数的增多，许多用人单位走入人才高消费的误区，片面追求高学历，违反了人职匹配的人才选聘原则。有些原本专科生就可以胜任的工作，用人单位也要求求职者必须具有本科甚至硕士文凭。

6. 户籍歧视

这是一种地方保护主义的行为。有的地方政府制订了一系列排斥和歧视外来人口的毕业生就业政策，以保护本地人才不受冲击。近期教育部强力推进的"无障碍就业"，目的就是逐步取消一些地区设置专业、学历等限制毕业生流动和就业的规定。

　　虽然我国《劳动法》规定了平等就业的原则，但目前关于就业平等权的法律尚缺乏可操作性，因此，关于制订"反就业歧视法"的呼声也愈来愈高。保障就业平等，当务之急在于求职者自身维权意识的觉醒。毕业生在求职过程中，不要因为就业压力而盲目接受歧视性的用人标准，自动放弃追求平等的机会。否则，就业歧视现象还会在受害者的"纵容"下继续蔓延，继续扩散。

（二）弄虚作假

　　许多用人单位为了招到质素较佳的毕业生，在招聘时有意夸大或隐瞒本单位的某些实情，对原本很普通的工作岗位也极尽粉饰；还有的企业在面试毕业生时，向学生提出各种各样的问题来了解情况，但当学生提出问题希望进一步了解企业的时候，企业往往会回避问题，误导学生甚至迁怒于学生。这些都是侵犯求职者知情权的表现。

　　此外，还有一种比一般的弄虚作假性质更恶劣、后果更严重的侵权现象，就是非法传销组织对大学生的诱骗和控制。比如轰动一时的重庆"欧丽曼"非法传销案，竟涉及了全国数十所高校的 2000 名大学生。这些非法传销组织通常打着"就业、创业"的幌子，以用人单位或中介机构的名义，利用各种渠道和方式发布虚假招聘信息，诱骗大学生前来"面试"，然后通过禁锢、洗脑等手段，对大学生进行精神上和肉体上的折磨，逼迫大学生参与非法传销活动坑害他人。据《南方都市报》报道，2004 年 3 月，武汉大学广告系应届本科毕业生小冯，求职时被传销团伙骗至番禺，因不堪受该团伙控制从四楼跳下逃跑时摔断了腰椎。甚至有的大学生身陷传销魔窟而生死不明。对此，毕业生必须提高警惕，增强防范意识和自我保护意识，树立正确的择业观、价值观和艰苦奋斗精神，尤其要对由非正常渠道获取的招聘信息及用人单位进行甄别和调查。

（三）收取押金

　　近年来，用人单位向毕业生收取抵押金的现象又死灰复燃：有的以便于管理、防止学生跳槽为由直接收取抵押金或扣留身份证件；有的在招聘时以服装费、培训费等名义变相收取风险抵押金；更有些不法分子打着招聘的幌子，骗取求职者的抵押金后逃之夭夭，等等。

　　国家劳动部门早已明文规定，企业在招聘员工时，不得以任何理由、任何形式收取求职者的押金，或者以身份证、毕业证等作抵押。毕业生在求职时要对这种违法行为予以坚决地回绝，甚至向劳动或司法部门举报。

（四）侵犯隐私

　　在面试时，有一些用人单位向学生、尤其是女学生提出一些令人难堪的问题，如"有没有谈恋爱""是否跟异性同居过""如果客户提出性要求怎么办"等等。面对这样的问题，如果与工作没有任何联系，纯粹是个人隐私，毕业生有权拒绝回答；如果单位是出于安排合适岗位的考虑或考查应聘者的应变能力，毕业生可以根据自己的判断作答，但用人单位不能将毕业生的隐私扩散，如果构成侵权，毕业生有权提起诉讼。

　　毕业生在求职时，会在相关网站或招聘材料上按照要求留下自己的信息资料，比如年龄、身高、学历、电话、身份证号码等，这些个人生活信息资料属于个人隐私的一部分，未经本人同意是不允许公开、泄露和出售的。但由于各种原因，如工作人员的疏忽、网络软件的缺陷，以及某些不法商家有意设置圈套等，有可能会导致这些个人信息资料被他人用来谋求商业利益或对当事人进行骚扰。因此，毕业生求职时，不要随随便便将个人信息资料留给毫无了解的招聘单位，要选择安全防范能力较强和可靠性高的网站储存个人重要信息，同时注意"保密设置"内容的选项，提高自己的隐私保护意识。

二、就业者的权益保护

（一）就业权益的法律政策保护

当前毕业生就业依据的政策、法规主要有：国家教育部颁发的《普通高等学校毕业生就业工作暂行规定》及有关就业政策；各地方就业主管部门制订的有关毕业生就业的规范性文件；各高校关于毕业生就业的实施办法、细则；与毕业生联系紧密的法律、法规，如《中华人民共和国合同法》《中华人民共和国劳动法》《国家公务员暂行条例》等。

1. 国家教育部及有关部委关于毕业生就业的规定

国家教育部颁发的《普通高等学校毕业生就业工作暂行规定》及有关就业政策，对全国各高校、毕业生、用人单位具有普遍约束力，是目前为止最系统、全面的就业规定。

根据《普通高等学校毕业生就业工作暂行规定》中的职责分工，国务院有关部委有权根据国家的有关方针、政策和国家教育部的统一部署提出本部门毕业生就业的具体工作意见。部委相应有所属高等院校，各部委根据本部门、本行业的特殊情况，会规定所属院校的毕业生应在本系统内就业或优先满足本系统第一线人才的需求。如中央部委所属高校中，农业、林业、地矿、石油、公安、交通、航海、测绘、民族等院校(专业)所招学生毕业时，一般应在本系统、本行业的范围内自主择业。部委院校毕业生应熟悉本部委对毕业生就业的具体规定。

2. 各地方就业主管部门有关毕业生就业的规范性文件

各省、自治区、直辖市根据本地方的实际情况出台一些规范性文件，用于规范、指导本地方的毕业生就业。如边远省、区就业主管部门可对本省、区毕业生到其他省、市就业作出具体规定。

3. 高校关于毕业生就业的实施办法、细则

高等院校在毕业生就业工作中起着主导作用，既要搜集用人单位需求信息，还要对毕业生开展毕业教育和就业指导，又要负责向用人单位推荐毕业生，因此高校结合学校、专业特点和在历年工作基础上，根据国家的就业方针、政策和规定以及主管部门的工作意见制定本校的实施办法、细则。学校制定的办法、细则对毕业生来说更直接，适应性更强，因而毕业生在就业过程中应严格遵守本校关于毕业生就业的有关规定，确保学校就业工作有序、正常进行。

4. 与毕业生就业相关的法律、法规

应该说，与毕业生就业联系最紧密的法律、法规主要有《劳动法》《国家公务员暂行条例》等。

毕业生就业实质就是毕业生、用人单位通过双向选择等方式确定毕业生去向，一旦毕

业生为用人单位接收，签订就业协议，毕业生到用人单位报到，双方将产生由《劳动法》所调整的劳动法律关系(毕业生录用为公务员和比照实行公务员制度的事业组织和社会团体的工作人员，以及为军队系统接收，不适用劳动法)。这种劳动法律关系体现为劳动者与用人单位签订的劳动合同。所谓劳动合同是劳动者与用人单位之间为确立劳动关系，明确相互之间的权利义务关系而达成的书面协议。

毕业生就业制度改革的进一步深化，必将对就业规范的要求越来越高。当前无论是从规范的效力程度，还是规范的全面性、可操作性而言，均不能适应毕业生就业全面走向市场对法律、法规的要求，这是导致一系列侵权行为的根源。健全各项配套法规，使毕业生就业真正走向市场化、法制化，已成为当务之急。

(二) 就业权益的自我保护

毕业生权益保护的一个重要方面就是毕业生自我保护，毕业生自我保护一般体现在以下方面：

1. 熟悉和了解有关法律常识及规定，自觉提高毕业生个人法律意识

毕业生应了解目前国家关于毕业生就业的有关方针、政策和规范以及它们之间的关系，熟悉毕业生在就业过程中的权利和义务，这是毕业生权益自我保护的前提。如果在就业过程中因为所谓的公司规定或部门规定与国家政策法规有抵触，侵犯了自己的权益，则可以依据法规办事，维护自己的合法权益。

2. 签好就业协议书，充分发挥就业协议书的作用

就业协议书是明确毕业生、用人单位、学校在毕业生就业工作权利义务的书面文本，一般是由国家教育部制定统一格式。毕业生也须认真签订好就业协议。因为在我国健全和完善毕业生就业工作法律法规体系是一个渐进的过程，尽管少数省市做出了一定的尝试，但从全国范围来看还没有足够的法律依据和形式替代现行的就业协议书。而在毕业生就业实践中，一些单位在与毕业生、学校签订"三方协议"后，依据"就业协议书"中"如有其他约定，应在协议书的备注栏中明确，并视为本协议的一部分"的条款，还要与毕业生再签订一份比较详尽的劳动合同。

毕业生在签订就业协议书及其补充条款时一般应着重注意以下方面：

(1) 查明用人单位主体资格是否合格。协议双方的资格是否合格是协议书是否具有法律效力的前提(这里主要是指用人单位的资格)。用人单位，不管是机关、事业单位还是企业(不包括私营企业)，必须要有进人的自主权力。如果其本身不具备进人的权力，则必须经其具有进人权力的上级主管部门批准同意。因此，毕业生签约前，一定要先审查用人单位的主体资格。

(2) 有关协议条款明确合法。协议书的内容是整个协议书的关键部分，毕业生一定要认真审查。首先审查协议内容是否合法，是否符合国家相关法律和政策；其次审查和仔细推敲双方权利和义务是否合理；第三要审查清楚除协议本身外是否有附件即补充协议，并审查清楚其内容。按照《劳动法》、《合同法》及相关法律的规定，就业协议书协议内容至少应具备以下条款才能具有法律效力：服务期；工作岗位；工资报酬；福利待遇；协议变更和终止条款；违约责任等。

(3) 签订就业协议的程序要符合规定的流程。毕业生和用人单位经协商达成一致时即可签约，签约时要注意完整地履行手续。首先，毕业生要签名并写清签字时间；其次，用人单位以及其上级主管部门必须加盖单位公章并注明时间，不能用个人签字代替单位公章；第三，毕业生和用人单位签字后需将协议书交给学校毕业生分配主管部门履行相关手续，以便及时制定就业计划和顺利派遣。

(4) 写明违约责任。违约责任是指协议当事人因过错而不履行或不完全履行协议规定的义务应承担的法律责任，它是保证协议履行的有效手段。鉴于实践中毕业生及用人单位违约率有所增加的状况，协议书中违约条款就显得更为重要。因此，在协议内容中，应详细表述当事人双方的违约情形及违约后应负的责任，同时还应写明当事人违约后通过何种方式、途径来承担责任。这样，才能更有利于当事人双方履行协议，也有利于以后违约纠纷的解决。

(三) 遵循市场规则，预防侵害自身合法权益行为的发生

毕业生在就业求职过程中，无论是自荐，应聘，接受面试、笔试，洽谈就业意向，都应本着"真诚、信实、平等"的原则，以自身实力参与竞争，双向选择。同时，要有风险意识，对于有些用人单位招聘人员时夸大优厚条件，以欺骗手段吸引人才的做法要有提防戒备心理，预防侵害自身合法权益行为的发生。在毕业生就业报到过程中，毕业生也应对自身权益有所了解，善于进行自我保护。

(四) 用法律手段维护自身合法权益

由于高校毕业生就业市场的不尽成熟和完善，有关法律、法规和制度尚不健全，再加上社会风气、人们旧观念、旧思想的影响，毕业生在就业过程中不可避免地会出现一些不公平现象，对毕业生就业求职正当权益予以侵害。针对侵犯自身就业权益的行为，毕业生有权向用人单位上级主管部门和学校进行申诉并听取他们的处理意见，同时也可提交给当地的劳动争议仲裁机构进行调解和仲裁，或直接向人民法院提起诉讼。

三、就业违约责任

就业协议书一经毕业生、用人单位、学校签署即具有法律效力，任何一方不得擅自解除，否则违约方应向权利受损方支付协议条款所规定的违约金，从实际情况来看，就业违约多为毕业生违约。

毕业生违约，除本人应承担违约责任，支付违约金外，往往还会造成其他不良的后果，主要表现在下述几个方面：

(1) 就用人单位而言，用人单位往往为录用某一毕业生做了大量的工作，有的甚至对毕业生将要从事的具体工作也有所安排。同时毕业生就业工作时间相对比较集中，一旦毕业生因某种原因违约，势必使用人单位的录用工作付之东流，用人单位若另起炉灶，选择其他毕业生，在时间上也不允许，从而给用人单位工作造成被动。

(2) 就学校而言，用人单位往往将毕业生违约行为认为是学校的行为，从而影响学校和用人单位的长期合作关系。用人单位由于毕业生存在违约现象，而对学校的推荐工作表示怀疑。从历年的情况来看，一旦毕业生违约，该用人单位在几年之内不愿到学校来挑选毕业生。面对激烈的就业竞争，用人单位需求就是毕业生就业成功的前提，如此下去，必定影响今后学校的毕业生就业工作，同时影响学校就业计划方案的制定和上报，并影响学校的正常派遣工作。

(3) 就其他毕业生而言，用人单位到校挑选毕业生，一旦与某毕业生签订就业协议，就不可能再录用其他毕业生。若日后该毕业生违约，有些当初希望到该用人单位工作的其他毕业生由于录用时间等原因，也无法补缺，造成就业信息的浪费，影响其他毕业生就业。因此，毕业生在就业过程中应慎重选择，认真履约。

第三节　社会保险相关知识

社会保险是指国家通过立法手段，建立社会保险基金，在劳动者因年老、疾病、伤残、失业、生育及死亡等原因，暂时或永久性失去劳动能力或劳动机会，从而全部或部分失去生活来源的时候，由国家或社会对其本人或家属给予一定物质帮助的强制保险制度。

社会保险是保险中的一个部分，是处理社会风险的一种手段和方式。在我们的劳动和生活中可能会遇到各种风险与困难，其中与员工切身利益关系最密切的就是由于丧失劳动能力或劳动机会所造成的收入损失，这直接影响到员工及其家庭基本生活的安定。社会保险正是国家针对特定社会风险所采取的一种经济补偿手段，专门为全部或部分丧失劳动能力或劳动机会的劳动者及其家庭提供一定的物质生活保障。

社会保险包括养老保险、医疗保险、失业保险、工伤保险和生育保险 5 个项目。我国现在已经建立起了比较完善的社会保险制度。

一、生育保险

生育保险是通过国家立法，在职业妇女因生育子女而暂时中断劳动时由国家和社会及时给予生活保障和物质帮助的一项社会保险制度。其宗旨在于通过提供生育津贴、医疗服务和产假，维持、恢复和增进生育妇女身体健康，并使婴儿得到精心的照顾和哺育。

生育保险提供的生活保障和物质帮助，通常由现金补助和实物供给两部分组成。现金补助主要是指及时给予生育妇女的生育津贴，有些国家还包括一次性现金补助或家庭津贴。实物供给主要是指提供必要的医疗保健、医疗服务以及孕妇、婴儿需要的生活用品等，提供的范围、条件和标准主要根据本国的经济状况确定。

我国的生育保险制度创建于建国初期，早在 1951 年颁布、1953 年修正的《中华人民共和国劳动保险条例》中，对企业职工的生育保险作出了具体规定。而国家机关、事业单位的生育保险制度则是遵循 1955 年国务院颁布的《关于女工作人员生产假期的通知》建立和规范的。企业与国家机关、事业单位的生育保险制度虽然建立时间有先有后，但其项目和待遇水平基本上是一致的。当时规定女职工生育享受产假 56 天；难产和双生增加假期14 天；怀孕不满 7 个月流产时给予 30 天以内的产假；产假期间工资由所在单位照发；生育期间的医疗费用也由所在单位负担。1988 年国务院颁布的《女职工劳动保护规定》，统一了企业和国家机关、事业单位生育保险待遇，主要是将正常产假由原来的 56 天延长到90 天，其中产前假 15 天；难产的，增加产假 15 天；多胞胎生育的，每多生一个婴儿，增加产假 15 天。生育医疗费用由职工所在单位负担。

企业和国家机关、事业单位的生育保险制度建立之后，经过 30 多年的实践，渐趋于科学化。国家为了进一步保护妇女和婴儿的身体健康，提高民族整体素质，经过医学专家和妇幼保健专家对产后妇女及新生儿身体情况及营养保健等多方面的科学论证，并参考其他国家妇幼保健的经验做法，于 1988 年 7 月颁布了《女职工劳动保护规定》(国务院 1998 年 7 月第 9 号令)。这是我国建国以来保护女职工的劳动权益，减少和解决她们在劳动中因生理机能造成的特殊困难，保护其安全和健康的一部完整和综合的女职工劳动保护法规。该法规主要明确了"不得在女职工怀孕期、产期、哺乳期降低其基本工资或者解除劳动合同"，并将正常产假由 56 天延长到 90 天，产假期间的工资以及医疗费用由职工所在单位负担等。该规定的颁布，统一了机关、事业单位和企业的生育保险制度。1994 年，为配合《中华人民共和国劳动法》的贯彻，维护女职工的合法权益，保障她们在生育期间得到必要的经济补偿和医疗保健，均衡企业生育费用负担，原劳动部颁布了《企业职工生育保险试行办法》，将生育保险的管理模式由用人单位管理逐步转变为由各地社会保障机构负责管理，实行社会统筹。

生育保险是为了维护女职工的基本权益，减少和解决女职工在孕产期以及流产期间因生理特点造成的特殊困难，使她们在生育期间得到必要的经济收入和医疗照顾，帮助她们恢复健康，回到工作岗位。其主要作用有：

(1) 实行生育保险是对妇女生育价值的认可。妇女生育是社会发展的需要，她们为人类繁衍、世代延续，为社会劳动力再生产付出了艰辛，理应得到社会的补偿。对妇女生育权益的保护，已被大多数国家所接受并给予政策上的支持。目前世界上有 135 个国家通过立法保护妇女生育的合法权益。

(2) 实行生育保险是对女职工基本生活的保障。女职工因生育暂时离开工作岗位，不能正常工作。国家通过制定相关政策保障她们离开工作岗位期间享受有关待遇。其中包括生育津贴、医疗服务和产假，以及孕期不能坚持正常工作时给予的特殊保护政策。在生活保障和健康保障两方面为孕妇的顺利分娩创造了有利条件。

(3) 实行生育保险是提高人口素质的需要。妇女生育体力消耗大，需要充分休息和补充营养。生育保险为她们提供了基本工资，使她们的生活水平不致因离开工作岗位而降低，同时为她们提供医疗服务项目，包括产期检查，围产期保健指导，为胎儿的正常生长进行监测，对在妊娠期间患病或接触有毒养有害物质的，做必要的检查等。如发现畸形儿，可以及早中止妊娠；对在孕期出现异常现象的妇女，进行重点保护和治疗，以达到保护胎儿正常生长，保证了下一代人口质量的作用。

二、养老保险

养老保险是社会保障制度的重要组成部分，是社会保险五大险种中最重要的险种之一。所谓养老保险(或养老保险制度)是国家和社会根据一定的法律和法规，为解决劳动者在达到国家规定的解除劳动义务的劳动年龄界限，或因年老丧失劳动能力退出劳动岗位后的基本生活而建立的一种社会保险制度。这一概念主要包含以下三层含义：

(1) 养老保险是在法定范围内的老年人完全或基本退出社会劳动生活后才自动发生作用的。这里所说的"完全"，是以劳动者与生产资料的脱离为特征的；所谓"基本"，指的是参加生产活动已不成为主要社会生活内容。需强调说明的是，法定的年龄界限(各国有不同的标准)才是切实可行的衡量标准。

(2) 养老保险的目的是为保障老年人的基本生活需求，为其提供稳定可靠的生活来源。

(3) 养老保险是以社会保险为手段来达到保障的目的。养老保险是世界各国较普遍实行的一种社会保障制度。一般具有以下几个特点：

① 由国家立法，强制实行，企业单位和个人都必须参加，符合养老条件的人，可向社会保险部门领取养老金；

② 养老保险费用来源，一般由国家、单位和个人三方或单位和个人双方共同负担，并实现广泛的社会互济；

③ 养老保险具有社会性，影响很大，享受人多且时间较长，费用支出庞大，因此，必须设置专门机构，实行现代化、专业化、社会化的统一规划和管理。

三、医疗保险

医疗保险就是当人们生病或受到伤害后，由国家或社会给予的一种物质帮助，即提供医疗服务或经济补偿的一种社会保障制度。医疗保险具有社会保险的强制性、互济性、社会性等基本特征。因此，医疗保险制度通常由国家立法，强制实施，建立基金制度，费用由用人单位和个人共同缴纳，医疗保险费由医疗保险机构支付，以解决劳动者因患病或受伤害带来的医疗风险。

国务院于 1998 年 12 月下发了《国务院关于建立城镇职工基本医疗保险制度的决定》(国发[1998]44 号)，部署全国范围内全面推进职工医疗保险制度改革工作，要求 1999 年内全国基本建立职工基本医疗保险制度。根据该决定的规定，在我国享受医疗保险待遇的条件除应属于基本医疗保险覆盖范围内的企业及其职工外，该企业及其职工还应按规定缴纳了医疗保险费。

《国务院关于建立城镇职工基本医疗保险制度的决定》城镇职工基本医疗保险制度的覆盖范围为：城镇所有用人单位，包括企业(国有企业、集体企业、外商投资企业、私营企业等)、机关、事业单位、社会团体、民办非企业单位及其职工。乡镇企业及其职工、城镇集体经济组织业主及其从业人员是否参加基本医疗保险，由各省、自治区、直辖市人民政府决定。

医疗保险费由用人单位和个人共同缴纳。《国务院关于建立城镇职工基本医疗保险制度的决定》明确规定用人单位缴费率控制在职工工资总额的 6%左右，职工缴费率一般为本人工资收入的 2%。退休人员参加基本医疗保险的，个人不缴纳基本医疗保险费。对退休人员个人账户的计入金额和个人负担医疗费的比例给予适当照顾。

四、失业保险

1. 什么是失业保险

失业保险是社会保险的重要组成部分，是对在劳动年龄以内有劳动能力，由于非自愿原因失去工作的人员所给予的社会保障。

2. 失业保险的性质和功能

失业保险具有强制性、互济性、社会性和救助性的特点，它是国家通过立法强制实施的一项社会保障制度。失业保险具有保障生活和促进就业双重功能，此外还有抑制和预防失业的作用。

3. 失业保险参保范围

政策规定应该参加失业保险的单位和人员有：国有企业、城镇集体企业、外商投资企业、城镇私营企业和其他城镇企业及其职工，事业单位及其职工。

4. 事业单位为什么也要参加失业保险

随着我国社会主义市场经济体制的建立和逐步完善，事业单位也要调整人员结构，减员增效，降低成本，在市场竞争中求生存、创效益、图发展。因此，深化改革，转换机制，分流富余人员同样是事业单位面临的艰巨任务。为给事业单位改革创造更加有利的条件，必须把所有事业单位都纳入到失业保险覆盖范围，以保障职工失业后的基本生活，帮助他们实现再就业。

5. 为什么职工个人也要缴纳失业保险费

失业保险基金由国家、用人单位、职工个人三方负担的方式是国际上通行的做法，职工个人缴纳失业保险费是其履行失业保险权利与义务的需要。这样做，一是可以增加资金来源；二是可以增加职工的社会保险意识；三是个人负担的比例低，职工经济上能够承受。今后，一旦由于劳动合同终止等原因失业，可以依据累计缴费年限享受失业保险待遇。

五、工伤保险

工伤保险是社会保险制度中的重要组成部分，是指国家和社会为在生产、工作中遭受事故伤害和患职业性疾病的劳动及亲属提供医疗救治、生活保障、经济补偿、医疗和职业康复等物质帮助的一种社会保障制度。

工伤即职业伤害所造成的直接后果是伤害到职工生命健康，并由此造成职工及家庭成员的精神痛苦和经济损失，也就是说劳动者的生命健康权、生存权和劳动权力受到影响、损害甚至被剥夺了。劳动者在其单位工作、劳动，必然形成劳动者和用人单位之间相互的劳动关系，在劳动过程中，用人单位除支付劳动者工资待遇外，如果不幸而发生了事故，造成劳动者伤残、死亡或患职业病，此时，劳动者就自然具有享受工伤保险的权利。劳动者的这种权利是由国家宪法和劳动法给予根本保障的。1994 年 7 月 5 日国务院颁布的《中华人民共和国劳动法》中第 73 条的规定是："劳动者在下列情况下，依法享受社会保险待遇……"。这一基本法以国家法律的形式保障了工伤者及其亲属享受工伤保险待遇。为了使劳动者切实享受到工伤保险待遇，劳动部于 1996 年 8 月 12 日公布了《企业职工工伤保险试行办法》（劳部发[1996]266 号），这一试行办法是现阶段实施工伤保险制度的政策措施，也是落实工伤待遇的主要依据。

《工伤保险条例》于 2003 年 4 月 16 日国务院第 5 次常务会议通过，2003 年 4 月 27 日中华人民共和国国务院令第 375 号公布，自 2004 年 1 月 1 日起施行。其主要目的：一是保障工伤职工救治权与经济补偿权，二是促进工伤预防与职业康复，三是分散用人单位的工伤风险。

第九章　大学生创业指导

第一节　创业概述

创业是人类最基本的实践活动，从某种意义上说，人类社会发展的历史，就是一部不断创业的历史。通过各个时代人们不断的创业，人类不断地创造新的物质财富和精神财富，以满足自身物质和精神的需要，从而推动社会不断进步，使社会逐步走向文明、昌盛、富强。

一、创业的含义

创业就是创立基业、创立事业的意思。创业有广义和狭义之分。广义上的创业，泛指人类一切带有开拓意义的社会变革活动；狭义的创业，专指社会上的个人或群体从头开始、白手起家，以发展经济实力为目的的社会经济活动。

大学生创业特指大学生利用自己的知识、才能和技术，以自筹资金、技术入股、寻求合作等方式创立的经济实体，实现自食其力的社会活动。

二、创业的主要类型

1. 自主创业

自主创业又称独立创业，是指创业者个人或创业团队白手起家，创立经济实体。自主创业因为创业资产是个人的，决策一个人说了算，只对自己负责，有极大的自主性，可以充分发挥自己的创意，没有他人利益的牵制和限制。当然，自主创业这种形式会限制他人的积极性，风险和压力也要由个人来承担。同时，企业的命运实际上是维系在个人的智慧、能力和健康上的，企业的创业规模和创业生存力也局限在个人的财力、物力和智能上。

2. 家人联手创业

创业者与家人联手成立经济实体。这种形式在创业初期生存凝聚力很强，创业成功率也高，因为它在人力资源和财力资源的综合利用上，比起个人创业条件更充分一些。家人联手创业，创业初期因为资产微薄，主要矛盾是怎样生存下去而不太注意资产的归属，"一家人"的亲缘意识使得报酬问题往往被忽略或不便提及，故创业成本相对较低，创业凝聚力也很强。

当创业发展到中后期的时候，企业生存已不成问题，企业资产开始增大，初期曾被忽略的资产分配、报酬的多少、权利的平衡以及随着企业的发展，人员素质组合要求的提高，这些都将成为家族企业内部矛盾的主要焦点。其解决的难点恰恰在于其以往赖以维系的亲缘性和忽略性。这时企业被迫形成两种选择：一种是为了维系家族关系而牺牲企业利益，企业发展从此停滞；第二种是为了维护企业利益而牺牲家族关系，家人从此关系受损或分道扬镳。因此，家人联手创业一开始就应该明晰产权，用规范化、市场化、法律化来避免创业后期可能引发的隐形风险。

3. 与他人合作创业

创业者与其他人合作创立经济实体。这种创业的成功基点在于创业人的才能组合、资源组合和性格互补，其优势是在创业初期能以极低的成本积聚到创业所需的各类人才、信息资源和大笔的资金。世界上有许多著名大公司，创业之初都是同学、朋友合股合作的结果，像惠普公司、微软公司、苹果电脑公司等，国内的像乐百氏、教程波导、正泰等。

和他人一起创业首先要清楚的是与他人合作和与亲人合作不同。亲人主要靠亲情血缘凝聚，依赖的是"可靠性"和"亲缘性"；他人主要靠资源凝聚，依赖的是"资源"和"契约"，一旦某资源丧失，那么和某人的合作基础也就丧失了，这就是与他人合股合作所带有的最鲜明的特征——交易性。这也是它的动力和活力的源泉，尤其是在创业初期，这种交易性表现得尤为突出。正是因为这种交易性，才促使合作者要不断地去开发和丰富自己的资源，不断地发展自己。

4. 加盟特许经营

特许经营是目前世界流行的生意模式。特许经营总部通常有一个成功的生意，并有标准的经营方式，可以像复印机一样复制，如肯德基、麦当劳、佐丹奴专营专销，以及汽车、空调、彩电、摩托车等行业的特约销售、维修等。特许经营提供了一种低风险的双赢模式，其成功的关键在于选择合适的特许经营系统。

三、大学生创业的重要意义

有利于缓解大学生就业压力。大学的创业能力有利于解决大学生就业难的问题。创业能力是一个人在创业实践活动中的自我生存、自我发展的能力。一个创业能力很强的大学毕业生不但不会成为社会的就业压力，相反还能通过自主创业活动来增加就业岗位，以缓解社会的就业压力。

有利于大学生谋求生存与自我价值实现。大学毕业生通过自主创业，可以把自己的兴趣与职业紧密结合，做自己最感兴趣、最愿意做和自己认为最值得做的事情。在五彩缤纷的社会舞台中大显身手，最大限度地发挥自己的才能。

有利于大学生实现致富梦想。如果大学生要想变得非常富有，开创自己的事业，是最有希望实现致富的目标，没有人靠为别人工作可以把自己变得惊人的富有。当前，大学生的就业观念正在悄悄地发生改变，一个鼓励创业、保护创业、崇拜创业的大环境正在逐步形成。产业结构调整带来巨大创业机会，促使大学生创业潜流涌动，大学生通过自主创业将实现致富梦想。

有利于促进中小企业的快速发展。从国际经验来看，等量资金投资于小企业，它所创造的就业的机会是大企业的四倍。因此，鼓励大学生自主创业有利于中小企业的快速发展。

有利于培养大学生艰苦奋斗的作风。大学生自主创业的过程中，困难和挫折甚至失败都在所难免，这就要求自主创业的大学毕业生具备顽强的意志和良好的品格，勇于承担风险，自立自强，艰苦拼搏。通过创业培养了自立自强意识、风险意识、拼搏精神和艰苦奋斗的作风。

有利于培养大学生的创新精神。创新是一个民族的灵魂，是一个国家兴旺发达的不竭动力。青年大学生作为中国最具活力的群体，如果失去了创造的冲动和欲望，那么中华民族最终将失去发展的不竭动力。大学生的创业活动，有利于培养勇于开拓创新的精神，把就业压力转化为创业动力，培养出越来越多的各行各业的创业者。

第二节　创业者的知识、能力与个性要求

不是任何人都能创业，也不是任何创业都能获得成功。创业活动对创业者的知识、能力、心理和素质都有一定的要求。即使达到了这些要求也不代表创业一定能够成功，但达不到这些要求创业一定不会成功。当然，这并不是要求创业者必须等到完全达到这些要求后才能去创业，而是告诉创业者，可以一边创业，一边学习，不断积累经验。一个成功的创业者，就要做一个终身学习者和改造自我者。如果创业者只凭一时冲动，那多数是以热情开始，以失败而告终。

一、创业者的知识要求

创业过程是一个运用知识进行创新活动的过程。大学生在自主创业的过程中，应该具备扎实的专业知识、宽广的综合知识才可能成功。

1. 扎实的专业知识

专业知识是创业之本，它对于创业者确立创业目标具有至关重要的作用。纵观近几年来取得成功的创业者，无一不具有深厚的专业知识。"用友"、"百度"、"阿里巴巴"的创始人，都有深厚的专业知识，这使他们在这一领域保持着对技术敏锐的洞察力和判断力。而宽广的综合知识可以帮助创业者正确分析形势，把握事物发展的全局，提出独特的见解和谋略，认清事物的本质，把握其规律，实现创业目标。专业知识是所有知识的原材料，只有掌握扎实的专业知识，才能更好地在创业中发挥专业特长，取得成功。很多创业成功的例子告诉我们，要创业必须成为一个专业型、综合型人才，学会把自己推向更宽广的知识领域。

2. 相关的管理知识

管理知识包括人员管理、财务管理、生产管理与营销管理的知识。人员管理就是对组织内各种人员进行有效的配置和分工。它包括组织管理体制、管理机构的设置、人员的配备，并根据生产经营的需要，合理安排和使用劳动力资源，以提高劳动力的利用率和生产率。财务管理是人们根据生产经营活动情况，组织财务活动和正确处理各种财务关系，以达到预定的财务管理目标的一种管理活动。它的基本任务和方法是做好各项财务收支的计划、组织、控制、核算、分析和考核工作，依法合理筹集资金，有效利用企业各项资产，实现企业生产经营目标。创业初期，创业者在财务管理方面应该了解我国的会计制度、国家财务管理的基本规定。

生产管理就是对企业生产系统的设置和运行进行各项管理的工作。企业在创办初期要重视生产管理，规范生产行为，这样才能给企业带来较好的经济效益，才能使企业有较强

的后劲。生产管理的任务是，按照企业目标的要求，设置技术上可行、经济上合算、物质和环境条件允许的生产系统；制定生产系统优化运行的方案；及时有效地调节企业生产过程内外的各种关系，使生产系统的运行符合既定生产计划的要求，实现预期生产的品种、质量、产量、出产期限和生产成本的目标。

营销管理。企业的成功必须要有科学的营销组织形式和适应市场变化的营销策略。企业的营销管理主要有市场营销计划、经营决策等方面的内容。比如市场预测与调查知识；消费心理、特点和特征；定价知识和策略；产品知识；销售渠道和方式；营销管理知识等。

3. 相关的工商管理知识

创办企业是创业的具体形式，企业只有经过登记注册才能成为合法的法人实体，进行合法的经营活动，受法律约束并受法律保护。企业要想通过登记取得法人资格，就必须具备有关法律法规所规定的条件，并向有关部门提供必要的文件，履行特定的登记注册程序。

商业知识能有助于培养人们的洞察力和决断力。具备一定的商业知识，可以帮助人们在面对纷繁复杂的商业信息时，能进行清醒的加工、提炼，准确把握商机，赢得发展的机遇。只有懂管理、会经营，具备把握市场的能力，能够及时调整商业经营战略，才能把技术思想和经营理念有效结合，生产符合市场需要的、人们喜欢的适销产品，并取得创业的成功。创业必须具有相关的工商管理知识，比如合法开业知识：有关私营及合伙企业、有限公司的法律法规；怎样进行验资；怎样申请开业登记；哪些行业不允许私营；哪些行业的经营须办理有关行业管理手续等。

4. 相关的税务知识

税收是国家为实现其职能，凭借其政治权力，依法参与单位和个人的财富分配，强制、无偿地取得财政收入的一种形式。它是国家参与社会产品、国民收入分配和再分配的一种主要手段。

我国现行的税收有 25 个税种。其中营业税、企业所得税、增值税 3 个税种对于创业者来说比较重要。营业税是对在我国境内提供应税劳务、转让无形资产或销售不动产的单位和个人，就其所取得的营业额征收的一种税。营业税属于流转税制中的一个主要税种。增值税是以商品价值中的增值额为课税依据所征收的一种税。即是指它对商品生产和流通中各环节的新增价值征税，它也属于流转税制中的一个主要税种。企业所得税是以企业取得的生产经营所得和其他所得为征税对象所征收的。增值税与企业所得税的区别是：增值税是根据增值额征税，企业所得税是根据企业的生产经营所得征税。简单地说，增值税只是就某一批货物的销售征税，而企业所得税是针对整个企业的利润征税。

凡企业经营者都应依法向税务机关纳税。我国征税机构有国家税务局和地方税务局，它们负责征收的税种不同。创业者应根据自己经营的性质、范围确定缴纳的税种及向哪个税务机关缴纳。一般来说，增值税需向国税局缴纳，营业税和企业所得税需向地税局缴纳。

5. 相关的金融保险知识

创业所从事的生产经营活动一旦开始运营，就每时每刻都要与资金打交道。离开了资金，生产经营活动将寸步难行。同时，生产经营活动每时每刻也都要承受风险，没有风险的生产经营活动几乎不存在。怎样才能合理地使用资金？怎样才能有效地规避风险？这就要求创业者掌握同银行及保险部门打交道的基本知识，利用现代社会发达的信用和保险制度，为创业服务。

6. 其他相关知识

(1) 货运知识，比如批发、零售知识、货物种类、质量和有关计量知识、货物运输知识、货物保管储存知识、真假货物识别知识等。

(2) 服务行业知识，比如服务行业管理的法律法规、各专业服务行业的行业规则、业务知识等。

(3) 法律知识，比如经济合同、劳动用工及社会保障等法律知识。

(4) 公关及交际基本知识，比如组织机构信息传播知识、关系协调与形象管理事务的咨询、策划等等。

二、创业者的能力素质要求

创业这一特殊的社会实践活动，对创业者有特殊的能力要求。

1. 专业技术能力

专业技术能力，包括专业技能与技巧，是创业活动中最为基本的一种能力。创业者以自己的服务或产品为社会作贡献，其劳动价值要能得到社会的承认，当然要以精通专业技术为基本前提。创业者只有较好地把握住某一专业领域的特点，具有本专业领域的特殊技能，才能对症下药，因事制宜，采取适当的经营管理方法，应对市场的各种变化。

2. 终身学习能力

终身学习能力即终身获取知识的能力，包括对知识的接受、转化与应用。

3. 开拓创新能力

创新是知识经济的主旋律，是企业化解外界风险和取得竞争优势的有效途径。在激烈的市场竞争中，做到人无我有，人有我优，人优我强，人强我转。

4. 计划与组织能力

有出色的领导水平，具备统帅能力和用人能力，有对自己员工的指挥、调动、协调以及对非人力资源的集中分配、调度和使用能力。

5. 协作能力

协作是创业者事业成功的重要支持力量，是善于合作共事的心理品质。

6. 交际能力

交际能力是指在人际交往中能做到热情、真诚待人，能理解对方的心理，促进相互间的心灵沟通，建立理想的人际关系。成功的社会交往是促使创业成功的推进器。

7. 分析决策能力

分析决策能力是指当面临难题时能够很好地分析现状，做出果断而正确的决定。

8. 预见能力

创业者应能把握好市场方向，预见市场的发展动向，以便于及时地改变自己的经营策略。

9. 应变能力

商场是复杂多变的，每天甚至每秒都在变化着，创业者必须具备良好的应变能力才能让自己的企业生存下去。

10. 人力资源管理能力

要综合考虑公司的需求，在挑选人才时注意一定要德才兼备，防止因为用错人而使企业蒙受损失。

三、创业者的个性特征要求

创业者要获得创业的成功，除了具备应有的创业知识与创业能力外，还应该具备良好的个性心理特征。

1. 独立性与合作性

独立性是创业者最基本的个性品质。创业者要不依靠别人的供养，摆脱别人的控制和影响，独立思考，自主行动，依靠自己的劳动和智慧，走上自立人生、兴家创业的道路。这种心理品质主要表现在以下三个方面：

(1) 抉择的独立性。也就是说，在自己人生道路的选择上，有自己的见解和主张。

(2) 行为的自主性。即在行动上较少受他人的影响和支配，具有按自己的主见将行为贯彻到底的倾向。

(3) 思维的独创性。就是能够开拓创新，独树一帜，不因循守旧，步人后尘。但独立性不等于孤独，更不是孤僻。

创业者应具有合作性。成功的创业者大多数是出色的社会活动家，他们善于与各种人打交道，积极主动地与人交流、交往、合作、互助，通过合作，取长补短；通过交流，获得信息。因此，在创业道路上，创业者必须摒弃"同行是冤家"的狭隘陈腐观念，学会与各方面的人合作。

2. 敢为性与克制性

立志创业，必须敢闯敢干；有胆有识，才能变理想为现实；对瞄准的目标敢于起步，对选定的事业敢冒风险，这就是敢为性。敢为性强的人对事业总是表现出一种积极的心理状态，不断地寻找新的起点，并及时付诸行动，表现出自信、果断、大胆和一定的冒险精神，当机会出现的时候，往往能激起心理冲动。但是，敢作敢为并不等于盲目冲动、任意妄为，而是建立在对主客观条件科学分析的基础上的。成功的创业者总是事先对成功的可能性和失败的风险性进行分析比较，选择那些成功的可能性大而失败的可能性小的目标。

在创业过程中，也要善于克制，防止冲动，因为克制是一种积极的、有益的心理品质，这种心理品质能够使创业者积极有效地控制和调节自己的情绪，使自己的活动始终在正确的轨道上运行，不会因一时的冲动而引起缺乏理智的行为。对情绪的自我控制，对行为的自我约束，对心理的自我调节，这就是克制性。敢为而又善于自控，才能在积极进取和自我完善中不断获得成功。

3. 坚韧性与适应性

创业过程不可能一帆风顺，没有克服困难、战胜逆境的艰苦奋斗精神，就不可能有创业的成功。因此，迎着困难和逆境而上的决心与韧劲是取得成功的关键。具有为达到既定目标顽强拼搏，并在苦难面前百折不挠的精神，是个性坚韧的突出表现。

坚韧性的另一表现是始终如一、坚持到底的精神。创业过程是一个长期坚持奋斗的过程。立竿见影、迅速见效的事是极少的，创业者在方向目标确定之后，就要朝着既定的目标一步步走下去，纵有千难万险，迂回挫折，也不轻易改变初衷，半途而废。这就需要创业者有恒心、毅力和坚忍不拔的意志，这是创业者十分可贵的个性品质。

由于创业活动是在一定的社会环境中进行的，而社会环境是在不断发展变化的，因此，无论是何种行业的创业者，都必须以极强的信息意识和对市场走向的敏锐洞察力，瞄准行情，抓住机遇，不失时机地、灵活地进行调整。这种在外部环境和创业条件千变万化时，能以变应变的能力就是适应性。只有把坚韧性与取得成功的可能性有机地结合在一起，才能避免盲目、呆板、僵化和固执；坚韧和不失灵活，才能确保创业有成。

第三节　创业实践

一、大学生创业的项目选择

大学生思维活跃、充满活力、喜欢接受新鲜事物，学校的学习使大学生具备了一定的专业知识，但由于没有进入社会，商业意识、社会经验、企业管理、财务及营销等方面都比较欠缺，因此大学生在创业选项上应扬长避短，寻找适合自己发展的道路。

1. 科技成果

大学是科研成果和科技人才聚集的地方。作为大学生，如果自己在某一领域有自己的科技成果，则可以利用自己的成果走科技创业的道路。这里要注意的是，在进行科技创业时，要学会将科技成果转化成商品，并充分利用学校的资源，包括科技成果、技术、设备、老师、同学等，这是用科技成果创业能否成功的一个重要因素。当然，并非所有的大学生都适合在科技领域创业。只有专业应用性强、技术功底深厚、学科成绩优秀的大学生才有成功地把握，比如软件开发、网页制作、网络服务、手机游戏开发等专业的学生。

2. 科技服务

大学生根据自己兴趣爱好结合专业可以做出一些科研成果，但这些科研成果往往难以转化成商品，更无法将它们直接用于创业，而我们的一些企业，特别是一些大中型企业会有许多科技难题，大学生可以通过老师、学校加强与企业联系，将企业难题作为科研课题，为企业提供科技服务。如果某项科技服务成果能成为大企业的一个长期的配套产品或服务，这就为创业者奠定了一个稳定发展的基础。大学生还可以利用自身的知识及学校资源，进行科技成果的应用开发。这里不一定把眼光放在能改变社会生活的大项目上，只要能找到与人们日常生活相结合的一个点，小商品也可能做成大市场。比如我们把食品科技的成果用于休闲食品领域；把种植、养殖方面的科技成果用于家庭种花、养宠物；把材料表面处理新工艺用于工艺品、饰品等等。

3. 智力服务

智力是大学生创业的资本，在智力服务领域创业，大学生游刃有余。服务业随社会经济的发展，在我们的生活中已占有越来越重要的地位。大学生创业应发扬自己的知识优势，选择一些需要知识和专业的智力服务，如翻译、电脑维修维护、家教培训等，或把软件设计应用到一些传统行业、中小企业、商务及商业连锁领域中。

4. 电子商务

现在网络已变得日益普及，它已成了人们生活的另一个舞台。电子商务成本低，不受时间、空间限制，大学生从小就学习和使用计算机，他们可以用自己的知识技能进行网上创业，做电子商务。大学生不应停留在网上开店、买卖传统商品上，而应该结合自己的特点提供一些网上智力服务，或一些有创意的电子商务。比如学国际贸易的可以通过网络寻求国际订单，为传统行业提供网络销售，为要走出去的中小企业提供外部信息，建立虚拟办公服务等等。

5. 创意小店

刚刚毕业的大学生最能了解学生的需求，他们可以尝试着在学校附近开一些有创意的小店来吸引学生。

6. 连锁加盟

对大学生来说，通过连锁加盟形式创业，可以弥补自身的不足，快速掌握经营所需的经验和知识，降低风险，提高创业成功率。通过连锁加盟创业的关键，是要寻找一个连锁加盟体系相对完善、适合自己的项目。统计数据显示，在相同的经营 领域，个人创业的成功率低于 20%；而加盟创业的则高达 80%。但连锁加盟并非"零风险"，在市场鱼龙混杂的现状下，大学生涉世不深，在选择加盟项目时更应注意规避风险。一般来说，大学生创业者资金实力较弱，适合选择启动资金不多、人手配备要求不高的加盟项目，从小本经营开始为宜。此外，最好选择运营时间在 5 年以上、拥有 10 家以上加盟店的成熟品牌。

二、项目可行性分析

1. 投资的必要性

投资的必要性分析主要是指投资者根据市场调查及预测的结果，以及有关的产业政策等因素，论证项目投资建设的必要性。在投资必要性的论证上，一是要做好投资环境的分析，对构成投资环境的各种要素进行全面的分析论证，二是要做好市场研究，包括市场供求预测、竞争力分析、价格分析、市场细分、定位及营销策略论证。

2. 技术可行性

技术可行性主要是从项目实施的技术角度，合理设计技术方案，并进行比选和评价。各行业不同项目技术可行性的研究内容及深度差别很大。对于工业项目，可行性研究的技术论证应达到能够比较明确地提出设备清单的深度；对于各种非工业项目，技术方案的论证也应达到目前工程方案初步设计的深度，以便与国际惯例接轨。

3. 财务可行性

财务可行性主要是从项目及投资者的角度，设计合理的财务方案，从企业理财的角度进行资本预算，评价项目的财务盈利能力，进行投资决策，并从融资主体(企业)的角度评价股东投资收益、现金流量计划及债务清偿能力。

4. 组织可行性

组织可行性是指创业者可制定合理的项目实施进度计划、设计合理的组织机构、选择经验丰富的管理人员、建立良好的协作关系、制定合适的培训计划等，保证项目顺利执行。

5. 经济可行性

经济可行性主要从资源配置的角度衡量项目的价值，评价项目在实现区域经济发展目标、有效配置经济资源、增加供应、创造就业、改善环境、提高人民生活等方面的效益。

6. 社会可行性

社会可行性主要分析项目对社会的影响，包括政治体制、方针政策、经济结构、法律道德、宗教民族、妇女儿童及社会稳定性等。

7. 风险因素及对策

创业者应主要对项目的市场风险、技术风险、财务风险、组织风险、法律风险、经济及社会风险等风险因素进行评价，制定规避风险的对策，为项目全过程的风险管理提供依据。

三、创业资金的筹集

1. 储蓄自备

大学生创业一般都是小本经营，在起步阶段可以利用自己或家庭的储蓄作为创业启动资金。储蓄是一种筹措方便快捷、使用成本低的筹资方法。具备储蓄性格的人，每个月能够持续积蓄一部分资金的人，两三年间就能积累一笔不小的资金。

2. 借贷

(1) 向亲友借贷。一般情况下，父母、兄弟姐妹、亲友都会支持，为大学生的创业提供经济帮助。在向父母、兄弟姐妹、亲友借贷筹集创业资金时，最好能订立借贷凭据，也要按期归还；如果拖延还款期限，会影响自己的信誉，没有信誉的人，在社会上将难以立足。另外，在向别人借钱时，最好集中在少数的特定对象上，免得发生财务纠纷时，到处债台高筑，有损自己的社会信用。

(2) 向银行借贷。每一个成功的创业者，都曾得到过银行的支持。向银行借钱做生意时，银行为了确保借贷资金的安全，必须对客户进行详细的考察。银行比较重视的是客户的信用与客户对金钱的价值观念。除非收入稳定，或与银行往来的信用较佳，否则银行是不会轻易将资金贷出的，向银行借贷前必须考虑这一因素。

3. 合伙创业共同筹集资金

比较简单的形式是两个志同道合的朋友或者家庭成员共同投资成立合伙企业，这属于无限责任公司；高级一点的形式是两个或两个以上人投资成立有限责任公司，后者相对于前者，风险相对较小，是普遍的合伙投资创业形式。

4. 政府和公益组织资助

国家和地方政府都有一些支持大学生创业和科技创新的政策，包括通过财政拨款设立创新基金的方式直接对新创企业进行资助，通过财政补贴、税收优惠、政府采购等方式对新创企业进行间接资助。目前，公益组织对创业活动的资助还比较少，随着政府加强对创业活动的支持力度，有些公益组织开始关注创业活动。

5. 其他

其他资金筹集方式包括短期的典当，还有天使投资等。天使投资主要指具有一定资本金的个人或家庭，对具有发展潜力的初创企业进行早期投资的一种民间投资方式。天使投资是风险投资的一种，但与大多数风险投资投向成长期、上市阶段的项目不同，天使投资主要投向构思独特的发明创造计划、创新个人及种子期企业，为尚未孵化的种子期项目"雪中送炭"。它只将发明计划或种子期项目"扶上马"，而"送一程"的任务则由机构风险投资来完成。

四、项目计划书

1. 摘要

项目计划书的摘要主要包括计划书的目的、企业概述、产品与服务、管理团队、营销概述、竞争环境、风险与机会、资金需求等方面的简要描述。

2. 事业描述

事业描述的内容包括远景目标，成立时间，企业的名称、形式、地点，生产状况，战略合作伙伴。必须描述所要进入的是什么行业，卖什么产品(或服务)，谁是主要的客户，所属产业的生命周期是处于萌芽、成长、成熟还是衰退阶段，企业要用独资还是合伙或公司的形态，打算何时开业，营业时间有多长等。

3. 产品和服务

产品和服务部分需要描述你的产品和服务到底是什么，有什么特色，你的产品跟竞争者有什么差异，如果并不特别，那为什么顾客要买你的产品。

4. 目标市场

市场首先需要界定目标市场在哪里，是既有的市场既有的客户，还是在新的市场开发新客户，因为不同的市场不同的客户都有不同的营销方式。在确定目标之后，决定怎样上市、促销、定价等，并且做好预算。

5. 地点

一般公司对地点的选择可能影响不那么大，但是如果要开店，店面地点的选择就很重要。

6. 竞争分析

下列三种时候尤其要做竞争分析：第一，要创业或进入一个新市场时；第二，当一个新竞争者进入自己在经营的市场时；第三，随时随地做竞争分析，这样最省力。竞争分析可以从五个方向去做：谁是最接近的五大竞争者，他们的业务如何，他们与本业务相似的程度，从他们那里学到什么，如何做得比他们好。分析本企业在产品、管理、价格、厂址、财务等方面的竞争力，分析竞争对手的竞争力，分析本企业与竞争对手相比，存在着哪些竞争优势与不足。

7. 管理

中小企业98%的失败来自于管理的缺失，其中45%是因为管理缺乏竞争力。管理包括企业类型、结构、员工、管理者职责和简历；专业机构包括财务企业、法律顾问、其他咨询机构等。

8. 人事

要考虑现在、半年内、未来三年的人事需求，并且具体考虑需要引进哪些专业人才、全职或兼职、薪水如何计算，所需人事成本等。

9. 财务需求与运用

创业者应考虑融资款项的运用、营运资金周转等，并预测未来 3 年的损益表、资产负债表和现金流量表。写好财务计划，包括：损益预估表，现金流预测，资产负债预估表，资金的来源和应用，盈亏平衡分析。

10. 风险

不是说有人竞争就是风险，风险也可能是进出口汇兑的风险、餐厅有火灾的风险等，并注意当风险来时如何应对。

11. 成长与发展

下一步要怎么样，三年后如何，这也是创业计划书所要提的。企业要持续经营，在规划时就要能够做到多元化和全球化。

☪ 案例

例1　"猪肉大王" 陈生

陈生毕业于北京大学，十多年前放弃了让人羡慕的公务员职务毅然下海，倒腾过白酒和房地产，打造了"天地壹号"苹果醋，后来悄悄进入养猪行业，不到两年的时间在广州开设了近 100 家猪肉连锁店，营业额达到 2 个亿，被人称为广州千万富翁级的"猪肉大王"。

据不完全统计，目前我国大学生创业成功率只有 2%～3%，有 97%～98% 的大学生创业失败，专业人士分析，缺乏相关的创业教育和实战经验，缺乏"第一桶金"等都是其中的重要原因。然而，对于成功创业的大学生来说极为重要的实战经验及"第一桶金"都是"天上掉下来的"吗？为什么陈生进入养猪行业，不到两年的时间里就能在广州开设近 100 家猪肉连锁店，营业额达到 2 个亿？这个问题的确值得好好追问。

一、善于抓住机会

实际上，之所以能在养猪行业里很短时间就取得骄人成绩，成为拥有数千名员工的集团公司的董事长，还在于陈生此前就几次创业并积累了"实战经验"：陈生卖过菜，卖过白酒，卖过房子，卖过饮料。这使得陈生有着这样独到的见解：很多事情不是具备条件、做好了调查才去做就能做好，而是在条件不充分的时候就要开始做，这样才能抓住机会。

"条件不充分" 时到底怎么才能 "抓住机会" 呢？我们来看一下陈生的做法：他卖白酒时，根本没有能力投资数千万设立厂房，可是他直接从农户那里收购散装米酒，不需要在固定设施上投入一分钱便可以通过广大的农民帮他生产，产能却可以达到投资 5000 万的工厂的数倍。此后，他才利用积累起来的资金开始租用厂房和设备，打造自己的品牌。迅速地进入和占领市场，让他在白酒市场上打了个漂亮仗。当许多人 "跟风" 学习一位到南方视察的国家领导人用陈醋兑雪碧当饮料的方法时，善于 "抓住机会" 的陈生想到了如何将这种饮料生产出来。经过多次尝试，著名的 "天地壹号" 苹果醋就此诞生。

当然，资金积累到一定程度时，陈生成功的秘诀更让人难忘：在经济飞速发展的年代，无数企业 "抓破脑袋" 寻求发展良机，在这样的情况下，只有技高一筹者才能够取得成功。

而一些企业运用精细化营销，就是一种技高一筹的做法。于是，从传统的中国猪肉行业里，陈生分析到了其中的巨大商机，因为中国每年的猪肉消费约 500 亿公斤，按每公斤 20 元算，年销售额就高达上万亿。与其他行业相比，养猪这个行业一直没有得到很好的整合，基本上没有形成产业化，竞争不强，档次不高，机会很多。更重要的是，进入这一行业的陈生，机智地率先推出了绿色环保猪肉"壹号土猪"，开始经营自己的品牌猪肉。

二、精细化营销战略

虽然走的还是"公司+农户合作"的路子，但针对学生、部队等不同人群，却能够选择不同的农户，提出不同的饲养要求。比如，为部队定制的猪肉可肥一点，学生吃的可瘦一点，为精英人士定制的肉猪，据传每天吃中草药甚至冬虫夏草，使公司的生猪产品质量与普通猪肉"和而不同"。在这样的"精细化营销"战略下，陈生终于在很短的时间内叫响了"壹号土猪"品牌，成为广州知名的"猪肉大王"。

例 2　胡启立的创业故事

胡启立是武汉科技学院电信学院应届本科毕业生，红安农村人。4 年前，他借债上大学。在大学期间，他打工、创业，不仅还清了债务，为家里盖起了两层洋楼，自己还在武汉购房买车，拥有了自己的培训学校。

他创业走过了怎样一条路？学校师生对他创业又是如何看的呢？

一、从小收购土特产转卖

胡启立 1982 年出生在红安县华河镇石咀村一个普通农村家庭，父亲在当地矿上打工，母亲在田里忙活。

在胡启立 3 岁那年，父亲在矿上出事了，腿部严重骨折瘫痪在床，四处求医问药。三年后，父亲总算能下地走路了，可再也不能干重活、累活。为给父亲看病，几乎家徒四壁。

胡启立的父亲不能下地干活，只得开了家小卖部，卖些日用品。胡启立小小年纪就经常跑进跑出"添乱又帮忙"，也正是因为这个原因，他从小就接触到了买和卖。

慢慢长大了，胡启立在商业方面开始展现才华。全村 20 多个同龄小孩，他的年龄和个头都不是最大的，但却是"领袖"，他经常带着同伴们去挨家挨户收购土特产，如蜈蚣、桔梗、鳝鱼等，卖到贩子手上，挣些零花钱。

2002 年，胡启立读高中，学习成绩还不错，正在读高一的弟弟辍学外出打工，给哥哥赚学费。胡启立心里不是滋味，心中暗暗发誓，一定要考上大学，让家里人过上好日子。

胡启立说，他从那时就开始规划自己的大学生活：大一好好学习，尽量多去学点东西，从大二开始，寻找机会挣钱，力争大学毕业的时候，自己能当上老板。

高考时，他本打算报考一所商学院，却遭到家人的反对，好在他对电子也有兴趣，最后选择了武汉科技学院电子信息工程专业。

二、贴海报发现校园商机

2002 年 9 月，胡启立带着对大学生活的憧憬和从姑姑那借来的 4000 元学费，到武汉科技学院报到。

进校后，胡启立感觉大学生活比高中生活轻松多了，空闲时间也多，他利用这些空闲时间逛遍了武汉所有高校，也熟悉了武汉的环境，这为他下一步创业打下了基础。

大学时间相对充裕，稍不注意就会养成懒散的习惯，胡启立是个闲不住的人，他决定提前走入社会，大一下学期就开始了自己的创业之路，比原定计划提前了半学期。

2003年春季一开学，胡启立开始给一所中介机构贴招生海报，这是他找到的第一份兼职工作，并且交了10元钱会费。

"贴一份0.20元，贴完了来结账。"中介递给他一沓海报和一瓶糨糊，胡启立美滋滋地开始往各大校园里跑。

"贴海报，看起来容易，其实很难做的。"胡启立没想到贴份海报，还要受人管，一些学校的保安轻者驱赶一下，严重的会辱骂甚至动手。

3天后，胡启立按规定将海报贴在了各个校园，结账获得25元报酬。同行的几人嫌少，都退出了，而胡启立却又领了一些海报，继续干起来。不过，他心里也开始在想别的门道了。

一次，他在中国地大附近贴海报时，看到一家更大的中介公司，就走了进去，在那里遇到一位姓王的年轻人。

王某是附近一所大学的大四学生，在学校网络中心搞勤工俭学。几个学生商量，能不能利用网络中心的电脑和师资，面向大学生搞电脑培训。网络中心同意了，但要求学生们自己去招生。

"只要你能招到生，我们就把整个网络中心的招生代理权交给你。"王某慷慨地说。胡启立想，发动自己在武汉的同学帮忙，招几个人应该是没问题，就满口应承下来。

做招生宣传要活动经费，胡启立没有经验，找几个要好的同学商量，结果大家都不知道要多少钱。有的说要5000元，有的说要2000元，最后胡启立向王某提出要1800元活动经费，没想到王某二话没说，就把钱给了他。

胡启立印海报，买糨糊，邀请几个同学去各个高校张贴，结果只花了600元钱，净落1200元。这是他挣到的第一笔钱。

尽管只花了600元钱，但招生效果还不错，一下子就招到了几十个人。然而，这些学生去学电脑时却遇到了麻烦，因为动静搞大了，学校知道了这个事情，叫停了网络中心的这个电脑培训班。胡启立几次跑到网络中心，都没办法解决这个事情。他无意间发现网络中心楼下有个培训班，也是搞电脑培训的，能不能把这些学生送到那去呢？

对方一听说有几十个学生要来学电脑，高兴坏了，提出给胡启立按人头提成，每人200元。非常意外地，胡启立一下子拿到了数千元钱。

三、办培训学校，圆了老板梦

2005年，"胡启立会招生"的传闻开始在关山一带业内传开了。一家大型电脑培训机构的负责人找胡启立商谈后，当即将整个招生权交给他。

随着这家培训机构一步步壮大，胡启立被吸纳成公司股东。但胡启立并不满足，他注册成立了自己的第一家公司——一家专门做校园商务的公司。

胡启立谈起成立第一家公司的目的："校园是一个市场，很多人盯着，但他们不知道怎么进入。成立公司，就是想做这一块的业务，我叫它校园商务。"

同时，胡启立发现很多大学生通过中介公司找兼职，上当受骗的较多，就成立了一家勤工俭学中心，为大学生会员提供实实在在的岗位。他的勤工俭学中心影响越来越大，后来发展到7家连锁店。"高峰时，每个中心能有一万元左右的纯收入。"

2005 年下半年，由于业务越做越大，胡启立花 20 多万元买了一辆丰田花冠轿车，在校园和自己的各个勤工俭学点奔跑。次年 9 月，他又将丰田花冠换成 30 多万元的宝马 320。记者问他为何换名车，他说："谈生意，好车有时候是一种身份证明吧。"

在给一些培训学校招生的过程中，胡启立结识了一家篮球培训学校的负责人，开始萌生涉足体育培训业务的念头。经过多次考察比较，2006 年底，胡启立整体租赁汉阳一所大学校园，正式进军体育培训。"当年招生 100 余人，今年的招生规模预计是 300 人。以前都是为别人招生，这次总算是为自己招生了。"

如今，胡启立已涉足其他类型办学，为自己创业先后已投入 200 万元左右。

四、在师生眼里，他是个怪才

尽管现在成了校园里的创富明星，但胡启立一点也不张扬。

虽然在外面买了房子，但胡启立现在还和以前一样住在学生宿舍，吃食堂，而且他看上去和大多数同学差不多，只不过稍显得老成一些。

只是在学校很难见到他的人，用同学们的玩笑话来说，"谁要想见他，都要提前一个月预约"。他和同学关系都比较好，虽然经常不在学校，但是如果有消息的话，一般不出半天就会通知到他。

"他是个怪才，我们都很佩服他。"胡启立的同学裴振说。其实，班里对胡启立的看法分成两派：一部分人十分羡慕他，大学还没毕业就能自己赚钱买车买房；另一部分人认为他虽然创业成功了，但学习没跟上，而且他现在从事的工作和专业没什么关系，等于放弃了自己的专业，怪可惜的。

胡启立在大学期间，学校也为他创业提供了帮助，从院长到老师，都为其创业和学习付出了相当多的心血。由于忙于创业，耽误了一些课程，学校了解他的特殊情况后，特事特办，按规定允许他部分课程缓考。

班主任杜勇老师谈起自己的这个特殊学生时说："我带过很多学生，但胡启立是其中最特别的，创业取得的成绩也较大。"他认为在现在大学生就业形势整体不太好的前提下，大学生自主创业，不仅解决了自己的就业问题，做得好的话还可以为别人提供岗位。"但要是能兼顾学业就更好了。"杜老师补充到。

例 3 陶立群的"新天烘焙"蛋糕店

在绍兴市新建北路 5 号，有家"新天烘焙"蛋糕店，与其他蛋糕店有点不同，这家店不仅宽敞明亮，而且在店铺的一角摆放着一张圆桌、两张凳子，桌上还放着几本杂志，有点休闲吧的味道。

这家与众不同的蛋糕店的主人是位刚走出大学校门才两年的年轻人——浙江大学城市学院 2006 届毕业生陶立群。毕业后自主创业，25 岁的他，已拥有 5 家蛋糕连锁店和一家加工厂，成为绍兴市里小有名气的创业青年，被评为绍兴市创业之星。

2006 年 6 月，陶立群从浙江大学城市学院工商管理专业毕业时，决定开个蛋糕店。他做出这个决定并不是盲目的——大学期间，他曾经经营过校内休闲吧、小餐厅，而且都做得不错。曾做过"元祖蛋糕"代理的他，对蛋糕市场有所了解，觉得能在这一行闯出一片天地。虽然父母极力反对，但陶立群认准了这条路，决意走下去。2006 年夏天，他白天顶着烈日逛绍兴市区大大小小的蛋糕店，看门道、想问题，晚上则躲在房间里查资料，了解市场行情。他还跑到杭州、上海等大城市做蛋糕市场的调查，搞可行性分析。

陶立群的调查有不小的收获：绍兴当时只有"亚都""元祖"两家知名品牌蛋糕店，其余的都是本地小蛋糕店，中高档品牌蛋糕市场相对空缺，而且当时绍兴还没有一家蛋糕店的糕点是现卖现烤的。陶立群的创业梦想定位在打造本地中高档蛋糕品牌上。

2个多月后，当满满9页的《新天烘焙蛋糕店可行性策划书》放在父母面前时，陶立群的父母被感动了，他们拿出积蓄支持儿子创业。2006年年底，第一家"新天烘焙"蛋糕店在绍兴市新建北路5号正式开张，陶立群开始做起了小老板。他将店面分成两部分，前半部分是自选式的透明橱窗，便于顾客自行挑选；后半部分则用来加工糕点，现做现卖。

起早摸黑，对在创业之初的陶立群来说是常事。为节约成本，采购、运货等工作，陶立群都自己一个人做。优质的用料、独特的口味、有人情味的服务，赢得了消费者的喜爱。2007年5月、10月，陶立群先后开出第二、第三家连锁店。2008年9月，又有两家新天烘焙店在绍兴市区开张。在鲁迅故里做讲解员的曹圣燕是新天烘焙店的忠实顾客，她说，"'新天'不仅布置得有情调，并且糕点的品种多、口味好，所以经常买"。

谈及今后的打算时，陶立群说，他下一步要在蛋糕店的团队建设上下功夫，并且要不断改善店里的蛋糕品种以及销售服务，打响"新天"品牌，力争开出更多的连锁店。

分析：《新天烘焙蛋糕店可行性策划书》给我们留下了深刻的印象。成功总是留给那些有准备的人，陶立群在正式创业之前，对自己的能力有清醒的认识，对蛋糕行业有详细的调查、分析，这正是他创业初步成功的基础。大学生创业时不能盲目，一定要对即将进入的行业作充分的了解。

在我国目前大学生与社会实践脱节现象比较严重而大学生的创业资金又不够的情况下，那种来自"传统行业"的"新创意"式的创业是值得肯定和学习的。比如，复旦大学计算机本科毕业的顾澄勇，在任何人都会的"卖鸡蛋"上，也卖出了"新创意"，他成功开发出"阿强"鸡蛋的"网上身份查询系统"，满足了大家对鸡蛋的新鲜卫生的需求，此外，打造鸡蛋品牌，推出满足人们追求更高营养需要的"头窝鸡蛋"等等，开拓出了一片"创业新天地"。

此外，建收废品网站"创业"，擦皮鞋开连锁店创业，卖铁板烧创建"大学生铁板烧连锁店"创业等，都让一些大学生尝到了创业的成功和快乐。

总结：当前严峻的就业形势让不少大学生萌生了创业的想法。高校应不断增加大学生创业方面的知识培训，有关部门更要不断完善扶持大学生创业的相关政策。作为一个个想创业的大学生，有必要深入学习一下成功大学生的创业之路，"三百六十行，行行出状元"，但问题是，怎么去成为这个"状元"，必须要从转变观念做起，从哪怕是不起眼的"小事"做起，在传统的行业里开拓出新的创意，只有这样，才能一步步开拓出创业新天地。

虽然这三个案例时间较早，但很具有典型性，思路很值得借鉴，希望广大的毕业生能从中学到一些能够用到自己身上的东西。面对金融危机，面对生活压力，你应该怎么选择。机会靠自己争取，别怕苦、别怕累、别怕碰壁、别怕失败，要自信、要坚持。放弃休息、放弃舒服、放弃单一的理论，用实际的行动、用自己的双手、用自己的创新改变传统，掘取属于你的第一桶金。

（学习啦网，2017年3月13日）

附录 高校毕业生就业、创业政策和法规

一、大学生就业政策精神解析

大学生就业政策是随着我国高等教育的发展及劳动人事制度改革的深入而形成及不断变革的。从20世纪90年代末开始，我国的高等教育进入了跨越式发展的阶段，并很快由"精英化"迈入了"大众化"的时代。毕业生就业所面临的形势发生了根本性变化，大学生就业工作越来越受到党和国家的高度重视，许多新的政策及措施相继出台。

2002年3月，国务院办公厅转发了教育部、公安部、人事部、劳动保障部《关于进一步深化普通高等学校毕业生就业制度改革有关问题意见的通知》(国办发〔2002〕19号)，对毕业生就业工作提出了重要意见。此后，国家相继出台40余个关于促进毕业生就业的有关文件，120多项就业政策。这些政策和措施的出台，对于进一步转变高校毕业生就业观念，建立市场导向、政府调控、学校推荐、学生与用人单位双向选择的就业机制，完善集管理、教育、指导、服务于一体的毕业生就业服务体系，发展和规范以高校为基础的毕业生就业市场，促进高校毕业生的充分就业，发挥了重要的作用。目前推动全国高校毕业生就业的各项工作取得扎实进展，呈现出良好势头。

(一) 鼓励高校毕业生到基层和艰苦地区工作

各级政府要为高校毕业生创造工作条件，主要充实城市社区和农村乡镇基层单位，从事教育、卫生、公安、农技、扶贫和其他社会公益事业。在艰苦地区工作2年或2年以上者，报考研究生的，应优先予以推荐、录取；报考党政机关和应聘国有企事业单位的，在同等条件下，应优先录用。国家支持共青团中央、教育部组织实施"大学生志愿服务西部计划"。中央财政对该计划给予适当支持。志愿者服务期满后，鼓励其扎根基层或者自主择业和流动就业；愿意报考研究生或报考党政机关和应聘国有企事业单位的，仍可享受上述在艰苦地区工作2年或2年以上人员的优惠政策。

(二) 积极组织实施好引导高校毕业生面向基层就业的项目，努力探索政府开发基层公共服务岗位的新机制

认真做好"大学生志愿服务西部计划""三支一扶计划""农村义务教育阶段学校教师特设岗位计划""选聘高校毕业生到村任职"等项目的组织实施；因地制宜，稳步扩大地方项目规模和服务范围，各地要积极探索实施引导高校毕业生进村、进社区工作的地方项目。各地要落实好加大财政支持力度、代偿国家助学贷款等政策；组织人事部门会同编制部门为西部地区和艰苦边远地区的乡镇下达一部分周转编制，用于接收应届或往届高校毕业生。

（三）党政机关录用公务员和国有企事业单位新增专业技术人员和管理人员应主要面向高校毕业生，公开招考或招聘，择优录用

（四）切实加大对高校毕业生自主创业和灵活就业的扶持力度

要进一步落实对从事个体经营的高校毕业生三年内免交登记类、管理类和证照类的各项行政事业性收费的优惠政策；对自愿到西部地区及县级以下基层创业的高校毕业生，其自筹资金不足时，也可向当地经办银行申请小额担保贷款；对从事微利项目的，贷款利息由财政承担 50%(中央财政和地方财政各承担 25%)，展期不贴息。各地要积极组织开展创业培训、指导、政策咨询、项目论证和跟踪辅导等"一条龙"服务，搭建毕业生自主创业"绿色通道"。有条件的地区，可通过财政和社会渠道筹集"高校毕业生创业资金"，为毕业生自主创业提供相应支持。各级政府有关部门要提供必要的人事劳动保障代理服务，在劳动关系形式、社会保险缴纳和保险关系接续等方面提供保障。高等学校要加强对毕业生的创业指导、创业培训和创业实践活动，培养学生的创业观念和创业能力。

（五）进一步鼓励各类中小企业和非公有制单位聘用高校毕业生

要落实企业用人自主权的规定，鼓励各类企业根据实际需要多招聘高校毕业生。对到中小企业和非公有制单位就业的高校毕业生，在专业技术职称评定方面，要与国有企业员工一视同仁；公安机关要放宽建立集体户口的审批条件。要加大力度监督落实企业用工和劳动保障制度，加强对中小企业和非公有制单位在签订劳动合同、兑现劳动报酬，特别是缴纳社会保险等方面的监督检查，切实维护毕业生到中小企业和非公有制单位就业的合法权益。要加快建立并完善技术技能岗位准入制度，扩大高校毕业生就业空间，进一步推动全社会劳动分工结构的优化。

（六）加强对离校后未就业高校毕业生的就业服务和社会保障工作

要切实把高校毕业生就业工作纳入就业再就业工作体系，加强统一领导和统筹协调。离校后仍未就业的高校毕业生可到各类人才和职业中介机构登记求职，有就业愿望的应届毕业生 9 月 1 日后仍未就业的，可到入学前户籍所在城市或县劳动保障部门办理失业登记，劳动保障部门和人事部门应免费提供专门的就业服务，组织其参加职业培训或就业见习。高校毕业生见习期间由见习单位和地方财政部门根据当地实际情况，对其提供基本生活补助。高校毕业生因短期无法就业或就业后生活仍有困难的，民政部门要及时按照有关规定为符合条件的高校毕业生提供最低生活保障或临时救助，帮助他们度过难关。对未就业毕业生中的党、团员，有关部门要按相关规定组织活动。

（七）进一步落实和完善鼓励高校毕业生合理流动的政策

认真贯彻落实国务院有关文件精神，鼓励支持各类用人单位聘用高校毕业生。对用人单位跨地区聘用的高校毕业生，省会城市、副省级城市、地级市应取消落户限制，简化有关手续。

各地要处理好当前事业单位改革与促进毕业生就业的关系，进一步落实事业单位用人自主权，方便用人单位通过公开招聘吸纳高校毕业生。同时要为高校毕业生办理户口和人事档案手续提供便利。对毕业离校时未落实工作单位的高校毕业生，本人要求户口和人事档案保留在学校的，按规定保留两年。在此期间，档案管理机构对保管其档案免收服务费用，本人要求将户口转回学前户籍所在地的，公安机关应当按照户籍管理规定为其办理落户手续，人事、教育部门所属人才交流服务机构负责办理相关手续，人事部门所属人才交流服务机构免费提供人事代理服务。本人落实工作单位后，公安机关按有关规定办理户口迁移手续。

（八）全面深化高等教育改革，努力提升高校毕业生就业能力

省级政府有关部门要适当控制高等学校招生增长幅度，相对稳定招生规模，及时调整不能适应社会需要的学校和专业。高等学校要积极开展社会需求调研，优化学科专业结构，把就业、创业理念引入教学环节，大力加强实践教学，切实提高学生的就业和创业能力。高等职业院校要大力开展"订单式"培养，积极推行学业证书和职业资格证书制度，组织职业技能培训，提高学生的实践技能和就业能力，促进人才培养与市场需求的紧密结合。

（九）大力加强信息服务，建立高校毕业生就业供求信息发布制度

各地和高等学校要加速就业服务信息化进程，高等学校要积极开通网上远程面试，为毕业生提供方便、快捷、周到、细致的服务，努力降低毕业生求职成本。做好高校毕业生就业情况相关统计，由高校毕业生就业主管部门统计截至 9 月 1 日分地区、分学校初次就业率信息；由劳动保障部门统计截至 12 月 31 日分地区应届高校毕业生登记失业信息。实行国家高校毕业生就业网上联合招聘制度，由教育、人事、劳动保障等部门定期联合举行网上招聘活动。

二、大学生就业的具体政策和有关规定

（一）基层就业的具体政策和有关规定

基层就业就是到城乡基层工作。国家近几年出台了一系列优惠政策鼓励高校毕业生积极参加社会主义新农村建设、城市社区建设和应征入伍。一般来讲，"基层"既包括广大农村，也包括城市街道社区；既涵盖县级以下党政机关、企事业单位，也包括社会团体、非公有制组织和中小企业；既包含单位就业，也包括自主创业、自谋职业。

近年来，中央各有关部门主要组织实施了 5 个引导高校毕业生到基层就业的专门项目，包括：团中央、教育部、财政部、人力资源社会保障部等四部门从 2003 年起组织实施的"大学生志愿服务西部计划"；中组部、人力资源社会保障部、教育部等八部门从 2006 年开始组织实施的"三支一扶"(支教、支农、支医和扶贫)计划；教育部、财政部、人力资源社会保障部、中央编办等四部门从 2006 年开始组织实施的"农村义务教育阶段学校教师特设岗位计划"；中组部、教育部、财政部、人力资源社会保障部等部门从 2008 年起组织实施的"选聘高校毕业生到村任职工作"；农业部、人社部、教育部等部门从 2013 年起组织实施的"农业技术推广服务特设岗位计划"。

1. 国家鼓励毕业生到基层就业的主要优惠政策

按照《国务院关于进一步做好新形势下就业创业工作的意见》(国发〔2015〕23 号)、《国务院办公厅关于做好 2014 年全国普通高等学校毕业生就业创业工作的通知》(国发〔2014〕22 号)、《国务院办公厅关于做好 2013 年全国普通高等学校毕业生就业工作的通知》(国办发〔2013〕35 号)和《国务院关于进一步做好普通高等学校毕业生就业工作的通知》(国发〔2011〕16 号)等文件规定：

(1) 完善工资待遇进一步向基层倾斜的办法，健全高校毕业生到基层工作的服务保障机制，鼓励毕业生到乡镇特别是困难乡镇机关事业单位工作。

(2) 对高校毕业生到中西部地区、艰苦边远地区和老工业基地县以下基层单位就业、履行一定服务期限的，按规定给予学费补偿和国家助学贷款代偿(本专科学生每人每年最高不超过 8000 元、研究生每人每年最高不超过 12 000 元)。

(3) 结合政府购买服务工作的推进，在基层特别是街道(乡镇)、社区(村)购买一批公共管理和社会服务岗位，优先用于吸纳高校毕业生就业。

(4) 落实完善见习补贴政策，对见习期满留用率达到 50%以上的见习单位，适当提高见习补贴标准。

(5) 将求职补贴调整为求职创业补贴，对象范围扩展到已获得国家助学贷款的毕业年度高校毕业生。

各地区要结合城镇化进程和公共服务均等化要求，充分挖掘教育、劳动就业、社会保障、医疗卫生、住房保障、社会工作、文化体育及残疾人服务、农技推广等基层公共管理和服务领域的就业潜力，吸纳高校毕业生就业。要结合推进农业科技创新、健全农业社会化服务体系等，引导更多高校毕业生投身现代农业。

高校毕业生在中西部地区和艰苦边远地区县以下基层单位从事专业技术工作，申报相应职称时，可不参加职称外语考试或放宽外语成绩要求。充分挖掘社会组织吸纳高校毕业生就业潜力，对到省会及省会以下城市的社会团体、基金会、民办非企业单位就业的高校毕业生，所在地的公共就业人才服务机构要协助办理落户手续，在专业技术职称评定方面享受与国有企事业单位同类人员同等待遇。

到农村基层和城市社区从事社会管理和公共服务工作的高校毕业生，符合公益性岗位就业条件并在公益性岗位就业的，按照国家现行促进就业政策的规定，给予社会保险补贴和公益性岗位补贴。

(1) 对到农村基层和城市社区其他社会管理和公共服务岗位就业的，给予薪酬或生活补贴，同时按规定参加有关社会保险。

(2) 自 2012 年起，省级以上机关录用公务员，除部分特殊职位外，均应从具有 2 年以上基层工作经历的人员中录用。市(地)级以下机关特别是县乡机关招录公务员，应采取有效措施积极吸引优秀应届高校毕业生报考，录用计划应主要用于招收应届高校毕业生。

(3) 对具有基层工作经历的高校毕业生，在研究生招录和事业单位选聘时实行优先。

2. 基层社会管理和公共服务岗位

所谓基层社会管理和公共服务岗位，包括大学生村官、支教、支农、支医、乡村扶贫，以及城市社区的法律援助、就业援助、社会保障协理、文化科技服务、养老服务、残疾人居家服务、廉租房配套服务等岗位。

2009 年 4 月，人力资源社会保障部下发《关于公布第一批基层社会管理和公共服务岗位目录的通知》(人社部函〔2009〕135 号)，向社会公布第一批基层社会管理和公共服务岗位目录，以指导各地做好鼓励和引导高校毕业生到基层就业的工作。这批发布的岗位目录共分为基层人力资源和社会保障管理、基层农业服务、基层医疗卫生服务、基层文化科技服务、基层法律服务、基层民政、托老托幼、助残服务、基层市政管理、基层公共环境与设施管维护以及其他等 9 大类领域，包括在街道(乡镇)、社区(村)等基层单位从事公共就业服务、社会保障、劳动关系协调、劳动监察、农业、扶贫开发、医疗、卫生、保健、防疫、文化、科技、体育、普法宣传、民事调解、托老、养老、托幼、助残、公共设施设备管理养护等相关事务管理服务工作的 50 种岗位。

3. 其他基层社会管理和公共服务岗位

在街道社区、乡镇等基层开发或设立的相应的社会管理和公共服务岗位。部分由政府出资，或由相关组织和单位出资。所安排使用的人员按规定享受相关补贴。

4. 公益性岗位

由政府开发、以满足社区及居民公共利益为目的的管理和服务岗位。对符合条件在公益性岗位安置就业的就业困难人员，按规定给予社会保险补贴和岗位补贴。符合公益性岗位安置条件的就业困难高校毕业生，可按规定享受公益性岗位就业援助政策。

按照《财政部、人力资源社会保障部关于进一步加强就业专项资金管理有关问题的通知》(财社〔2011〕64 号)规定，对就业困难人员的社会保险补贴实行"先缴后补"的办法。在公益性岗位安排就业困难人员，并缴纳社会保险费的，按其为就业困难人员实际缴纳的基本养老保险费、基本医疗保险费和失业保险费给予补贴，不包括就业困难人员个人应缴纳的基本养老保险费、基本医疗保险费和失业保险费，以及企业(单位)和个人应缴纳的其他社会保险费。社会保险补贴期限，一般最长不超过 3 年。

对在公益性岗位安排就业困难人员就业的单位，按其实际安排就业困难人员人数给予岗位补贴。公益性岗位补贴期限，一般最长不超过 3 年。在公益性岗位安排就业困难人员就业的单位，可按季向当地人力资源社会保障部门申请公益性岗位补贴。公益性岗位补贴申请材料应附：符合享受公益性岗位补贴条件的人员名单及《身份证》复印件、《就业创业证》复印件、发放工资明细账(单)、单位在银行开立的基本账户等凭证材料，经人力资源社会保障部门审核后，财政部门将补贴资金支付到单位在银行开立的基本账户。

5. 为鼓励高校毕业生面向基层就业，实施学费补偿和助学贷款代偿政策

按照《国务院关于进一步做好新形势下就业创业工作的意见》(国发〔2015〕23 号)、《关于调整完善国家助学贷款相关政策措施的通知》(财教〔2014〕180 号)、《财政部、教育部关于印发〈高等学校毕业生学费和国家助学贷款代偿暂行办法〉的通知》(财教〔2009〕15 号)等文件规定，高校毕业生(全日制本专科、高职生、研究生、第二学士学位毕业生)到中西部地区、艰苦边远地区和老工业基地县以下基层单位就业、履行一定服务期限的，按规定给予学费补偿和国家助学贷款代偿。在校学习期间获得国家助学贷款(含高校国家助学贷款和生源地信用助学贷款，下同)的，补偿的学费优先用于偿还国家助学贷款本金及其全部偿还之前产生的利息。定向、委培以及在校期间已享受免除全部学费政策的学生除外。

目前，国家助学贷款资助标准已经调整为，全日制普通本专科学生(含第二学士学位、高职学生，下同)每人每年申请贷款额度不超过 8000 元；年度学费和住宿费标准总和低于 8000 元的，贷款额度可按照学费和住宿费标准总和确定。全日制研究生每人每年申请贷款额度不超过 12 000 元；年度学费和住宿费标准总和低于 12 000 元的，贷款额度可按照学费和住宿费标准总和确定。

国家助学贷款资助标准调整后，《财政部　教育部　总参谋部关于印发〈高等学校学生应征入伍服义务兵役国家资助办法〉的通知》(财教〔2013〕236 号)、《财政部 教育部 民政部 总参谋部总政治部关于实施退役士兵教育资助政策的意见》(财教〔2011〕538 号)和《财政部 教育部关于印发〈高等学校毕业生学费和国家助学贷款代偿暂行办法〉的通知》(财教〔2009〕15 号)中有关学费补偿、国家助学贷款代偿和学费资助的标准，相应调整为本专科学生每人每年最高不超过 8000 元、研究生每人每年最高不超过 12 000 元。学费补偿、国家助学贷款代偿和学费资助的其他事项，仍按原规定执行。

国家对到中西部地区和艰苦边远地区基层单位就业、并履行一定服务期限的中央部门所属高校毕业生，按规定实施相应的学费补偿和助学贷款代偿。这里涉及的地域范围主要包括：

(1) 西部地区：西藏、内蒙古、广西、重庆、四川、贵州、云南、陕西、甘肃、青海、宁夏、新疆等 12 个省(自治区、直辖市)。

(2) 中部地区：河北、山西、吉林、黑龙江、安徽、江西、河南、湖北、湖南、海南等 10 个省。

(3) 艰苦边远地区：由国务院确定的经济水平、条件较差的一些州、县和少数民族地区。

(4) 基层单位：中西部地区和艰苦边远地区县以下机关、企事业单位，包括乡(镇)政府机关、农村中小学、国有农(牧、林)场、农业技术推广站、畜牧兽医站、乡镇卫生院、计划生育服务站、乡镇文化站、乡镇劳动就业服务站等；工作现场地处以上地区县以下的气象、地震、地质、水电施工、煤炭、石油、航海、核工业等中央单位艰苦行业生产第一线。

学费补偿、国家助学贷款代偿及学费减免标准，本专科生每人每年最高不超过 8000 元，研究生每人每年最高不超过 12 000 元。

本科、专科(高职)、研究生和第二学士学位毕业生补偿学费或代偿国家助学贷款的年限，分别按照国家规定的相应学制计算。在校学习的时间低于相应学制规定年限的，按照实际学习时间计算补偿学费或代偿助学贷款年限。在校学习时间高于相应学制年限的，按照学制规定年限计算。

每年代偿学费或国家助学贷款总额的三分之一，三年代偿完毕。

中央部门所属高校毕业生如何申请学费补偿和助学贷款代偿呢？毕业生在办理离校手续时向学校递交《学费和国家助学贷款代偿申请表》和毕业生本人、就业单位与学校三方签署的到中西部地区、艰苦边远地区和老工业基地县以下基层单位服务 3 年以上的就业协议；在校学习期间获得国家助学贷款的，在与国家助学贷款经办银行签订毕业后还款计划时，注明已申请国家助学贷款代偿，如获得国家助学贷款代偿资格，不需自行向银行还款；高校负责审查申请资格并上报全国学生资助管理中心。

地方所属高校毕业生到基层就业如何获得学费补偿和助学贷款代偿呢？按照《财政部、教育部关于印发〈高等学校毕业生学费和国家助学贷款代偿暂行办法〉的通知》(财教〔2009〕

15号)要求,各地要抓紧研究制订本地所属高校毕业生面向本辖区艰苦边远地区基层单位就业的学费补偿和助学贷款代偿办法。地方所属高校毕业生到基层就业是否可以获得学费补偿或国家助学贷款代偿,以及如何申请办理补偿或代偿等,请向学校所在地政府有关部门查询。

6. 到基层就业时户口、档案、党团组织关系的办理

对到中西部地区、艰苦边远地区和老工业基地县以下基层单位就业的高校毕业生,实行来去自由的政策,户口可留在原籍或根据本人意愿迁往就业地区;人事档案原则上统一转至就业单位所在地的县级政府人力资源社会保障部门,由公共就业和人才服务机构提供免费人事代理服务;党团组织关系转至就业单位,在工作期间积极要求入党的,由乡镇一级党组织按规定程序办理。

(二) 农村义务教育阶段学校教师特设岗位计划

2006年,教育部、财政部、原人事部、中央编办下发《关于实施农村义务教育阶段学校教师特设岗位计划的通知》(教师〔2006〕2号),联合启动实施"特岗计划",公开招聘高校毕业生到"两基"攻坚县农村义务教育阶段学校任教。特岗教师聘期3年。

2006~2008年"特岗计划"的实施范围以国家西部地区"两基"攻坚县为主(含新疆生产建设兵团的部分团场),包括纳入国家西部开发计划的部分中部省份的少数民族自治州,适当兼顾西部地区一些有特殊困难的边境县、少数民族自治县和少小民族县。2009年,实施范围扩大到中西部地区国家扶贫开发工作重点县。

《教育部办公厅 财政部办公厅关于做好 2017 年农村义务教育阶段学校教师特设岗位计划实施工作的通知》(教师厅[2017]4号)文件规定:

2017年中央特岗计划实施范围与2016年基本相同,具体为:《中国农村扶贫开发纲要(2011~2020 年)》确定的集中连片特殊困难地区、四省藏区和南疆四地州县,国家扶贫开发工作重点县,省级扶贫开发工作重点县,西部地区原"两基"攻坚县(含新疆生产建设兵团的部分团场),纳入国家西部开发计划的部分中部省份的少数民族自治州以及西部地区一些有特殊困难的边境县,少数民族自治县和少小民族县。特岗计划设岗县(市),必须是教师总体缺编、结构性矛盾突出的县(市)。

1. 农村教师特岗计划招聘对象和条件

(1) 符合招聘岗位要求,具有相应的教师资格条件。

(2) 本科或高等师范专科毕业。

(3) 年龄不超过30岁。

(4) 参加过"大学生志愿服务西部计划"、有从教经历的志愿者和参加过半年以上实习支教的师范院校毕业生同等条件下优先录取。

2. 农村教师特岗计划的招聘程序

特岗教师实行公开招聘,合同管理。合同规定用人单位和应聘人员双方的权利和义务。招聘工作由省级教育、人力资源社会保障、财政、编办等相关部门共同负责,遵循"公开、公平、自愿、择优"和"三定"(定县、定校、定岗)原则,按下列程序进行:

(1) 公布需求;

(2) 自愿报名；

(3) 资格审查；

(4) 考试考核；

(5) 集中培训；

(6) 资格认定；

(7) 签订合同；

(8) 上岗任教。

(三) 选聘高校毕业生到村任职

2008 年，中组部、教育部、财政部、人力资源和社会保障部出台了《关于印发〈关于选聘高校毕业生到村任职工作的意见(试行)〉的通知》(组通字〔2008〕18 号)，计划用五年时间选聘 10 万名高校毕业生到农村担任村党支部书记助理、村委会主任助理或团支部书记、副书记等职务。从 2010 年开始，扩大选聘规模，逐步实现"一村一名大学生村官"计划的目标。选聘的高校毕业生在村工作期限一般为 2～3 年。

1. 选聘到村任职的对象和应满足的条件

选聘对象为 30 岁以下应届和往届毕业的全日制普通高校专科以上学历的毕业生，重点是应届毕业和毕业 1 至 2 年的本科生、研究生，原则上为中共党员(含预备党员)，非中共党员的优秀团干部、优秀学生干部也可以选聘。

基本条件是：思想政治素质好，作风踏实，吃苦耐劳，组织纪律观念强；学习成绩良好，具备一定的组织协调能力；自愿到农村基层工作；身体健康。此外，参加人力资源社会保障部、团中央等部门组织的到农村基层服务的"三支一扶"、"志愿服务西部计划"等活动期满的高校毕业生，本人自愿且具备选聘条件的，经组织推荐可作为选聘对象。

2. 选聘到村任职的程序

选聘工作一般通过个人报名、资格审查、组织考察、体检、公示、决定聘用、培训上岗等程序进行。

(四) "三支一扶"计划

党的十六届五中全会提出了建设社会主义新农村的重大历史任务，这是我们党作出的又一重大战略决策。建设社会主义新农村，关键还是在人才。但是，从当前实际情况看，农村基层人才匮乏，素质需要提高，特别是在农村急需的教育、医疗卫生、农业技术等方面表现更为突出，在有的地方已成为农村发展的瓶颈。可以说，解决农村基层人才匮乏问题已是迫在眉睫、刻不容缓。在这种情况下，实施高校毕业生"三支一扶"计划，三支一扶是支教、支医、支农、扶贫的简称。实施高校毕业生"三支一扶"计划，将为农村输送一大批高素质人才，有利于改善农村人才队伍结构，促进农村经济社会事业的发展。

2006 年，中组部、原人事部等八部门下发《关于组织开展高校毕业生到农村基层从事支教、支农、支医和扶贫工作的通知》(国人部发〔2006〕16 号)，以公开招募、自愿报名、组织选拔、统一派遣的方式，从 2006 年开始连续 5 年，每年招募 2 万名高校毕业生，主要安排到乡镇从事支教、支农、支医和扶贫工作。服务期限一般为 2～3 年。招募对象主要为全国普通高校应届毕业生。

2011 年 4 月，人力资源社会保障部下发《关于继续做好高校毕业生三支一扶计划实施工作的通知》(人社部发〔2011〕27 号)，决定继续组织开展高校毕业生"三支一扶"计划，从 2011 年起，每年选拔 2 万名，五年内选拔 10 万名高校毕业生到基层从事"三支一扶"服务。

《中共中央组织部、人力资源社会保障部等九部门关于实施第三轮高校毕业生"三支一扶"计划的通知》(人社部发[2016]41 号)，规定：从 2015 年 9 月 1 日起，中央财政补助标准提高到西部地区每人每年 2.5 万元(其中新疆南疆四地州、西藏自治区每人每年 3.5 万元)，中部地区每人每年 1.8 万元，东部地区每人每年 0.8 万元。各地要加强指导协调和督促检查，确保为每名"三支一扶"人员落实各项社会保险。社会保险的单位缴纳部分由地方财政负担，个人缴纳部分从"三支一扶"人员工作生活补贴中代扣代缴。鼓励有条件的地方为"三支一扶"人员办理补充医疗保险，重大疾病、人身意外伤害等商业保险以及住房公积金。从 2016 年起，中央财政按照每人 2000 元标准，给予每名新招募且在岗服务满 6 个月以上的"三支一扶"人员一次性安家费补贴。鼓励有条件的地方建立年度考核奖励机制，按考核结果等次给予"三支一扶"人员一定奖励。鼓励基层服务单位积极为"三支一扶"人员提供交通、住宿和伙食等方面的便利，提高保障水平。

(五) 大学生志愿服务西部计划

大学生志愿服务西部计划由共青团中央牵头，教育部、财政部、人力资源社会保障部共同组织实施。从 2003 年开始，每年招募 1.8 万名普通高等学校应届毕业生，到西部贫困县的乡镇从事为期 1～3 年的教育、卫生、农技、扶贫以及青年中心建设和管理等方面的志愿服务工作。

从 2009 年开始，西部计划服务期由 1-2 年调整为 1-3 年。继续实施基础教育、农业科技、医疗卫生、基层青年工作、基层社会管理、服务新疆、服务西藏等 7 个专项。

"大学生志愿服务西部计划"项目办于每年 4 月开放网上报名系统，启动招募工作。各地在 6 月底完成志愿者的招募，7 月底完成服务期满志愿者离岗工作和新招募志愿者的培训和派遣工作，8 月中旬完成新招募志愿者的补录及二次注册工作。

有意愿志愿服务西部计划的普通高等学校毕业生，可于当年的 4 月至 5 月在大学生志愿服务西部计划官方网站(http://xibu.youth.cn/)查询相关政策和规定，填写报名表经辅导员签字、所在院系盖章，交所在高校项目办(一般设在团委)审核备案。

(六) 农业技术推广服务特设岗位计划

农业技术推广服务特设岗位计划由农业部牵头，人力资源社会保障部、教育部和科技部共同组织实施。从 2013 年开始，每年招募一批普通高等学校应届毕业生，到乡镇或区域性农业技术推广机构从事为期 2～3 年的农业技术推广、动植物疫病防控、农产品质量安全服务等工作。

(七) 参加中央部门组织实施的基层就业项目，服务期满后享受的优惠政策

根据中组部、人力资源社会保障部、教育部、财政部、共青团中央《关于统筹实施引导高校毕业生到农村基层服务项目工作的通知》(人社部发〔2009〕42 号)等政策规定，参

加中央部门组织实施的基层就业项目、服务期满的毕业生，享受优惠政策。

1. 公务员招录优惠政策

每年拿出公务员考录计划的一定比例，专门用于定向招录服务期满且考核称职(合格)的服务基层项目人员。服务基层项目人员也可报考其他职位。

2. 事业单位招聘优惠政策

鼓励在项目结束后留在当地就业，参加各基层就业项目相对应的自然减员空岗，全部聘用服务期满的高校毕业生。从 2009 年起，到乡镇事业单位服务的高校毕业生服务满 1 年后，在现岗位空缺情况下，经考核合格，即可与所在单位签订不少于 3 年的聘用合同。同时，各省(区、市)县及县以上相关的事业单位公开招聘工作人员，应拿出不低于 40%的比例，聘用各专门项目服务期满考核合格的高校毕业生。

3. 考学升学优惠政策

服务期满后三年内报考硕士研究生初试总分加 10 分；同等条件下优先录取；高职(高专)学生可免试入读成人本科。

4. 国家补偿学费和代偿助学贷款政策

参加各基层就业项目的毕业生，符合规定条件的，可享受相应的学费补偿和助学贷款代偿政策。

5. 服务期满自主创业的，可享受税收优惠、行政事业性收费减免、小额贷款担保和贴息等有关政策

6. 其他政策

各基层就业项目服务年限计算工龄。服务期满到企业就业的，按照规定转接社会保险关系。

(八) 高校毕业生到艰苦边远地区或国家扶贫开发工作重点县就业的优惠政策

根据《国务院关于进一步做好普通高等学校毕业生就业工作的通知》(国发〔2011〕16号)规定，对到艰苦边远地区或国家扶贫开发工作重点县就业的高校毕业生，在机关工作的，试用期工资可直接按试用期满后工资确定，试用期满后级别工资高定 1 至 2 档；在事业单位工作的，可提前转正定级，转正定级时薪级工资高定 1 至 2 级。

(九) 国家对承担重大科研项目的高校毕业生的政策和规定

按照《科技部、教育部、财政部、人力资源社会保障部、国家自然科学基金委员会关于鼓励科研项目单位吸纳和稳定高校毕业生就业的若干意见》(国科发财〔2009〕97 号)规定，由高校、科研机构和企业所承担的民口科技重大专项、973 计划、863 计划、科技支撑计划项目以及国家自然科学基金会的重大重点项目等，可以聘用高校毕业生作为研究助理或辅助人员参与研究工作。聘用对象主要以优秀的应届毕业生为主，包括高校以及有学位授予权的科研机构培养的博士研究生、硕士研究生和本科生。

高校毕业生参与项目研究期间，享受劳务性费用和有关社会保险补助，其户口、档案可存放在项目承担单位所在地或入学前家庭所在地人才交流中心。聘用期满，根据工作需

要可以续聘或到其他岗位就业，就业后工龄与参与研究期间的工作时间合并计算，社会保险缴费年限合并计算。

三、毕业生入伍服义务兵及直招士官政策

(一) 毕业生应征入伍服义务兵有关政策

指根据国家有关规定批准设立、实施高等学历教育的全日制公办普通高等学校、民办普通高等学校和独立学院，按照国家招生规定录取的全日制普通本科、专科(含高职)、研究生、第二学士学位的应(往)届毕业生、在校生和已被普通高校录取但未报到入学的学生。征集的大学生以男性为主，女性大学生征集根据军队需要确定。

1. 公民应征入伍需要满足的政治及基本身体条件

征集服现役的公民必须热爱中国共产党，热爱社会主义祖国，热爱人民军队，遵纪守法，品德优良，决心为抵抗侵略、保卫祖国、保卫人民的和平劳动而英勇奋斗。征兵政治审查的内容包括：应征公民的年龄、户籍、职业、政治面貌、宗教信仰、文化程度、现实表现以及家庭主要成员和主要社会关系成员的政治情况等。

公民应征入伍要符合国防部颁布的《应征公民体格检查标准》和有关规定。其中，有几项基本条件：

身高：男性 160cm 以上，女性 158cm 以上。

体重：标准体重=(身高−110)kg。

男性：不超过标准体重的 30%，不低于标准体重的 15%。

女性：不超过标准体重的 20%，不低于标准体重的 15%。

视力：大学生右眼裸眼视力不低于 4.6，左眼裸眼视力不低于 4.5。屈光不正，准分子激光手术后半年以上，无并发症，视力达到相应标准的，合格。

内科：乙型肝炎表面抗原呈阴性，等等。

2. 应征入伍服义务兵役大学生的年龄是的规定

男性普通高等学校在校生为年满 18 至 22 周岁，高职(专科)、本科毕业生可放宽到 24 周岁。

女性普通高等学校在校生和毕业生为年满 18 到 22 周岁。

3. 高校毕业生应征入伍服义务兵役的程序

(1) 网上报名：有应征意向的高校毕业生可登录"全国征兵网"(www.gfbzb.gov.cn)进行报名，填写、打印《应届毕业生预征对象登记表》和《高校毕业生应征入伍学费补偿国家助学贷款代偿申请表》(以下分别简称《登记表》《申请表》)，交所在高校征兵工作管理部门。

(2) 初审、初检：毕业生离校前，在高校参加身体初检、政治初审，符合条件者确定为预征对象，高校协助兵役机关将《登记表》和《申请表》审核盖章发给毕业生本人，并完成网上信息确认。

(3) 实地应征：高校应届毕业生可在学校所在地应征入伍，也可在入学前户籍所在地应征入伍。

(4) 组织高校应届毕业生在学校所在地征集的,结合初审、初检工作同步进行体格检查和政治审查,在毕业生离校前成预定兵,9 月初学校所在地县(市、区)人民政府征兵办公室为其办理批准入伍手续。政治审查以本人现实表现为主,由其就读学校所在地的县(市、区)公安部门负责,学校分管部门具体承办,原则上不再对其入学前和就读返乡期间的现实表现情况进行调查。

(5) 在入学前户籍所在地应征入伍的,高校应届毕业生 7 月 30 日前将户籍迁回入学前户籍地,持《登记表》和《申请表》到当地县级兵役机关参加实地应征,经体格检查、政治审查合格的,9 月初由当地县(市、区)人民政府征兵办公室办理批准入伍手续。

4. 高校毕业生应征入伍服义务兵役享受的优惠政策

高校毕业生应征入伍服义务兵役,除享有优先报名应征、优先体检政审、优先审批定兵、优先安排使用"四个优先"政策,家庭按规定享受军属待遇外,还享受优先选拔使用、学费补偿和国家助学贷款代偿、退役后考学升学优惠、就业服务等政策。

5. 高校毕业生应征入伍的"四个优先"政策

高校毕业生预征对象参军入伍享受"四优先"政策:

(1) 优先报名应征。报名由县级兵役机关直接办理。夏秋季征兵开始前,县级兵役机关通知其报名时间、地点、注意事项等。确定为预征对象的高校毕业生,持《应届毕业生预征对象登记表》,可以直接到学校所在地或户籍所在地县级兵役机关报名应征。

(2) 优先体检政考。体检由县级兵役机关直接办理。夏秋季征兵体检前,县级兵役机关通知其体检时间、地点、注意事项等。确定为预征对象的高校毕业生,未能在规定时间内在学校参加体检的,本人持《应届毕业生预征对象登记表》,可在征兵体检时间内报名直接参加体检。

(3) 优先审批定兵。审批定兵时,应当优先批准体检政审合格的高校毕业生入伍。高职(专科)以上文化程度的合格青年未被批准入伍前,不得批准高中文化程度的青年入伍。

(4) 优先安排使用。在安排兵员去向时,根据高校毕业生的学历、专业和个人特长,优先安排到军兵种或专业技术要求高的部队服役;部队对征集入伍的高校毕业生,优先安排到适合的岗位,充分发挥其专长。

6. 大学生应征入伍服义务兵役给予国家资助

高等学校学生应征入伍服义务兵役国家资助,是指国家对应征入伍服义务兵役的高校学生,在入伍时对其在校期间缴纳的学费实行一次性补偿或获得的国家助学贷款(国家助学贷款包括校园地国家助学贷款和生源地信用助学贷款,下同)实行代偿;应征入伍服义务兵役前正在高等学校就读的学生(含按国家招生规定录取的高等学校新生),服役期间按国家有关规定保留学籍或入学资格、退役后自愿复学或入学的,国家实行学费减免。

7. 高校学生应征入伍享受学费补偿、国家助学贷款代偿及学费减免的标准

按照《关于调整完善国家助学贷款相关政策措施的通知》(财教〔2014〕180 号)、《财政部、教育部、总参谋部关于印发<高等学校学生应征入伍服义务兵役国家资助办法>的通知》(财教〔2013〕236 号)规定:

(1) 学费补偿、国家助学贷款代偿及学费减免标准,本专科生每人每年最高不超过 8000

元，研究生每人每年最高不超过 12 000 元。

(2) 学费补偿或国家助学贷款代偿金额，按学生实际缴纳的学费或获得的国家助学贷款(国家助学贷款包括本金及其全部偿还之前产生的利息，下同)两者金额较高者执行，据实补偿或者代偿。退役复学后学费减免金额，按学校实际收取学费金额执行。超出标准部分不予补偿、代偿或减免。

(3) 获学费补偿学生在校期间获得国家助学贷款的，补偿资金必须首先用于偿还国家助学贷款。如补偿金额高于国家助学贷款金额，高出部分退还学生。

8. 高校学生应征入伍服义务兵役都可以享受国家资助政策

在校期间已免除全部学费的学生，定向生、委培生和国防生，其他不属于服义务兵役到部队参军的学生，均不享受学费补偿和国家助学贷款代偿政策。

9. 高校学生申请应征入伍服义务兵役国家资助的程序

(1) 应征报名的高校学生登录大学生征兵报名系统，按要求在线填写、打印《高校学生应征入伍学费补偿国家助学贷款代偿申请表》(一式两份，以下简称《申请表》)并提交学校学生资助管理部门。在校期间获得国家助学贷款的学生，需同时提供《国家助学贷款借款合同》复印件和本人签字的一次性偿还贷款计划书。

(2) 学校相关部门对《申请表》中学生的资助资格、标准、金额(如有生源地信用助学贷款，学校应联系贷款经办银行或贷款经办地县级学生资助管理机构确认贷款金额)等相关信息审核无误后，对《申请表》加盖公章，一份留存，一份返还学生。

(3) 学生在征兵报名时将《申请表》交至入伍所在地县级人民政府征兵办公室(以下简称"县级征兵办")。学生通过征兵体检被批准入伍后，县级征兵办对《申请表》加盖公章并返还学生。

(4) 学生将《申请表》原件和入伍通知书复印件，寄送至原就读高校学生资助管理部门。

10. 高校毕业生入伍服义务兵役年限及退役后享受的就学优惠政策

我国现行的义务兵役制度服役年限是两年。退役后享受的就学优惠政策有：

(1) 高职(专科)学生入伍经历可作为毕业实习经历。

(2) 退役大学生士兵入学或复学后免修军事技能训练，直接获得学分。

(3) 设立"退役大学生士兵"专项硕士研究生招生计划。根据实际需求，每年安排一定数量专项计划，专门面向退役大学生士兵招生。在全国研究生招生总规模内单列下达，不得挪用。

(4) 将高校在校生(含高校新生)服兵役情况纳入推免生遴选指标体系。鼓励开展推荐优秀应届本科毕业生免试攻读研究生工作的高校在制定本校推免生遴选办法时，结合本校具体情况，将在校期间服兵役情况纳入推免生遴选指标体系。在部队荣立二等功及以上的退役人员，符合研究生报名条件的可免试(指初试)攻读硕士研究生。

(5) 将考研加分范围扩大至高校在校生(含高校新生)。退役人员在继续实行普通高校应届毕业生退役后按规定享受加分政策的基础上，允许普通高校在校生(含高校新生)应征入伍服义务兵役退役，在完成本科学业后 3 年内参加全国硕士研究生招生考试，初试总分加10 分，同等条件下优先录取。

(6) 退役大学生士兵专升本实行招生计划单列。高职(专科)学生应征入伍服义务兵役退役，在完成高职学业后参加普通本科专升本考试，实行计划单列，录取比例在现行 30%的基础上适度扩大，具体比例由各省份根据本地实际和报名情况确定。

(7) 高校新生录取通知书中附寄应征入伍优惠政策。高校向新生寄送《录取通知书》时，附寄应征入伍宣传单，宣传单主要内容包括优惠政策概要、报名流程指南、学籍注册要求等。

(8) 放宽退役大学生士兵复学转专业限制。大学生士兵退役后复学，经学校同意并履行相关程序后，可转入本校其他专业学习。

(9) 具有高职(高专)学历的，退役后免试入读成人本科，或经过一定考核入读普通本科；荣立三等功以上奖励的，在完成高职(专科)学业后，免试入读普通本科；

(10) 应征入伍的高校毕业生退役后报考政法干警招录培养体制改革试点招生时，教育考试笔试成绩总分加 10 分。

11. 应征入伍的高校应届毕业生离校后户口、档案的管理

被确定为预征对象的高校应届毕业生，回入学前户籍所在地应征的，将户口迁回入学前户籍所在地，档案转到入学前户籍所在地人才交流中心存放。在学校所在地应征的，可将户籍和档案暂时保留在学校。高校应届毕业生批准入伍后，其户口档案予以注销，档案放入新兵档案。

12. 高校应届毕业生退役后户档迁移的优惠政策

高校应届毕业生入伍服义务兵役退出现役后一年内，可视同当年的高校应届毕业生，凭用人单位录(聘)用手续，向原就读高校再次申请办理就业报到手续，户档随迁(直辖市按照有关规定执行)。

(二) 军队从高校毕业生直招士官的政策和有关规定

1. 士官与义务兵的区别

我军现役士兵按兵役性质分为义务兵役制士兵和志愿兵役制士兵。义务兵役制士兵称为义务兵，志愿兵役制士兵称为士官。士官属于士兵军衔序列，但不同于义务兵役制士兵，是士兵中的骨干。义务兵实行供给制，发给津贴，士官实行工资制和定期增资制度。

2. 直招士官的条件要求及报名应征

直接从非军事部门招收士官(简称直招士官)，是指根据《兵役法》、《征兵工作条例》以及有关规定，直接招收普通高等学校毕业生入伍，作为志愿兵役制士兵到部队服现役。

直招士官的对象为普通高等学校应届毕业生，所学专业符合部队需要，未婚，男性年龄不超过 24 周岁(截止当年 7 月 31 日)；政治和体格条件，按照征集义务兵有关规定执行。招收的普通高等学校应届毕业生，所在高校和所学专业已开展职业技能鉴定的，应当取得国家颁发的中级以上职业资格证书。

直招士官采取网上报名，普通高等学校男性应届毕业生可登录"全国征兵网"查询招收专业，符合专业条件的在进行大学生网上预征报名的同时申请参加直招士官报名。高校所在地县级以上征兵办公室结合开展大学生预征，组织对直招士官报名对象进行初审初检和后续招收工作。报名人员因招收员额限制未被录取的，仍然可以参加义务兵征集。

3. 直招士官入伍的程序及入伍手续的办理

直招士官按照报名登记、体格检查、政治审查、专业审定、批准入伍、签订协议、交接运输的程序办理。县级以上征兵办公室负责组织对报名人员进行体格检查和政治审查，合格者由县级以上征兵办公室会同学校或者有关部门进行专业审定。对体格检查、政治审查、专业审定合格者，经全面衡量，择优批准服现役，并签订《招收士官协议书》。

县级以上征兵办公室负责办理本行政区域内直招士官入伍工作，招收部队和教育、公安、卫生等部门按照职能分工，做好招收士官入伍的相关工作。

4. 直招士官入伍后的岗位分配

招收士官入伍后进行新兵训练和岗前专业培训，岗前专业培训主要进行与所从事专业技能相关的适应性培训，培训结束后，按照专业对口、招用一致的原则，分配到相应的专业技术士官岗位。

5. 直招士官入伍后首次授衔的级别的确定

直招士官入伍后，由所在部队按照审批权限下达士官任职命令，并授予相应军衔。招收的普通高等学校毕业生，其高中(中职)毕业后在国家规定学制内在校就读的年数视同服现役时间；其中，普通本科毕业生入伍后授予下士军衔，服役满 1 年后授予中士军衔；高职(专科)毕业生入伍后授予下士军衔，服役满 2 年后授予中士军衔。

6. 直招士官服现役时间的要求

直招士官应当至少服现役至首次授衔后高一个军衔的最高服役年限，特殊情况经本人申请和军级以上单位批准，可以安排提前退出现役。

7. 直招士官服现役期间提干及工资和被装的发放

直招士官在部队服役期间表现优秀、符合总部有关规定的可以按计划选拔为基层干部。

直招士官入伍后由部队按照新选取士官供应办法和标准统一发放被装，在新兵训练和岗前培训期间，按义务兵新兵标准发放津贴；从下达士官命令的当月起，按照相应的士官工资标准发放工资。

8. 直招士官入伍后享受学费补偿代偿政策

直招士官入伍后，作为志愿兵役制士兵在部队服现役，按照相应的士官工资标准发放工资，不享受《应征入伍服义务兵役高等学校毕业生学费补偿国家助学贷款代偿暂行办法》明确的学费补偿代偿政策。

9. 直招士官退役后的安置

直招士官符合退休、转业或者复员条件的，按照国家有关规定分别作退休、转业或者复员安置；符合退休或者转业条件，本人要求复员经批准也可以作复员安置。符合转业条件以转业方式退出现役的、符合退休或者转业条件以复员方式退出现役的，由入伍时常住户口所在地县(市、区)或者上一级政府接收、安置，也可以由其父母、配偶或者配偶父母常住户口所在地县(市、区)政府接收、安置；其他以复员方式退出现役以及因故不能以退休、转业或者复员方式退出现役的，由入伍时或者父母常住户口所在地县(市、区)政府接收。

10. 直招士官入伍后其家庭享受军属待遇

被批准服现役的招收对象，由县(市、区)征兵办公室发给《应征公民入伍通知书》，其家庭凭《应征公民入伍通知书》在当地享受军属待遇。

四、高校毕业生就业相关法规

(一)《就业促进法》

尽管《就业促进法》中没有出现"促进高校毕业生就业"的字样，但是作为一部普惠性的法律，对大学生就业带来重要的促进作用。这部法律在六个方面给高校大学生的就业带来福音，对高校毕业生就业也有积极的作用和意义。

1. 提高思想认识，改变就业观念

有利于促进各级政府进一步提高思想认识，更加重视高校毕业生就业，同时有利于引导全社会对大学生就业观念的转变和更新。

2. 加大工作力度，巩固就业政策

有利于使行之有效的积极促进毕业生就业的政策措施长期化，从依靠政策推进转变为依法推进，政策措施得以巩固和长久延伸，同时工作力度也会加大。

3. 法律明确强调实行有利于促进就业的财政政策，确定了专项资金支持

这一点意义非常重大。长期以来，高校毕业生就业工作缺乏资金支持，因为是公益性工作，又不能收费，开展工作有很多困难。现在《就业促进法》明确了专项资金支持，大学生就业工作也必将获得强有力的物质条件保障。

4. 突出了规范就业市场行为，明确提出培育和完善统一开放、竞争有序的人力资源市场

现在为高校毕业生就业服务的大市场主要有三个：毕业生就业市场、人才市场和劳动力市场。大学毕业生60%以上通过毕业生就业市场找工作。市场能够更加开放、信息共享、资源共享，这对整个社会就业特别对青年就业意义非常重大。

另外，规范虚假招聘问题也非常重要，教育部一直非常重视打击毕业生招聘过程中的虚假信息和虚假招聘行为。

5. 自主创业和灵活就业列入法律支持和保护，明确提出鼓励劳动者自主创业，自谋职业

6. 法律明确提出统筹做好城镇新增劳动力就业工作，强调职业教育和培训，在一定程度上体现了国家对提高劳动力就业能力和综合素质的导向

大学生不是孤立的群体，一多半大学生来自农村，部分学生本身就来自低保家庭、零就业家庭或贫困家庭，因此统筹做好他们的就业援助和扶持工作，不但有利于高校毕业生发挥才干、建功立业，更关系到千万个家庭的幸福和国家的长治久安。

(二)《劳动合同法》

2008年1月1日，新的《劳动合同法》开始施行，这无疑给在就业中处于弱势地位的毕业生撑起了一把保护伞。《劳动合同法》保护着大学生在试用期、保险、服务期等方面的合法权益。与大学生就业密切相关的《劳动合同法》中的内容如下：

1. 劳动合同的订立原则

《劳动合同法》中第三条规定：订立劳动合同，应当遵循合法、公平、平等自愿、协商一致、诚实信用的原则。依法订立的劳动合同具有约束力，用人单位与劳动者应当履行劳动合同约定的义务。

2. 劳动者知情权

《劳动合同法》第八条规定用人单位招用劳动者时，应当如实告知劳动者工作内容、工作条件、工作地点、职业危害、安全生产状况、劳动报酬，以及劳动者要求了解的其他情况；用人单位有权了解劳动者与劳动合同直接相关的基本情况，劳动者应当如实说明。

3. 劳动合同的订立

《劳动合同法》第十条规定：建立劳动关系，应当订立书面劳动合同。已建立劳动关系、未同时订立书面劳动合同的，应当自用工之日起一个月内订立书面劳动合同。用人单位与劳动者在用工前订立劳动合同的，劳动关系自用工之日起建立。

4. 违法成本

《劳动合同法》第八十二条规定，用人单位自用工之日起超过一个月不满一年未与劳动者订立书面劳动合同的，应当向劳动者每月支付两倍的工资。用人单位违反本法规定不与劳动者订立无固定期限劳动合同的，应当自订立无固定期限劳动合同之日起向劳动者每月支付两倍的工资。

5. 劳动合同的内容

《劳动合同法》第十七条规定劳动合同应当具备以下条款：

(1) 用人单位的名称、住所和法定代表人或者主要负责人。

(2) 劳动者的姓名、住址和居民身份证或者其他有效身份证件号码。

(3) 劳动合同期限。

(4) 工作内容和工作地点。

(5) 工作时间和休息休假。

(6) 劳动报酬。

(7) 社会保险。

(8) 劳动保护、劳动条件和职业危害防护。

(9) 法律、法规规定应当纳入劳动合同的其他事项。

劳动合同除前款规定的必备条款外，用人单位与劳动者可以约定试用期、培训、保守秘密、补充保险和福利待遇。

6. 试用期

《劳动合同法》对试用期的规定包括：劳动合同期限三个月以上不满一年的，试用期不得超过一个月；劳动合同期限一年以上不满三年的，试用期不得超过两个月；三年以上固定期限和无固定期限的劳动合同，试用期不得超过六个月。

同一用人单位与同一劳动者只能约定一次试用期。试用期的工资不得低于本单位相同岗位最低档工资或者劳动合同约定工资的 80%，并不得低于用人单位所在地的最低工资标准。

五、教育部关于做好 2018 届全国普通高等学校毕业生就业创业工作的通知

各省、自治区、直辖市教育厅(教委),有关省、自治区人力资源社会保障厅,部属各高等学校:

就业是最大的民生。高校毕业生就业事关广大学生及其家庭切身利益,事关社会主义现代化建设,事关社会和谐稳定。为深入贯彻落实党的十九大精神和习近平新时代中国特色社会主义思想,促进高校毕业生多渠道就业创业,努力实现更高质量和更充分就业,现就做好 2018 届高校毕业生就业创业工作通知如下:

(一) 鼓励毕业生服务国家发展战略

1. 引导毕业生到重点领域就业

各地各高校要围绕国家经济社会发展需要,主动对接国家发展战略需求,向重点地区、重大工程、重大项目、重要领域输送毕业生。结合"一带一路"建设、京津冀协同发展、长江经济带发展,大力开拓就业岗位。落实区域协调发展战略,引导毕业生到中西部地区、东北地区和艰苦边远地区就业。

2. 促进毕业生到新兴领域就业创业

各地各高校要结合建设科技强国、质量强国、航天强国、网络强国、交通强国、数字中国、智慧社会要求,引导毕业生到高技术产业、战略性新兴产业、先进制造业和现代服务业等领域就业创业。深入挖掘互联网、大数据、人工智能和实体经济深度融合创造的就业机会,在共享经济、现代供应链、人力资本服务等领域拓展就业新空间。

3. 鼓励毕业生到国际组织实习任职

各地各高校要加强政策支持力度,在经费资助、教学管理、就业服务等方面出台具体举措。高校要结合人才培养特色和学科优势,加快培养具有参与全球治理能力的高素质人才。加强与国际组织联系,拓宽合作交流渠道。及时收集发布国际组织招聘信息,把国际组织相关内容纳入就业指导教材和课程,通过开展讲座报告、项目推介、组建社团等多种方式,为毕业生到国际组织实习任职提供咨询、指导、培训等服务。

(二) 引导毕业生到基层就业

1. 拓宽毕业生基层就业渠道

各地各高校要深入贯彻中央《关于进一步引导和鼓励高校毕业生到基层工作的意见》,落实好基层就业学费补偿代偿等政策,实施高校毕业生基层成长计划。服务乡村振兴战略,引导毕业生到现代种业、农产品加工、农村电子商务等一二三产业就业创业。继续组织实施好"教师特岗计划""大学生村官""三支一扶""西部计划"等中央基层就业项目。鼓励毕业生到城乡基层从事教育文化、健康养老、扶贫开发等工作,到社会组织就业。

2. 继续做好大学生征兵工作

各地各高校要深入学习贯彻习近平总书记给南开大学新入伍大学生回信精神,加强与兵役机关协调配合,落实学费资助、复学升学、就业创业等优惠政策,共同组织咨询周、宣传月等活动。加强高校大学生征兵机构建设,面向毕业生、在校生及新生等群体开展宣

传动员，在高校放暑假前对体检、政考合格的学生发放"大学生预定兵通知书"。

3. 鼓励毕业生到中小微企业就业

各地各高校要充分发挥中小微企业吸纳毕业生就业的主渠道作用，广泛收集发布岗位信息，办好全国中小企业网上百日招聘等活动。省级教育部门要积极配合人力资源社会保障、税务、中小企业主管部门等，落实小微企业吸纳毕业生的社保补贴、培训补贴、降税减负等优惠政策。高校要关心毕业生在中小微企业的成长发展，支持毕业生在小微企业进行产品研发和技术创新。

(三) 促进以创业带动就业

1. 深化高校创新创业教育改革

各地各高校要把创新创业教育改革作为高等教育综合改革的重要突破口，在培养方案、课程体系、教学方法和管理制度等方面将改革持续向纵深推进，促进专业教育与创新创业教育有机融合，将创新创业教育贯穿人才培养全过程。强化创新创业实践，办好各级各类创新创业竞赛，着力培养学生的创新精神和创造能力。

2. 落实创新创业优惠政策

省级教育部门要配合有关部门进一步完善落实工商登记、税费减免、创业贷款等优惠政策，为毕业生创新创业开辟"绿色通道"。高校要细化完善教学和学籍管理制度，进一步落实创新创业学分积累与转换、弹性学制管理、保留学籍休学创业、支持创新创业学生复学后转入相关专业学习等政策。

3. 提升创新创业服务保障能力

各地各高校要加快发展众创空间，依托创业园、创业孵化基地等为毕业生创新创业提供场地支持。多渠道筹措资金，综合运用政府支持、学校自筹以及信贷、创投、社会公益、无偿许可专利等方式扶持大学生自主创业。建立健全国家、省级、高校大学生创业服务平台，聘请行业专家、创业校友等担任导师，通过举办讲座、论坛、沙龙等活动，为大学生创业提供信息咨询、管理运营、项目对接、知识产权保护等方面的指导服务。

(四) 提供全方位就业指导服务

1. 优化就业精准服务

各地各高校要广泛应用"互联网+就业"新模式，通过新职业网、智慧就业等平台，根据毕业生和用人单位需求，开展精准对接服务。推动搭建跨区域、跨行业、跨类别的招聘信息服务平台，鼓励举办分层次、分类别、分行业的中小型校园招聘活动，更多采用网上初选、线下面试的便捷校园招聘模式。做好在内地(祖国大陆)高校就读的港澳台毕业生就业服务工作。

2. 加大就业困难群体帮扶力度

各地各高校要重点帮扶建档立卡贫困家庭、少数民族、身体残疾等毕业生就业困难群体，配合有关部门落实好求职创业补贴等政策。要通过开展个性化辅导、组织专场招聘、优先推荐岗位、发放求职补助等方式，确保困难群体就业一个不能少、一个不能掉队。要与人力资源社会保障部门做好离校未就业毕业生的信息衔接和服务接续工作。

3. 规范就业工作管理

各地各高校要严格落实就业签约"四不准"要求，不准以任何方式强迫毕业生签订就业协议，不准将毕业证书、学位证书发放与签约挂钩，不准以户档托管为由劝说毕业生签订虚假协议，不准将顶岗实习、见习证明材料作为就业证明材料。建立健全毕业生参与的就业状况统计核查机制。严禁发布带有歧视性内容的招聘信息，严密防范"培训贷"、求职陷阱、传销等不法行为，切实维护毕业生权益，确保校园招聘活动公平、安全、有序。有条件的地区要积极推动建立入职定点体检和结果互认机制，尽力避免手续过于繁琐、重复体检。

4. 提高就业指导能力

各地各高校要加强就业指导教师的培养培训，在专业技术职务评聘中充分考虑就业指导教师的工作性质和工作业绩，推进就业指导教师队伍职业化、专业化、专家化。把学生职业发展与就业指导课程贯穿于整个人才培养体系，将课程与学科专业相融合，探索慕课等新型课程形式。要为大学生职业发展提供个性化咨询指导。

5. 充分发挥高校毕业生就业状况反馈作用

各地各高校要认真落实就业情况统计和监测责任制，确保就业数据真实准确。不断完善就业质量评价指标体系，按时向社会发布高校毕业生就业质量年度报告。鼓励开展毕业生就业创业与职业发展状况跟踪调查，推动形成就业与招生计划、人才培养、经费拨款、院校设置、专业调整的联动机制。

（五）加强组织领导和宣传教育

1. 强化组织保障

各地各高校要认真落实就业"一把手"工程，建立就业工作目标责任制，切实做到就业创业工作"机构、人员、经费、场地"四到位。省级教育部门要加强与相关部门的协调配合，共同研究制定就业政策，开展就业服务。高校要完善就业部门牵头，学工、招生、教学、创业、武装等部门参与的工作机制，形成齐抓共管的工作格局。

2. 加强监督检查

各地各高校要开展就业创业政策和工作落实情况督促检查，建立就业创业情况通报、约谈、问责等工作制度，对工作创新成效显著的要总结经验、表扬推广；对不履责、不作为的要及时纠正并要求限期整改，对发生就业率作假等违规行为的要严肃查处并追究领导责任，确保政策和工作落实到位。

3. 深化思想教育和宣传引导

各地各高校要落实全国高校思想政治工作会议精神，把思想政治工作融入高校毕业生就业创业工作全过程，坚持立德树人，引导毕业生树立科学的就业观和成才观。加强正面宣传，广泛宣传基层就业创业毕业生典型事迹，宣传解读国家促进就业创业的政策措施，努力营造有利于就业创业的良好舆论氛围。

教育部
2017 年 12 月 1 日

六、高校毕业生自主创业相关政策

近年来，为支持大学生创业，国家和各级政府出台了许多优惠政策，涉及融资、开业、税收、创业培训、创业指导等诸多方面。

大学毕业生在毕业后两年内自主创业，到创业实体所在地的工商部门办理营业执照，注册资金(本)在 50 万元以下的，允许分期到位，首期到位资金不低于注册资本的 10%(出资额不低于 3 万元)，1 年内实缴注册资本追加到 50%以上，余款可在 3 年内分期到位。

大学毕业生新办咨询业、信息业、技术服务业的企业或经营单位，经税务部门批准，免征企业所得税两年；新办从事交通运输、邮电通讯的企业或经营单位，经税务部门批准，第一年免征企业所得税，第二年减半征收企业所得税；新办从事公用事业、商业、物资业、对外贸易业、旅游业、物流业、仓储业、居民服务业、饮食业、教育文化事业、卫生事业的企业或经营单位，经税务部门批准，免征企业所得税一年。

各国有商业银行、股份制银行、城市商业银行和有条件的城市信用社要为自主创业的毕业生提供小额贷款，并简化程序，提供开户和结算便利，贷款额度在 2 万元左右。贷款期限最长为两年，到期确定需延长的，可申请延期一次。贷款利息按照中国人民银行公布的贷款利率确定，担保最高限额为担保基金的 5 倍，期限与贷款期限相同。

政府人事行政部门所属的人才中介服务机构，免费为自主创业毕业生保管人事档案(包括代办社保、职称、档案工资等有关手续)2 年；提供免费查询人才、劳动力供求信息，免费发布招聘广告等服务；适当减免参加人才集市或人才劳务交流活动收费；优惠为创办企业的员工提供一次培训、测评服务。

大学毕业生从事个体经营的，自批准经营日起，1 年内免交个体户登记注册费、个体户管理费、经济合同示范文本工本费等。此外，如果成立非正规企业，只需到所在区县街道进行登记，即可免税 3 年。

以上优惠政策是国家针对所有自主创业的大学生所制定的，各地政府为了扶持当地大学生创业，也出台了相关的政策法规，而且更加细化，更贴近实际。

七、辽宁省大学生自主创业优惠政策

(一) 工商优惠政策

辽宁省财政厅、辽宁省物价局在《转发财政部国家发展改革委关于对从事个体经营的有关人员实行收费优惠政策的通知》中规定：登记失业人员、残疾人、复转军人，以及毕业 3 年以内的普通高校毕业生，从事个体经营的，自其在工商部门首次注册登记之日起 3 年内，免交有关省政府及省财政、物价部门批准设立的登记类、证照类等有关行政事业性收费。具体项目包括：

(1) 卫生部门收取的中医西医专业技术资格评审费；
(2) 公安部门收取的特种行业许可证工本费、印章防伪网络登记费；
(3) 旅游部门收取的导游人员资格报名考试费；
(4) 建设部门收取的城市占道费；
(5) 国土资源部门收取的城市私房占地费、城市临时占地费；

(6) 省政府及省财政、物价部门批准设立的涉及个体经营的其他登记类、证照类和管理类收费项目。

(二) 税费优惠政策

《辽宁省人民政府办公厅转发省劳动保障厅等部门关于做好促进创业带动就业工作实施意见的通知》规定，对于符合条件的自主创业企业，将其营业税按月纳税的起征点由月营业额 2000 元提高至 5000 元。《辽宁省人民政府关于切实做好稳定就业促进就业工作的通知》规定，对高校毕业生创办企业初期，按每户每年 8000 元为限依次扣减其当年实际应缴纳的营业税、城市维护建设税、教育附加和企业所得税；对该企业吸纳高校毕业生按实际招用人数每人每年 4800 定额依次扣减其营业税、城市维护建设税、教育附加和企业所得税；减半征收房产税、城镇土地使用税。

(三) 小额担保贷款政策

根据《辽宁省人民政府办公厅转发省劳动保障厅等部门关于做好促进创业带动就业工作实施意见的通知》规定，要进一步扩大小额担保贷款扶持范围，将城镇登记失业人员、大中专毕业生、军队退役人员、军人家属、残疾人、低保人员、外出务工返乡创业人员纳入小额担保贷款政策范围。对符合条件人员申请小额担保贷款的，每人最高额度为 5 万元。对大学生和科技人员在高新技术领域实现自主创业的，每人最高为 10 万元。贷款期限不超过 2 年，财政部门按贷款基准利率的 50% 给予贴息，展期不贴息。

(四) 创新创业培训、学习及实践等方面的鼓励政策

1. 享受培训补贴

对大学生创办的小微企业新招用毕业年度高校毕业生，签订 1 年以上劳动合同并交纳社会保险费的，给予 1 年社会保险补贴。对大学生在毕业学年(即从毕业前一年 7 月 1 日起的 12 个月)内参加创业培训的，根据其获得创业培训合格证书或就业、创业情况，按规定给予培训补贴。

2. 免费创业服务

有创业意愿的大学生，可免费获得公共就业和人才服务机构提供的创业指导服务，包括政策咨询、信息服务、项目开发、风险评估、开业指导、融资服务、跟踪扶持等"一条龙"创业服务。

3. 创新人才培养

创业大学生可享受各地各高校实施的系列"卓越计划"、科教结合协同育人行动计划等，同时享受跨学科专业开设的交叉课程、创新创业教育实验班等，以及探索建立的跨院系、跨学科、跨专业交叉培养创新创业人才的新机制。

4. 开设创新创业教育课程

自主创业大学生可享受各高校挖掘和充实的各类专业课程和创新创业教育资源，以及面向全体学生开发开设的研究方法、学科前沿、创业基础、就业创业指导等方面的必修课